"教育部人文社科研究规划基金项目（编号15YJA752015）"成果

五四时期西诗汉译流派之诗学批评研究

以英诗汉译为个案

文　珊◎著

暨南大学出版社
JINAN UNIVERSITY PRESS

中国·广州

图书在版编目（CIP）数据

五四时期西诗汉译流派之诗学批评研究：以英诗汉译为个案/文珊著. —广州：暨南大学出版社，2019.5
ISBN 978 - 7 - 5668 - 2644 - 2

Ⅰ.①五… Ⅱ.①文… Ⅲ.①英语诗歌—文学翻译—研究—中国—现代 Ⅳ.①H315.9②I052

中国版本图书馆 CIP 数据核字（2019）第 092296 号

五四时期西诗汉译流派之诗学批评研究：以英诗汉译为个案
WUSI SHIQI XISHI HANYI LIUPAI ZHI SHIXUE PIPING YANJIU：YI YINGSHI HANYI WEI GEAN

著者：文珊

出 版 人：徐义雄
策划编辑：古碧卡
责任编辑：古碧卡　鲍京秀
责任校对：苏　洁
责任印制：汤慧君　周一丹

出版发行：暨南大学出版社（510630）
电　　话：总编室（8620）85221601
　　　　　营销部（8620）85225284　85228291　85228292（邮购）
传　　真：(8620) 85221583（办公室）　85223774（营销部）
网　　址：http：//www.jnupress.com
排　　版：广州市科普电脑印务部
印　　刷：佛山市浩文彩色印刷有限公司
开　　本：787mm×1092mm　1/16
印　　张：11.25
字　　数：215 千
版　　次：2019 年 5 月第 1 版
印　　次：2019 年 5 月第 1 次
定　　价：42.00 元

前　言

　　中西方各自具有悠久的诗学传统，且它们都源于诗歌研究，诗学对于诗歌创作和诗歌翻译都有着无可置疑的理论意义。要对中国诗歌翻译进行研究，从诗学的角度从源头探究成为必然。中国的诗歌翻译传统是在五四时期蓬勃发展的新诗运动中建立起来的。在五四新文化运动之前，中国的诗歌翻译一直较为零散，尚未形成体系。五四时期，中国的诗歌翻译无论在译诗数量、译诗队伍还是译诗所产生的影响上都史无前例，形成了中国诗歌翻译的第一个高潮，也构成了中国诗歌翻译系统化、规模化的源头。但是，由于五四时期的诗歌翻译活动发生在特殊的历史时期，国内对于该时期的诗歌翻译研究往往聚焦于社会文化这一意识形态视角，对于该时期诗歌翻译活动所涉及的诗学因素却缺乏深入、系统的探讨。

　　对于五四时期的西诗汉译，如果我们绕开特定历史时期社会政治变革这一视角，聚焦于翻译事件中的纯文学因素，仅从诗学角度对该时期西诗汉译的主要译诗范式进行研究，一些以往被忽视的问题将得到关注，可以让我们更清楚地看到西诗汉译范式中所存在的问题。英诗汉译是五四时期西诗汉译活动中最具代表性的组成部分，对于西诗汉译范式的确立具有举足轻重的意义。因此，对五四时期西诗汉译各主要流派译家们的英诗汉译活动展开深入系统的诗学考察与批评，将有助于还原其历史面貌，有助于我们更客观地审视和评价中国诗歌翻译活动的源头，有助于我们更理性地认识和了解中国诗歌翻译规范的形成原因及其对中国新诗的建构性影响，有助于进一步揭示文学翻译的本质，这也正是本书目标与意义之所在。

　　本书以当代西方翻译研究文化学派的相关理论为观照，史论结合，从诗学的角度对五四时期西诗汉译主要流派中各自代表性译家既成的英诗汉译事实进行描述、分析、批评与解释，方法论上融合诗律学、韵律学、比较文学等，使得文本内部研究和文本外部研究相辅相成、互为补充，构成一个整体研究。

　　本书共分为五个章节。绪论部分首先介绍研究背景和意义，然后对国内外诗歌翻译研究状况及五四时期诗歌翻译研究现状进行综述，继而提出研究问题与目标，最后介绍研究的思路与方法和本书的结构布局。此部分特别对"五四时期"这一核心概念进行了界定。

　　第二章为本书的理论框架，主要论述诗学与诗歌翻译的关系。首先通过对中西诗学概念的溯源与梳理，指出本文的"诗学"概念立足于西方现代诗学

1

观，涵盖微观和宏观两方面的内涵，强调形式就是文艺的本质。继而，通过对翻译中诗学操纵的探讨，揭示出文学翻译中的诗学操纵实质上是译者主体的诗学操纵。就诗歌翻译而言，译者的诗学操纵主要体现在两个方面：一是对原语诗歌材料的选择；另一是对原诗的形式特征如节奏、韵律等核心诗学元素的处理。

第三章概述五四时期的西诗汉译活动。主要通过对五四时期西诗汉译最具代表性的社团、期刊的译诗活动进行描述，着力探讨五四时期的白话自由体译诗派、白话格律体译诗派以及文言旧诗体译诗派这三大西诗汉译流派各自的译诗概况及主要诗学主张。

第四章为本书的主体部分，主要以五四时期三大译诗流派各自代表性译家既成的英诗汉译事实为研究对象，考察诗歌译者作为审美主体在诗歌翻译过程中对选材及诗歌形式方面的诗学操纵，尤其是对格律诗的音律、步律及韵律等核心诗学元素的操纵，探讨译者的诗学转化自觉性以及翻译结果的诗学得失。诗学的分析揭示出：以胡适、郭沫若、郑振铎等为代表的白话自由体译诗派普遍重内容而轻形式，基本漠视原文格律，把英语格律诗译成自由诗或散文诗，译诗本身往往既违背本土诗学传统，又违背原诗的诗学规范，表现出一定的诗学缺陷，原诗的诗学价值在译诗中遭到较大损失；以闻一多、徐志摩、朱湘等为代表的白话格律体译诗派强调诗歌的形式规范，将中国传统诗学和英语诗歌特点相互融合，表现出对新的诗学规范的追求，其译诗在一定程度上再现了原诗的形式，原诗的诗学价值得到一定程度的保留；以吴宓、吴芳吉、张荫麟等为代表的文言旧诗体译诗派的译诗主要采用文言与旧体诗形式，以归化策略对英语诗歌进行了改写，尽管译诗表现出对本土诗学规范的遵守，但往往对原诗的诗学价值有所偏离。

在五四时期的新诗运动中建立起来的诗歌翻译不仅仅是文本事件，同时也是一种塑造力量，直接参与了中国诗歌文化的历史建构。在这三大译诗流派中，白话自由体译诗派因占据了主流地位而对中国诗歌文化发展产生了明显的影响。总的说来，五四时期的诗歌翻译，尤其是白话自由体译诗派的翻译活动及其译本所形成的规范，虽然推动了新诗的发展，但在很大程度上干扰和阻碍了中国诗歌文化对中国几千年诗歌格律传统的继承，加速了中国古典诗歌传统的消亡。

第五章为本书的结语，对本书进行了简要综述，同时指出了本书的不足之处以及未来的研究方向。

文珊

2018 年 7 月

目　录

1 绪 论

1.1 研究背景与意义

  20 世纪 60 年代，尤其自 1964 年英国伯明翰大学创办"当代文化研究中心"（The Centre for Contemporary Cultural Studies，简称 CCCS）以来，文化研究呈燎原之势，以其鲜明的开放特点和跨学科性，冲破了人文学科严格的传统学科分工体制，使传统的学科疆界变得不再明晰，对西方众多人文学科产生了深远的影响。20 世纪 70 年代，西方翻译研究一方面作为一门独立学科的构想开始建立，一方面出现了研究范式文化转向的萌芽。1972 年在哥本哈根召开的第三届国际应用语言学会议上，霍尔姆斯（James S. Holmes）发表了被西方译学界认为是"翻译研究的学科创建宣言"（Gentzler，2004：93）的《翻译研究的名与实》（The Name and Nature of Translation Studies）一文。该文对翻译学的学科命名、性质、研究范围以及学科内的划分提出了详细的构想，把翻译学分为纯粹翻译研究和应用翻译研究两大类，其中纯粹翻译研究又包含理论翻译研究和描述性翻译研究两个分支。该文同时强调了理论翻译研究、描述性翻译研究和应用翻译研究三大组成部分之间的辩证关系，要求兼有三者，不可偏废。霍尔姆斯因此也被视为翻译研究文化学派的先驱代表。1990 年，巴斯奈特（Susan Bassnett）和勒菲弗尔（Andre Lefevere）共同编辑出版了《翻译、历史与文化》（Translation，History and Culture）论文集。在两人合写的引言"普罗斯特的祖母和一千零一夜——翻译研究的文化转向"（Proust's Grand-mother and the Thousand and One Nights：The "Cultural Turn" in Translation Studies）中，正式明确提出了"翻译研究的文化转向"。新兴的翻译研究文化学派指责 20 世纪 50 年代兴起的语言学派的翻译理论是一种静态而过时的理论，认为语言学派所提倡的文本对照和分析过程往往只涉及单词、句群、句子、段落，最大也不超过语篇，这些都只是局限于较低的语言层次之内，忽视了"文学文本的多层复杂性"（Hermans，1985：10）以及翻译过程所涉及的各种文化因素。文化学派强调翻译行为和翻译文本所展现的是两种文化之间的横向融合和纵向权力操纵的关系，"现在研究的，是嵌在源语言和目标语文化符号网络中的文本。这样，翻译研究既可以充分利用语言学范式，又可以超越它"。（Bassnett & Lefevere，2001：123）

"文化转向"将翻译研究的对象由文本拓展到文化，把翻译研究中的文本同语境、历史和文化结合起来，一方面利用文本研究的语言学方法，另一方面也思考文本之外的文化权力关系对翻译活动的影响，对传统意义上的翻译所处的从属地位发起了强有力的挑战。

文化学派的主将巴斯奈特和勒菲弗尔指出："翻译绝不是在真空状态下进行的，译文和原文不可能以一种纯净、中立的对等物作为参照，翻译活动不可能不受权力、时间或各种文化行为的影响。"（Bassnett & Lefevere，1990：7）正如西蒙（Sherry Simon，1996：7）所言："文化转向意味着翻译研究增添了一个重要的研究维度。……翻译被视为一种写作实践，从中体现出贯穿所有文化表征的种种张力。"巴斯奈特也明确提出："翻译研究事实上是独立存在的一门学科，它不是比较文学研究的一个附属学科，也不是语言学中的一个具体研究区域，而是一个极为繁富的研究领域，它自身就拥有众多的分支学科。"（Bassnett，2004：11）并且，基于霍尔姆斯1972年提出的翻译学框架，巴斯奈特（Bassnett，2004：17）进一步提出了翻译学科的四个研究领域，分别是翻译史（History of Translation）、目标语文化中的翻译（Translation in the TL Culture）、翻译与语言学（Translation and Linguistics）、翻译与诗学（Translation and Poetics）。作为独立学科的翻译研究，其学术视野与理论方法呈现出更为广阔、更为丰富的跨学科特征，其完整性和复杂性进一步得到体现。

在巴斯奈特和勒菲弗尔共同主编的翻译研究丛书的总序中，他们从文化的视角对翻译的性质与作用等提出了更具体的看法，指出：

> 翻译是对原作的改写（rewriting）；一切翻译，无论其意图如何，都反映了某种意识形态（ideology）和诗学（poetics），据此以特定方式在特定社会操纵（manipulate）文学发挥功能。改写就是操纵，是为权力服务的。其积极的方面有助于文学和社会的进步。改写引进新的概念、新的文学样式、新的方法。实际上，翻译史也是文学改革的历史，是一种文化影响另一种文化的历史。但改写也能压制改革，进行歪曲或控制。今天，我们正处于各种操纵方式日益增强的时代，研究通过翻译昭示的文学操纵过程无疑有助于我们更好地了解我们今天所生活的世界。（Bassnett & Lefevere，1990：11）

这段文字对翻译与文化的互动关系进行了高度概括，主要包括"操纵"论和"文化建构"论两个方面，"操纵"主要指目标语文化中的意识形态和诗学对翻译的制约，"文化建构"主要指翻译对目标语文化的发展演进发挥重要作用。

文化学派强调翻译研究的目标不再局限于探究两种文本语言形式的对等问

题，而是要同时探讨与翻译活动直接或间接相关的社会文化问题，要重视史料的搜集、描述、分析和解释。而对于翻译史，译者研究又是一个绕不开的重要问题。韦努蒂（Lawrence Venuti）在其代表作《译者的隐身：一部翻译史》（*The Translator's Invisibility—A History of Translation*，1995）中通过对翻译史的追溯指出了译者处于隐身的遮蔽状态，强调了译者在翻译活动中的在场（visible presence），将译者视为文化变革的强力动因（powerful agent）。皮姆（Anthony Pym）在《翻译史研究方法》（*Method in Translation History*，1998）一书中也强调了翻译与整个社会诸多因素之间的互动关系，凸显了译者研究对于解答翻译的社会起因问题的重要作用。威廉姆斯（Jenny Williams）和彻斯特曼（Andrew Chesterman）在他们合著的《线路图：翻译研究方法入门》（*The Map: A Beginner's Guide to Doing Research in Translation Studies*，2002）一书中明确提出翻译史研究应该包括译者、译作、翻译原因和翻译策略等问题。在中国，王佐良（1989：5）在《翻译：思考与试笔》中对于翻译史研究也曾明确提出"要突出若干重要译者，替他们摄特写镜头；要从社会背景和文化交流着眼"。

显然，文化学派的翻译理论，尤其是其目标语文化影响翻译以及翻译影响目标语文化这两大核心观点，极大地拓宽了翻译研究的内涵和外延，这些都为本研究拟开展的特定历史时期中以诗学为视角、以译者为焦点的诗歌翻译研究提供了重要的理论根据与支持，有助于进一步认识与探讨文学翻译的本质。

就中国的诗歌翻译而言，据李奭学（2008）考证，虽然中国最早的外国诗歌汉译源自明朝意大利耶稣会传教士艾儒略（Jules Aleni，1582—1649）1637 年翻译的《圣梦歌》，但直到五四新文化运动之前，中国近代的诗歌翻译一直较为零散，尚未走上系统化道路。直到五四时期，中国的诗歌翻译才取得了相当可观的成绩，无论是译诗数量、译诗队伍还是译诗所产生的影响，都史无前例。"五四时期，诗歌翻译已经取得相当可观的成绩，算是中国诗歌翻译的第一个高潮"（辜正坤，2007：6），也构成了中国诗歌翻译系统化、规模化的源头。

由于五四时期的翻译活动发生在时代特征鲜明的历史时期，这使得国内外对于这一时期的翻译研究大都聚焦于社会意识形态的文化视角，往往探讨其在社会变革和思想启蒙方面对广大读者所起到的积极引导和推动作用，而对于当时诗歌翻译活动所涉及的诗学因素的探讨却不够深入系统。即使涉及诗学，也往往着眼于五四时期诗歌翻译与白话新诗滥觞的关系，而从诗学角度对当时诗歌翻译活动本身进行客观解读与评价的努力亟待加强。中西方各自都有悠久的诗学传统，且它们都源自于诗歌研究。诗学对于诗歌创作和诗歌翻译的影响毋庸置疑，从诗学角度对中国诗歌翻译进行探究成为一种理性需求。

中国的西诗汉译传统是在五四时期的新诗运动中建立起来的。中国的新诗运动起源于 1917 年前后，以胡适在《新青年》发表的《文学改良刍议》一文为标志。因此，对于五四时期的诗歌翻译，如果我们绕开社会政治变革这一文化视角，聚焦翻译过程中意识形态之外的纯文学因素，通过对这一特定历史时期中开展诗歌翻译的主要译家们的译诗活动进行系统的诗学批评研究，一些以往被忽视的问题将再度引发关注，有助于还原其历史面貌，有助于我们更客观地审视和评价五四时期的诗歌翻译活动，从而进一步拓展和深化五四时期诗歌翻译研究的内涵和价值。

英诗汉译是五四时期西诗汉译活动中最具代表性的组成部分。通过对五四时期英诗汉译这一中国诗歌翻译活动的重要源头进行诗学探讨，我们将更理性地认识和了解中国诗歌翻译规范的形成原因及其对中国新诗的建构性影响，从而进一步揭示文学翻译的本质，这也是本研究的目标与意义之所在。

1.2 文献综述

国内外关于诗歌翻译的论述和研究都有悠久的历史，其翻译理论有其通约性，其历程亦有相似之处，但两者没有任何交集。后来随着西方翻译理论的逐渐引入，部分中国学者开始将西方的翻译研究范式运用于诗歌翻译研究之中。

在西方，自古罗马时期至 20 世纪 50 年代，在翻译的语言学研究范式兴起之前，主导着翻译研究的一直是语文学研究范式。它强调翻译是艺术，作者的原意是译者所追求的终极目标，翻译意味着对原文意义的重构，主要聚焦于文字的对比、考据、传递、修辞，局限于字词的翻译技巧、风格的传递以及翻译标准等问题上。同时，对于包括诗歌在内的文学文本的翻译，往往主张采取意译或灵活的方式，使得译文流畅或是译出原文的风格，强调诗人译诗的观点，研究方法上较少借用其他学科的理论与方法，主要以主观内省和感悟为经验，亦称传统的经验主义研究范式，系统深入的翻译理论始终没有形成。在第二次世界大战之前，几乎没有出现过翻译研究专著。（杨平，2009：19）

20 世纪 50 年代以来的西方，随着语言学的日渐成熟，其语言分析方法越来越得到学术界的认可。西方学者认为，翻译不仅是艺术，还是科学，语言之间的转换是有规律可循的，要探索语言之间转换的规律，就需要科学的分析语言的方法。在此背景下，西方翻译学界兴起了语言学研究范式，于二十世纪六七十年代达到高峰。该范式的重要特征之一就是通过语言分析来诠释翻译和翻译的过程，以探寻语言转换的规律。语言学研究范式是对重美学体验却又缺少系统理论的语文学研究范式的反驳，他们批判性地继承了 19 世纪施莱尔马赫（Friedrich Schleiermacher）、洪堡特（Wilhelm von Humboldt）等人的语言学和翻译观，又将布龙菲尔德（Leonard Bloomfield）的结构语言学、乔姆斯基

（Noam Chomsky）的转换生成语法以及韩礼德（M. A. K. Halliday）的系统功能语法等引入翻译研究，使翻译研究深入到词、短语、句子甚至篇章的层面，强调两种语言的等值替换或信息对等，提出了较为系统的翻译理论。但是，由于诗歌本身所具有的丰富的文本特征和诗学内涵，仅从语言学分析的角度进行研究，很难对诗歌翻译的基本问题给予有效的回答。因此，在诗歌翻译研究领域，语言学研究范式并未蔚然成风，所取得的成就并不突出。

随着翻译研究文化转向的发生，翻译研究不再仅仅是一个研究文本转换的封闭、静态的过程，而是一个将文本转换研究与社会历史文化等结合起来的开放、动态的过程。诗歌翻译研究也随之超越了微观的译诗技艺及语言转换层面的讨论，不再局限于文本内部，而是结合社会与历史的语境，从诗歌翻译这一现象本身所贯穿的各种文化表征的角度进行考察，诗歌翻译研究观念从此焕然一新。

纵观西方近百年来的诗歌翻译研究，可谓百花竞放，涌现出大量颇具代表性和影响力的论文与著作。笔者通过调查 Elsevier，Taylor & Francis Online，JS-TOR，Translation Studies 等期刊网站，发现自 1976 年始，重要的诗歌翻译论文主要见刊于 *Babel*，*Target*，*The Translator*，*Perspectives*，*Translation Review*，*Translation Studies*，*Meta*，*Translation and Literature* 以及相关论文集等，总计约 746 篇。这些诗歌翻译研究主要集中在四个研究范畴，分别为译者及历史性研究、翻译策略研究、语言研究，以及文化、伦理、社会及阐释等研究。它们有的仍然采取语文学研究范式，有的采取语言学研究范式，还有的采取文化研究范式或综合研究范式。其中颇具影响的主要诗歌翻译研究成果如下所示：

奈特（Bouglas Knight）的《蒲伯与史诗传统：评蒲伯的〈伊利亚特〉》（*Pope and the Heroic Tradition：A Critical Study of His Iliad*，1951）一书以蒲伯译《荷马史诗》为个案，指出应将译诗放在史诗传统的背景下加以考察，从而强调翻译不同于创作，要客观评价译者翻译观对译诗的指导作用。

弗罗斯特（William Frost）的专著《德莱顿与翻译艺术》（*Dryden and the Art of Translation*，1955）引述了德莱顿的翻译三分法［逐字译（metaphrase）、意译（paraphrase）和仿译（imitation）］及其译诗观点，指出德莱顿的译诗是对自己提出的翻译原则和翻译目的的实践，不考虑译者翻译观及译者所处时代的思想倾向是有失偏颇的，翻译理论归根到底是译者的翻译观的问题。

雅各布森（Roman Jakobson）在《论翻译的语言学问题》（*On Linguistic Aspects of Translation*，1959）中认为，诗歌的意义主要通过诗律得以表现，但不同的符号之间不可能有完全的对等，因此诗律本身是不可移植的，诗歌都是不可译的，只能是创造性地移植。

布格兰德（Robert de Beaugrande）在其《诗歌翻译理论的要素》（*Factors*

in a Theory of Poetic Translating，1978）一书中，首先从篇章语言学、社会学和心理学的视角阐释和分析了阅读理解的影响因素和过程，进而强调了诗歌翻译过程中阅读理解的重要性，指出了结构主义描写语言学和生成转换语法在翻译研究方面的局限性。

费尔斯蒂纳（John Felstiner）在《翻译聂鲁达》（*Translating Neruda*，1980）中认为译诗的过程实际上也是写诗的过程，译诗源于译者的灵感和洞察力，诗歌翻译本质上是文学批评的行为和艺术。诗歌是因为其乐感和节奏才成为诗歌，译诗与原诗是对等的，并具有相同的价值。

阿普特尔（Ronnie Apter）的《挖宝：庞德之后的翻译》（*Digging for the Treasure：Translation after Pound*，1984）以庞德的翻译为个案，指出庞德的翻译实质上是一种文学批评的形式，不追求意义的对等，而是重视译诗对原诗总体效果的重现。现代译者也可以牺牲原诗形式，只追求表现原诗的某些特征，从而体现对原诗的批评意识。

霍尼格（Edwin Honig）的《诗人翻译家的心声：关于文学翻译的对话》（*The Poet's Other Voice：Conversation on Literary Translation*，1985）通过一些诗人翻译家对他们自身所经历的一些诗歌翻译活动的叙述，得出诗歌翻译实际上是一种再创造，或者说是创作一首新诗的结论。

霍尔姆斯（James S. Holmes）的《诗歌形式与诗歌形式的翻译》（Forms of Verse and the Translation of Verse Form，1988）一文对原诗形式的处理策略进行了探讨，强调诗歌翻译过程中的变化与新生，并通过案例总结出四种诗歌翻译策略，分别为"模拟式"（memetic form），即保留源语诗歌的形式，该策略强调仅限于源语诗歌与目标语诗歌拥有相似的传统形式；"类比式"（anological form），即译者判断源语诗歌形式的功能之后在目标语中找到一个功能相似的形式进行代替；"内容派生式/有机式"（congtent-derivative or organic form），即以源语诗歌的语意材料为出发点，使目标语诗歌的形式自然而成，从而达到诗歌的内容与形式在目标语中融为一体的效果；"游离式/变相式"（deviant or extraneous form），即译者采用一种完全不同于源语诗歌的新形式。

拉夫尔（Burton Raffel）的《诗歌翻译艺术》（*The Art of Translating Poetry*，1988）通过对翻译过程的研究，提出了四种译诗模式，分别为"形式翻译""扩展性翻译""解释性翻译"和"模仿性翻译"，以适应不同读者的需要。同时也指出，文学翻译，尤其是诗歌翻译，要在各种要求之间取得平衡，其中美学要求是对译者最重要和最具挑战性的要求。

佩登（Margaret Sayers Peden）在《建造翻译，重构工作：索尔·胡安娜·伊内斯·德拉克鲁斯的第 145 首诗》（Building a Translation, the Reconstruction Business：Poem 145 of Sor Juana Ines la Cruz，1989）中认为，诗歌翻译

从阅读开始，阅读是初译，翻译是第二次翻译。要创造美，必须先破坏，先解构（destruct）再重构（reconstruct）的过程是对文学翻译过程最准确的描述。

巴斯奈特《种子移植：诗歌与翻译》（Transplanting the Seed：Poetry and Translation，1998）强调诗歌的内容与形式不可分割，认为诗歌翻译的任务首先是对原诗的语言材料进行"拆解"，然后在目标语中"重组"这些语言符号和编码，并提出要重视诗歌翻译的超文本特征（extratextual factors），强调诗歌表面和深层次文化意义的传达和交流，探讨译诗与文化构建的关系。

尼萨博（Leila Niknasab）和皮什宾（Elham Pishbin）合作的《论诗歌的翻译：以索赫拉布·塞佩赫里的旅行者为观照》（On the Translation of Poetry：A Look at Sohrab Sephri's Traveler，2011）从语篇分析出发，仔细对比了波斯语原作与英译本两者在语言（linguistic）与超语言（extra-linguistic）特征上的异同，最终归纳出诗歌翻译的语篇研究模式。

韦努蒂的《诗与翻译》（Poetry and Translation，2011）一文则聚集各国翻译诗集的出版情况，以此来说明整个文学翻译的状况，目的在于提升翻译文化意识，从而使得翻译成为反映有关语言、文学以及文化的最为深刻的思想场所。

国外最初把"诗学"引入翻译研究的是20世纪60年代捷克斯洛伐克一批著名的翻译研究学者，如列维（Jiri Levy）、波波维奇（Anton Popovic）与米科（Frantisek Miko）等。他们强调文学作品的表层结构特征，提出在进行文本分析时应该融入历史因素，从"历时"（diachronically）和"共时"（synchronically）的角度对文本进行动态研究，而不是局限于原文文本和译文文本内部结构的静态研究。他们的翻译理论源于俄国形式主义的诗学观，但是没有对翻译的诗学研究内涵展开更为具体详细的论述。随着1969年列维和1984年波波维奇相继离世，该学派逐渐没落。

巴斯奈特与勒菲弗尔虽然在他们的论著中涉及了翻译中的诗学因素，指出在不同的历史时空，翻译作为一种"改写"主要受到意识形态和诗学两方面的限制，但并未在诗歌翻译领域展开系统研究。勒菲弗尔曾在《诗歌翻译：七项策略和一个方案》（Translating Poetry：Seven Strategies and a Blueprint，1975）中对文本就主题和文本、语境和互文的变异（variations），以及主题和变异之间的关系进行了分析，认为文学翻译本质上是重译（retranslation），并主要分析比较了七种翻译的策略及其得失，关注了译诗与历史时代、译语文学间的互动关系。他的七种翻译策略主要是指音位翻译法（phonemic translation）、直译法（literal translation）、韵律翻译法（metrical translation）、散文翻译法（poetry into prose）、谐韵翻译法（rhyme）、无韵诗翻译法（blank verse）以及包括改写（version）和拟作（imitation）两个方面的解释（interpretation）。虽然勒菲弗尔并没有从诗学角度为诗歌翻译提出可供操作的一整套策略，但他为后来的相关研究提供了较有说服力的理论依据。

巴恩斯通（Willis Barnstone）的著作《翻译诗学：历史、理论及实践》（*The Poetics of Translation：History，Theory，Practice*，1993）虽然涉及"诗学"且研究的部分内容也是诗歌翻译，但主要是着力于将文学翻译的历史和理论作为一种艺术形式加以探索。他强调文学翻译超越了语言信息的转换，认为原文本中"具有想象力的原创"（imaginative originality）也存在于译者的译作当中。

梅肖尼克（Henri Meschonnic）出版过 15 部有关诗歌的著作，他在 1973 年出版的《诗学——创作认识论和翻译诗学》（*Pour la Paetique—Epistemologie de Lecriture，Poetique de la Tranduction*）中提出了翻译诗学理论。"梅肖尼克认为文学翻译的特殊性使之不能用语言学的手段得到诠释，而必须将其纳入诗学轨道，认为诗学是'关于作品价值与意蕴的理论'，翻译理论包含于诗学中。"（许钧等，2001：124）"他把翻译看作是历史主题特别的'重新表述'，是'两种诗学的相互作用'，是'中心偏移'（ledecentrement），翻译诗学就是要使原语与译语间、不同时代间、不同文化间的种种矛盾得到一个历史客观性的解释。"（袁莜一、许钧，1995：61）由于梅肖尼克都是用法语写作，语言的隔阂使得其著作与思想直到 20 世纪 90 年代才被西方学术界关注与传播。其中，2003 年，皮姆在国际译学期刊 *Target* 上介绍并翻译了梅肖尼克论述"翻译诗学"的精彩论段。

显然，西方近百年的诗歌翻译研究的发展为后人从诗学角度研究诗歌翻译留下了很大空间。而国内的诗歌翻译研究发展至今，经历了与西方相似却又别具特色的发展阶段。

中国最早以文字记载的跨语言诗歌翻译可以追溯到汉唐时期的佛经翻译，佛经翻译的相关探讨提出过"文""质"之争等问题，涉及佛经中不少偈语等诗歌形式。严格来说，国内语文学范式的诗歌翻译研究最早可以追溯到早期开展诗歌翻译研究的清末民初时期。20 世纪 40 年代，朱自清曾在《译诗》一文中写道："译诗的记载最早可追溯到《说苑·善说》中的《越人歌》，但真正主要为了'文学的因缘'而自觉、较多地从事译诗是从晚清的苏曼殊、马君武等人开始的。"（转引自陈福康，1996：198）中国诗歌翻译研究的语文学范式探讨往往基于个人的经验，常常借助一些中国传统审美概念来进行探讨，其理论观点往往停留在随想式、印象式、经验式的层面，表现出一定的模糊性和非理性，缺乏科学性和系统性。诗歌翻译研究从苏曼殊的"情思幼眇"、郭沫若的"风韵译"、郑振铎的"流利"、成仿吾的"以诗译诗"、翁显良的"再现意象"到许渊冲的"三美"等，表述虽各有不同，但其实一脉相承，都是经验主义研究范式，主观色彩较浓。这一研究范式曾一度占据着中国诗歌翻译研究的绝对主导地位。语文学研究范式虽历时很长，但因深受中国传统美学"言简意繁"理念的影响，其研究结果多为只言片语的散论，始终没有形成深入系统的翻译理论。并且，由于中国学者审美和思维习惯的影响，该范式研究一直延续至今，在当代中国诗歌翻译研究领域始终占有一席之地。这也表明，中国的语文学翻译范式研究并没有因西方翻译理论的介入而退出历史舞台。

尽管西方翻译学的语言学研究范式于 20 世纪 50 年代兴起，至六七十年代达到高峰，但由于种种原因，中国翻译界在 20 世纪 80 年代才开始引进和吸收西方语言学翻译研究理论与模式，国内的诗歌翻译研究才逐渐开始采用语言学研究范式。语言学的理论将翻译研究更多地引向语言层面，使得诗歌翻译的可译性等成为研究的中心话题。不过，与西方一样，这种语言学研究范式虽然使翻译研究摆脱了点评式、随感式和印象式的主观色彩，为翻译学科走向科学化、系统化、理论化创造了契机，但由于诗歌文本自身的特殊性，该研究范式未能在中国诗歌翻译研究领域蔚然成风，所取得的成就也并不突出。其中值得关注的是黄国文（2006）运用功能语言学的相关理论，从语言分析和语篇分析的角度对诗歌翻译进行了探讨，出版了专著《翻译研究的语言学探索——古诗词英译本的语言学分析》。该著作通过分析汉诗英译的文本检验了功能语言学在翻译研究和语篇分析中的可操作性和可应用性，提出了观察、解读、描述、分析、解释和评估六个步骤，试图通过功能语言学分析来揭示以往被翻译研究者所忽视的问题。

与此同时，新引进的西方语言学研究范式与传统的语言学研究范式相结合，中国诗歌翻译研究也表现出新的风尚，其研究重点更多地集中在译诗语言、音韵节奏、意象处理、风格再现等各种语言和技巧的层面上。

据中国知网统计，1957 年至今，若"全文"栏以"诗歌翻译"搜索，可查得 24117 篇论文，其中核心类论文 904 篇，而《中国翻译》《外国文学研究》以及《中国现代文学研究丛刊》是发表诗歌翻译类论文最多的核心期刊，次之为《新文学史料》和《外语研究》等。数据还显示，国内诗歌翻译一直呈持续上升的态势，其中 1996 年至 2011 年这十余年间涨幅最大，2011 年达到1500 多篇，此后诗歌翻译论文数量整体保持在这个态势上。

20 世纪 70 年代以来，随着西方翻译研究文化转向的产生与发展，国内的翻译研究在 20 世纪 90 年代也兴起了文化转向。中国学者纷纷开始从文化的各个视角对翻译进行探讨，撰写了一批有分量的论著。其中在翻译通史及断代史研究方面都取得了不少突出成就，出版了一些颇具影响力的著作。由于在中国近现代翻译史上，诗歌翻译具有举足轻重的地位，因此，就我国 20 世纪末期以来的翻译通史及断代史著作而言，其中不少涉及近现代的诗歌翻译问题，比如在被刘重德（1985：94）称作"迄今为止比较系统的一部翻译史"的马祖毅的《中国翻译简史（五四以前部分）》（1984）中，著者就对五四时期的译诗情况做了介绍；马祖毅在后来编撰的《中国翻译史（上卷）》（1999）和《中国翻译通史》（2006）中，同样也对五四时期的译诗情况有所提及。陈玉刚在《中国翻译文学史稿》（1989）中探讨了重要文学翻译家的翻译主张和所翻译的外国诗人作品；陈福康的《中国译学理论史稿》（1992）和《中国译学史》（2011）对中国近现代重要的诗歌译家如梁启超、周氏兄弟、胡怀琛、胡适、刘半农、郑振铎、矛盾、朱自清、郭沫若、郁达夫、成仿吾、闻一多等的翻译思想和理论都进行了梳理；王锦厚的《五四新文学与外国文学》（1996）系统地描述了印度、日本、希腊、俄国、英国、美国、法国、德国等国家的文学对中国五四时期新文学的影响，而这些影响主要来自五四时期的西方诗歌翻译；孙致礼的《1949—1966：我国英美文学翻译概论》（1996）中专门就诗歌这一文学体裁的翻译做了介绍，涉及诗歌原作者、原作、译者、译作版本及出版情况，并对一些重要的诗歌译者做了专题介绍，主要包括方重、朱维之、王佐良、查良铮、袁可嘉、屠岸等译家；王克非的《翻译文化史论》（1997），通过将翻译史实置于文化背景之上进行有重点的考察，证明了无论是翻译素材的确定、翻译策略的选择，还是译文在接受社会中的地位和功能，都会受到该社会文化系统内诸多因素的影响，其中涉及了中国近现代诗歌的翻译；郭延礼在《中国近代翻译文学概论》（1998）中探讨了中国近代的译诗面貌，对梁启超、苏曼殊、马君武等近代重要诗歌译者的翻译活动做了较为详细的梳理，并专门介绍了五四时期著名诗歌译者如胡适、陈独秀、刘半农、周氏兄弟等的翻译成就和风格；谢天振和查明建在《中国现代翻译文学史（1898—1949）》（2004）和《中国 20 世纪外国文学翻译史（1898—1949）》（2007）中，考察了重要译者和翻译流派的译诗成就；王建开的《五四以来我国英美文学译介史（1919—1949）》（2003）则聚焦于英美文学作品在中国特定时代语境里的接受与传播，其中涉及了诗歌翻译情况的介绍；卫茂平的《德语文学汉译史考辨：晚清和民国时期》（2003）中对"诗杰海涅"等在中国的译介做了较为详尽的介绍；孟昭毅、李载道的《中国翻译文学史》（2005）在介绍外国作家的翻译部分涉及了大量诗人诗作；李伟在《中国近代翻译史》（2005）中对他所考据的第一个将西方诗歌译入汉语的使臣威妥玛（Thomas Wade）以及苏曼殊、马君武等近代诗歌译者的译诗活动进行了较为详尽的介绍。张中良在《五四时期的翻译文学》（2006）一书中对五四时期的重要文学翻译现象和译本进行了较为详细的介绍，尤其对当时中国出现的"泰戈尔热"从外在的文化批评和内在的文学发展诉求两个层面进行了细致的分析；杨义主编的《二十世纪中国翻译文学史》（2009）中亦稍有提及 20 世纪中国诗歌翻译的状况。任淑坤的《五四时期外国文学翻译研究》（2009）一书也涉及五四时期某些译者如胡适、刘半农、戴望舒、穆旦等译诗情况的介绍等。不过，这些翻译通史或断代史大多只停留在对中国诗歌翻译史实较为粗略的梳理与描述层面，并未深入细致地对中国诗歌翻译本身展开具体的分析与研究。但是，其中值得一提的是张旭的《中国英诗汉译史论（1937 年以前部分）》（2011）一书从意识形态和诗学角度对中国 1937 年以前的英诗汉译状况做了较为全面的考察，并对这一时期诸多重要诗歌译家的翻译活动和译作做了较为系统的论述与分析。

随着国内翻译研究文化范式的兴起，中国的诗歌翻译研究也经历了从语文学层面向文化层面的转向，译诗研究领域也得到极大的拓展，进而使得许多之前被忽视的与诗歌翻译相关的文化现象得到关注。就五四时期这一特定历史阶段的诗歌翻译研究而言，由于该时期的翻译本身极具意识形态诉求的特点，从现有文献来看，国内对于五四时期的诗歌翻译所开展的具体研究大多采用的是社会政治的文化视角，探讨外国诗歌作品在中国特定时代语境里的接受和传播。而从诗学的角度对五四时期诗歌翻译这一中国诗歌翻译源头所进行的探讨则相对较少，即使涉及诗学，也往往着力于探讨五四时期诗歌翻译与中国诗歌转型的关系。

近年来，就涉及五四时期诗歌翻译的专著和硕博论文而言，较为突出的有熊辉的《五四译诗与早期中国新诗》（四川大学博士论文，2007），该论文通过对史实材料的挖掘和叙述，探讨了五四时期译诗对早期中国新诗在语言、诗体形式和创作实践上的影响，强调"正是思想内容的转变吁求着新诗文体、语言和句法的创新，外国诗歌的汉译也为中国新诗引入了新的时代精神和情感体验"（熊辉，2007：21，该博士论文于 2010 年以同样的题名由人民出版社正式出版）；邓庆周的《外国诗歌译介对中国新诗发生的影响研究》（首都师范大学博士论文，2007）探讨了外国诗歌译介对中国新诗孕育期和发生期中的重要诗人从主题、内容到形式、语言等全方位的影响，其中涉及五四时期诗歌翻译研究的内容主要落笔在论文的第三章"外国诗歌译介与中国新诗的发生——以胡适为中心例"；蒙兴灿的《五四前后英诗汉英的社会文化研究》（华东师范大学博士论文，2008），将五四时期前后的英诗汉译现象置于当时中国社会文化转型和文学嬗变的历史视野中加以考察，从社会文化因缘、心理及功能等方面对五四时期前后英诗汉译的主要译家和译作进行了描述性研究，探讨了五四时期前后英语诗歌翻译的成因、特点及其产生的影响和承载的社会文化意义；汤富华的《论翻译的颠覆力与重塑力——重思中国新诗的发生》（中山大学博士论文，2011）通过分析新诗早期代表人物的译诗与创作的因果关系，探讨了五四时期诗歌翻译对中国诗歌在诗歌观念、诗歌形式以及诗歌内容方面的颠覆与重塑（该博士论文以"翻译诗学的语言向度：论中国新诗的发生"为题名，于 2013 年由南京大学出版社正式出版）。

近年来，就涉及五四时期某些重要诗歌译者的研究而言，较为突出的专著有王友贵的《翻译家周作人》（2001）、《翻译西方与东方：中国六位翻译家》（2004）和《翻译家鲁迅》（2005），廖七一的《胡适诗歌翻译研究》（2006），刘全福的《翻译家周作人论》（2007），张旭的《视界的融合：朱湘译诗研究》（2008），严晓江的《梁实秋中庸翻译思想观》（2008），熊辉的《两支笔的恋语：中国现代诗人的译与作》等。除了正式出版的专著，还涌现了不少以五四时期重要诗歌译者为焦点的硕博论文，较为突出的有刘红岭的 Wen Yiduo's Transltion of English Poems（西北大学硕士论文，2004）、高伟的《文学翻译家徐志摩研究》（上海外国语大学博士论文，2006）、陈琳的《陌生化翻译：徐志摩诗歌翻译艺术研究》（华东师范大学博士论文，2007）、孙倩君的 A Study on Zheng Zhenduo's Translation Thoughts（中国石油大学硕士论文，2009）、肖曼琼的《翻译家卞之琳》（湖南师范大学博士论文，2010）、黄丽娜的《闻一多诗歌翻译研究》（湖南师范大学硕士论文，2013）等。这些有关五四时期重要诗歌译者的专著或硕博论文，大多通过翔实的史料，着力于对某位译者的翻译思想和翻译活动进行详细梳理与系统论述，虽然往往论及这些诗歌翻译大家及其作品的影响与传播，但较少涉及诗歌翻译文本的分析与研究。不过，其中张旭的专著则较多地从文本角度论述了朱湘的译诗在语言、形式和音韵方面的特征。

此外，还出现了从各种角度对五四时期诗歌翻译的各种问题进行探讨的单篇论文，这些论文数量繁多，其中卞之琳（1989）、王东风（2010，2011，2014a，2014b，2015，2016）、张旭（2007，2009a，2009b，2009c，2010）、汤富华（2009，2011，2013）、熊辉（2007，2008a，2008b，2009，2010a，2010b，2013）、孙昌坤（2004）等学者从诗学角度探讨五四时期诗歌翻译的系列文章构成了该领域的力作，尤其值得关注。例如卞之琳探讨了五四运动以来诗歌翻译对中国新诗的功过问题；王东风运用当代诗学理论对五四时期诗歌翻译中的核心诗学元素进行了深入细致的批评分析，并借助翔实的史料，揭示了五四初期西诗汉译的六个误区及其对中国新诗的误导，并进一步指出了中国诗歌翻译实践未来努力的方向；张旭聚焦于五四时期的多个重要的诗歌译家，对这些译家的译诗活动进行客观描述与分析；汤富华、熊辉等就五四时期诗歌翻译对中国新诗发展所造成的影响进行了分析与探讨；孙昌坤探讨了中国诗学传统与近代诗歌翻译的纵横影响合力对五四运动以后中国诗界语体诗创作的影响。

如上所述，国内外关于诗歌翻译的研究由来已久，成果卓著，且呈现出各具特色的研究范式。同时我们也应看到，人文学科的范式更替往往具有演化和传承的特点，而非革命和取代。因此翻译研究中不同范式的研究方法往往也是动态共存、相互兼容的。当代翻译研究范式的盛行，并不意味着其具有完全的独占性。换言之，引入语言学翻译研究理论，并不意味着语文学翻译研究范式被彻底颠覆，引入文化的理论视角，也不意味着语言学翻译研究范式的终结。总的说来，无论采取何种研究范式、何种视角，这些论述都在一定程度上揭示了诗歌翻译与其他文体翻译之间的本质区别，强调了诗歌翻译特有的诗学品质。但是，从诗学的角度对诗歌翻译，尤其是对五四时期诗歌翻译这一中国诗歌翻译的源头所开展的系统研究还并不多见，无论在深度上还是广度上都大有可为。

1.3 研究目标与问题

翻译的文化研究范式虽然强调将翻译置于相关的历史、社会、文化的语境中进行考察，但并不意味着翻译研究能抛开译本，而把所有注意力转向文本之外。翻译研究文化学派主将巴斯奈特（2001：16）强调，在文化的视野中，翻译的内部研究是研究翻译作为一个本体的存在，翻译的外部研究则是研究翻译在一个更大的语境中作为其中的一个个体的存在。只有两种研究相结合，才有可能揭示翻译的本质这一本源性问题。那种偏重翻译的外部研究而轻视内部研究的做法，是一种忽视本体研究的做法，将会淡化翻译研究自身的学科独立性，将在一定程度上动摇翻译研究的学科稳定性，使其面临削隐在其他学科理论中的危险。

皮姆（1998：5 - 6）也指出："通常而言，翻译史至少可以细分为三个领域：翻译史实、翻译史批评和翻译史解释……翻译史实和翻译史批评主要关注具体的事实和文本。翻译史解释则必须关注这些资料的因果关系，尤其是通过权力关系表现出来的那些因果关系；正是在这一领域中，译者表现为具备一定影响力的社会活动者。"

作为一部断代翻译批评史，本书将以翻译研究文化学派的理论为观照，以诗学为主要研究视角，通过对相关史料的梳理和具体文本的分析，对中国五四时期近二十年间开展英诗汉译的主要译诗家的译诗活动展开宏观历史描述与微观文本批评，进而探讨这一时期的诗歌翻译对中国诗歌文化发展所造成的影响，力图将翻译的描述、分析、批评和解释有机融合起来，使得内部研究和外部研究如同硬币的两面，相辅相成、互为补充，构成一个整体研究，以期达到进一步揭示翻译本质这一本源性目的。

五四时期众多译家所开展的大量诗歌翻译活动对于当时的社会变革和思想启蒙起到了积极的引导和推动作用，但这是翻译的社会政治意义，不在本书的主要探讨范围。

　　五四时期新文化运动的一个显著特色就是，以翻译为重要职能的各种文学团体和期刊大量涌现，这是中国翻译史上任何一个时期都无法比拟的，其中译诗成为翻译的主色调。以 1915 年《青年杂志》（后改名为《新青年》）的创立为开端，少年中国学会、文学研究会、创造社、未名社、新月社、学衡社等数十家文学社团相继创立。社团与期刊共生，也是五四时期的重要文化现象。各文学社团纷纷把创办期刊立为社团首要之事，试图通过期刊的传播宣传自己的主张。这些社团既是新文学社团，又是文学翻译社团。参与这些社团的作家们大都在创作诗歌、研究理论、编辑刊物的同时翻译外国诗歌，其中重要文人如胡适、刘半农、周作人、茅盾、郑振铎、郭沫若、成仿吾、朱自清、闻一多、徐志摩、朱湘、李金发、吴宓、张荫麟、李思纯等大都有留学海外的经历，既通晓外文又谙熟本土诗学，集学者、诗人与译者于一身，构成中国诗歌翻译史上最特殊的一代译家。他们活跃在各种社团流派中，尽管审美情趣、教育经历以及个性禀赋等等各有不同，但他们的译诗活动总体来说还是深受各社团的文学价值观念的影响，其译诗主张与其所属的文学社团的主旨往往趋归一致，在当时形成了特点较为鲜明的三大译诗流派。

　　据郭延礼考证，在近现代诗歌翻译中，翻译数量最多的是英语诗歌，其中尤以英国诗歌为最。（郭延礼，1998：82－91）因此，本书将聚焦于五四时期这一最具代表性、数量最多的英语诗歌翻译，从西方现代诗学理论的角度，将五四时期各主要译诗流派的英诗汉译既成事实作为研究对象，既关注各流派共性，又关注各译家个性，考察诗歌译者作为审美主体在新文化运动这一特殊历史时期中是如何将其诗学主张运作于翻译实践的，探讨译者的诗学转化自觉性以及翻译结果的诗学得失。通过研究诗歌翻译中的操纵现象，加深对诗歌翻译活动本体的认识，进而在目标语文学体系内考察这些译诗流派的译诗活动对中国诗歌文化发展造成的影响，试图揭示出五四时期诗歌翻译研究中一系列被忽视的诗学问题，以期透视中国诗歌翻译规范的形成原因及其对中国新诗的建构性影响，还原五四时期英诗汉译在中国文学史上的本来面目。本书的主要研究问题如下：

　　（1）五四时期各主要译诗流派的译诗概况及其诗学主张分别如何？

　　（2）五四时期各译诗流派中代表性译家在英诗汉译的选材及翻译策略上表现出怎样的诗学操纵及诗学得失？

　　（3）五四时期的西诗汉译流派对中国诗歌文化发展造成了怎样的影响？

1.4　研究思路与方法

　　图里（Gideon Toury）指出"译本就是在目标语系统当中，无论出于何种原因，作为翻译或者是被视为翻译的任何一段目标语文本"（Toury，1980：73）。换言之，只要该文本在目标语文化系统中被认为是翻译，那么该文本就可以成为翻译研究的对象。有鉴于此，本书始终以五四时期各主要译诗流派的英诗汉译既成事实为研究对象，从以目标语文化为导向的诗学研究视角，开展五四时期西诗汉译流派的批评研究。具体而言，本书首先通过梳理中西诗学传统，厘清"诗学"这一核心概念，并通过对当代西方翻译研究文化学派相关理论及其与诗歌翻译关系的阐释，构建出以当代翻译研究文化学派的观点为观照和以西方现代诗学理论为视角的整体理论框架，然后对五四时期开展西诗汉译的主要译诗流派的各自译诗活动和诗学观念进行历史描述与梳理，进而以当时各主要译诗流派各自代表性译家的英诗汉译具体译本为研究对象，将理论联系文本，细致剖析其在诗歌选材及文本转换中的诗学操纵与得失，最后考察诗歌翻译对目标语诗歌文化发展的诗学影响。

本书借鉴描述性翻译研究的方法，但不局限于史料的梳理和介绍，而是在诗学理论的观照下进一步对译者及其译文展开分析、批评与解释，避免将译者仅仅看作目标语社会文化借以操纵翻译的被动媒介，对译者个人诗学观的介入给予充分重视，进而从诗学角度对译文做出价值判断。在方法论上，将融合当代西方翻译研究文化学派的相关理论，运用资料统计、比较研究等方法，以史论结合的方式展开。换言之，本书既有在诗歌核心元素层面展开的译本诗学价值批评研究，又有对特定历史时期的翻译活动及其影响进行考察的描述研究，既着力于内部的翻译文本的策略分析，又观照外部的超文本语境中的翻译活动的历史地位和作用问题，是翻译本体研究与翻译史专题研究的结合，使得文本内部研究和文本外部研究相辅相成，微观分析与宏观考察互为补充，构成一个整体研究。

本书中"五四时期"这一重要概念，长期以来被看作中国文化史上的一个重要界标。因为"五四"之后，西方各种文化思潮涌入中国，与中国本土文化发生碰撞、冲突，同时又相互纠缠、融合，使得中国文化呈现出极其复杂的局面，"五四时期"因此已化身为一种象征符号，以各种方式叙述着历史的断裂或现代的起源。对于"五四时期"这一概念的界定，不同的研究领域划定了不同的起止时间。文艺界对于"五四时期"的界定，一般从1917年胡适在《新青年》上发表倡导文学改良的第一篇文章《文学改良刍议》开始，到1927年大改良失败为止（费正清，1994）。针对诗歌这一文学样式在当时中国的发展特点，本研究中的"五四时期"涵盖了从1915年《新青年》创刊前后直至20世纪30年代初期这一比较宽泛的时段，而不是泾渭分明的某个界限。因为本书考察的是文学形式、诗学观念等文化层面的现象，文化现象不可能是立竿见影一蹴而就的行为或事件，而是经过一定时间酝酿，从萌芽后不断发展，再由兴盛至衰退的过程，将绝对的时间标准作为划分文化现象的硬性指标的做法并不合适。而且，在这段时期，无论是诗歌创作还是诗歌翻译都受到新诗运动热潮的推动。

此外，本书中的"西诗"主要指欧美国家的诗歌作品，而"英诗"主要指以英语语言书写的诗歌作品，其中包括已被转译成英语并在英语世界广为流传的东方诗人的作品，如印度诗人泰戈尔（Rabindranath Tagore，1861—1941）和波斯诗人伽亚谟（Omar Khayyam，1048—1131）的诗作。

总的说来，上述研究方法与思路相互渗透，共同指导本论题的开展。同时，在对译本进行分析时，诗学的方法论决定了本研究要摒弃名家崇拜心理，仅从诗歌翻译的审美角度探讨诗歌翻译中的诗学因素。本研究所遵循的原则正如《文心雕龙·序志》中所言："有同乎旧谈者，非雷同也，势自不可异也。有异乎前论者，非苟异也，理自不可同也。"（刘勰，1958：727）

1.5 结构布局

基于上述构想，本书共分为五个部分：

第一章为绪论。首先介绍研究背景和研究意义，然后对国内外诗歌翻译研究进行综述，进而提出研究问题与目标，最后介绍研究方法与结构布局。

第二章主要论述诗学与诗歌翻译的关系。首先通过对中西诗学概念进行溯源与梳理，指出本书的"诗学"概念立足于西方现代诗学观，且涵盖了微观和宏观两方面的内涵，强调形式就是文艺的本质。继而，通过对翻译中诗学操纵的探讨，揭示出翻译中的诗学操纵实质上是译者主体的诗学操纵。就诗歌翻译而言，译者的诗学操纵主要体现在两个方面：一是对原语诗歌材料的选择；另一是对原诗的形式特征如节奏、韵律等核心诗学元素的处理。

第三章通过对五四时期开展西诗汉译最具代表性的社团和期刊的译诗活动进行描述，着力探讨了五四时期的白话自由体译诗派、白话格律体译诗派以及文言旧诗体译诗派这三大西诗汉译流派的译诗概况及其主要诗学主张。

第四章为本书的主体部分，着力于对五四时期的英诗汉译活动展开诗学批评研究。主要以五四时期三大译诗流派各自代表性译家的既成英诗汉译事实为研究对象，考察诗歌译者作为审美主体在诗歌翻译过程中对选材及诗歌形式方面的诗学操纵，尤其是对格律诗的音律、步律及韵律等核心诗学元素的操纵，以期探讨译者的诗学转化自觉性以及翻译结果的诗学得失。需要指出的是，这一部分将聚焦于各流派代表性译家及其译作的深度挖掘，力求以点带面，而不求面面俱到。其中，白话自由体译诗派以胡适、郑振铎和郭沫若为研究对象，白话格律体译诗派以闻一多、徐志摩、朱湘为研究对象，文言旧诗体译诗派以吴宓、吴芳吉和张荫麟为研究对象。继而，基于以上对于三大流派主要译家诗歌翻译中的诗学操纵现象的研究结果，考察这三大流派的翻译活动对中国诗歌文化发展所造成的影响。

第五章为本书的结语。简要总结本研究的主要结论和发现，进而提出不足之处及未来研究的方向。

2 诗学与诗歌翻译

2.1 "诗学"概念的厘定

"诗学"是本研究中的一个核心概念与研究视角。但是关于"诗学"概念的内涵及外延，迄今众说纷纭。显然，如果不厘清这一概念的含义，不清晰地指明本书"诗学"概念的所指，就很难用它进行言说。

中西方都有在各自文化系统内生发的诗学传统，但无论是内在的文化底蕴还是外在的理论表述都迥然不同。汉语"诗学"一词对应的英文是 poetics，汉语的"诗学"最初指《诗经》之学，是关于诗歌的学问；而英文的 poetics 则源自亚里斯多德的《诗学》（*Peri Poietikes*）一书，指向的是西方自亚里斯多德以来漫长的文学传统。显然，要从诗学的角度对翻译这一涉及中西不同语言与文化的复杂活动进行研究，需要对中西诗学概念进行溯本求源的理性探索。

2.1.1 中国诗学概念

在中国，"诗学"最初指《诗经》之学，后来这一概念内涵逐渐扩大，如蔡镇楚（1999：101）所说中国传统"诗学"概念内涵"大凡有二：一是'《诗》学'，即'《诗经》之学'……二是诗格之类诗学入门著作"。但在当代学术语境之中"诗学"一词常常被看作是舶来品，如饶芃子（1999：2）曾说："长期以来，我们在文艺学学科上所讲的诗学，都是沿袭西方的；所使用的概念、范畴、观念、原理，绝大多数都是'舶来品'。"朱光潜（2010：1）早年也曾说"中国向来只有诗话而无诗学"。这里，饶芃子、朱光潜所谓的"诗学"是指西方现代意义上的"诗学"概念。

其实"诗学"一词在中国古已有之，并在中国传统文学论述中普遍存在，如元明时期就有《诗学正斋》《诗学正源》《诗学权舆》及《诗学正宗》等著作，只不过其所涉及的内容多是单纯意义上的诗歌创作与批评。虽然在中国古代文论中也有少数一些论著如《文心雕龙》《文章流别论》等关涉普遍的文论和多种文类问题，但是，由于诗歌长期占据中国传统文学的主流，中国古典文学理论著作往往习惯地称为"诗话""词话""诗论"及"诗学"等。"据不完全统计，现存一千六七百部历代论诗之作，以'诗话'名书者多达近千部"

（蔡镇楚，1999：102）。可以说，中国传统的诗学其实是真正的关于诗歌的理论，朱自清（1998：173）在《论诗学门径》一文中指出，"所谓诗学，专指关于旧诗的理解与鉴赏而言"。进入近代社会以后，中国传统诗学开始受到西方诗学的影响。王国维的《人间词话》就是尝试运用近代西方哲学和美学阐释中国传统诗学的开端，是中国诗学思想由传统向近代转折的标志。继王国维之后，以蔡元培、鲁迅、朱光潜、闻一多、宗白华、钱钟书等为代表的中国学者积极开展中西诗学的比较与融通，并取得一定成绩。但新中国成立后，由于多方原因，中国诗学曾一度全盘转向俄苏文论，改革开放以后，中西诗学积极开展对话，王元化、刘若愚、叶维廉、乐黛云、曹顺庆、黄药眠、童庆炳及饶芃子等学者在这一领域取得了较为突出的成果，中国诗学的内涵与外延也不断得到扩展。"诗学"一词被用于指涉所有关于文学范畴的理论研究，如黄药眠、童庆炳（1991）主编的《中西比较诗学体系》中对诗学所做的界定为："'诗学'并非仅仅指有关狭义的'诗'的学问，而是广义包括诗、小说、散文等各种文学的学问或理论的通称。诗学实际上就是文学理论，或简称文论。"乐黛云（1993：4）则将中国现代诗学明确定义为"有关文学本身在抽象层面展开的理论研究"，这就与西方诗学这一以审美为目的的语言文字艺术研究的内涵接轨了。不过，《中国诗学大辞典》（傅璇琮等，1999：3）中对于"诗学"的解释，仍然是"关于诗歌的学问，或者说，以诗歌为对象的学科领域"，并且具体地指出中国诗学的研究范围包括"诗歌的基本理论和诗学基本范畴""有关诗歌形式和创作技巧的问题""对于中国历代诗歌源流的研究，或曰诗歌史的研究""对于历代诗歌总集、选集、别集或某一作品的研究""对于历代诗人及由众多诗人所组成的创作群体的研究""对于历代诗歌理论的整理和研究"六个方面。显然，在当代中国，"诗学"一词因其历史发展的原因而同时呈现出狭义与广义的不同内涵。

汉代人为《诗经》所作的序《诗大序》是中国诗学最重要的理论来源，对中国诗学的影响最大。《诗大序》认为"诗者，志之所之也，在心为志，发言为诗，情动于中而形于言"，抒情言志说由此成为中国古典诗学的诗学本质观。待到后世陆机的《文赋》、刘勰的《文心雕龙》、钟嵘的《诗品》和司空图的《二十四诗品》等，除了都强调"吟咏性情"（严羽）之外，更主张"文以载道"（周敦颐）的"诗政"观点，将政治和诗歌一体化。因此，中国历代诗人的诗学追求都不可避免地带具有社会政治倾向性。

表面上看来，中国传统诗学有着重内容、轻形式的倾向，但实际上，自春秋战国直至五四时期约两千年以来，中国的传统诗歌理论是既着眼于诗的内容，又强调诗的韵律节奏等形式特征的。战国末期《尚书·毕命》的"辞尚体要"、《墨经·大取》的"立辞而不明于其类，则必困矣"、《尚书·虞书·

舜典》的"诗言志，歌永言，声依永，律和声"，就已开创了关注诗歌形式的先河。后来三国时期曹丕在《典论·论文》中提出"奏议宜雅，书论宜理，铭诔尚实，诗赋欲丽"；西晋陆机《文赋》认为："诗缘情而绮靡，赋体物而浏亮"；到南北朝刘勰的《文心雕龙》，则更强调诗歌形式的重要性，提出"情者，文之经；辞者，理之纬""有文有笔，以为无韵者笔也，有韵者文也""诗有恒裁，思无定位，随性适分，鲜能通圆"等观点，对诗歌形式规定进行了奠基性的论述，并对后世影响深远。有关诗歌形式的论述不绝如缕，如晚唐司空图《二十四诗品》的"薄言情语，悠悠天韵"；南宋严羽《沧浪诗话》不仅提出"诗者，吟咏性情也"，更强调诗歌五要素中，"体制""格力""音节"占其三；南宋姜夔《白石道人诗说》提出"守法度曰诗"；到了明朝，论诗更以强调形式而擅长，相关著作不可胜数。周叙的《诗学梯航》、杨良弼的《作诗体要》、李东阳的《怀麓堂诗话》、王世贞的《艺苑卮言》、胡应麟的《诗薮》、徐学夷的《诗源辩体》等成为其中代表。如李东阳所言："诗之体与文异……盖其所谓有异于文者，以其有声律讽咏……不可专于意义而忽于声律也"；徐学夷更是直言"盖诗之有体，尚矣。不辨体，不足与言诗"；至清末民初章太炎《答曹聚仁论白话诗》中的"以广义言，凡有韵者，皆诗之流"；当代朱光潜（2010：130）《诗论》中的"'从心所欲'而能'不逾矩'。诗的难处在此，妙处也在此"等，都明确地表达了对诗歌形式的关注。

理论与实践之间总是相辅相成的。中国传统诗学对形式的强调也体现在诗歌的创作上。从中国诗歌文化的发展历程来看，自春秋战国至五四时期，中国的诗歌创作传统其实从来没有停止过对形式的追求。从《诗经》的四言，到骚体、汉赋、乐府和汉魏六朝古体诗，再到唐朝近体诗的五七言律绝，格律诗成为"中国文字的特色所能表现的美的极致"。（叶嘉莹，1998：5）宋词、元曲虽然对律诗严格的形式规则有所突破，在形式上表现出独特性，但纵观中国诗歌文化历史，它们在影响力和成就上却不及唐诗，后人大多以唐代的格律诗作为中国诗歌的标志，从这一点也可见诗歌形式的重要性。

综上，在中国当代学术语境中，"诗学"一词同时呈现出狭义与广义的内涵。狭义的诗学是真正关于诗歌的理论，是以抒情言志为本，以诗政教化为功，以格律音韵为最高形式追求，最终达到意境创造这一最高审美追求的传统思想观念。广义的诗学是指在中西诗学积极对话的基础上，中国传统诗学的内涵和外延不断扩展，逐渐与西方现代诗学概念接轨，指涉的是文学理论。

2.1.2　西方诗学概念

西方"诗学"（poetics）一词出自西方诗学的开山之作——亚里斯多德的《诗学》。该词最初源自希腊文 poietike，是 poietike téchne（作诗的技艺）的简化形式。"诗"源于古希腊 poetes 一词,其意义在拉丁语中指的是精致的讲话,即所谓从荷马时代至希腊古典文明时期的一切韵文形式的创作,包括史诗、悲剧、喜剧、酒神颂等(亚里斯多德,1982:1)。亚里斯多德《诗学》里的"诗学"实际指涉的是组成文学系统的文体、主题与文学手法的总和(Aristotle,1990)。亚里斯多德的《诗学》对西方后世文艺理论和文学创作的发展有着巨大的影响,构建起了西方诗学话语的框架,"成了西方文艺思想的万流之源"(胡经之,2003:61)。著名的法国结构主义批评家托多罗夫(Tzvetan Todorov)直言:"亚里斯多德《诗学》已有 2500 年的历史,整本著作都是讲文学理论,是该领域最为重要的权威著作之一"(1981:xxii)。后世的西方古典文学理论著作习惯采用该词进行指称,如古罗马古典主义理论家贺拉斯(Quintus Horatius Flaccus)的《诗艺》(*Ars Poetica*)、17 世纪法国新古典主义理论家布瓦洛(Nicolas Boileau Despreaux)的《诗的艺术》(*L' art Poetique*)等。但古典主义理论家的诗学理论是一般的文学理论,而不单纯是诗歌的理论著作。19 世纪,在浪漫主义的冲击下,在一定程度上限制作家创作自由的古典诗学开始丧失声誉,诗学逐渐演变成哲学的美学和运用历史方法的文学批评两部分。进入 20 世纪,俄国形式主义理论家对诗学的目的、对象进行重新界定,用诗学来泛指一般文学理论逐渐成为定局。俄国形式主义学者托马舍夫斯基(B. Tomashevsky)认为,"诗学的任务是研究文学作品的结构方式。有艺术价值的文学是诗学研究的对象。研究的方法就是对现象进行描述、分类和解释"。(方珊等,1989:80)"研究非艺术作品的结构的学科称之为修辞学;研究艺术作品结构的学科称之为诗学。"(同上)托多罗夫指出:"诗学打破了文学研究在阐释和科学之间建立起来的对称关系。同特定作品的阐释相反,它并不追求命名意义,而是旨在了解导致作品诞生的普遍法则。但是又判然不同于精神分析、社会学这类科学,它是在文学自身内部来探究这类法则。故此,诗学是一条既'抽象'又'内在'地理解、掌握文学的学科。"(Todorov,1981:6)当代比较文学理论家、翻译研究文化学派的主要代表人物勒菲弗尔(2010:26)则将"诗学"界定为"文学观念",并据此划分为微观和宏观两个层面:一是微观层面上的文学手法、文学样式、主题、原型人物、场景与象征符号;二是宏观层面上的文学在整个社会庞大体系中所发挥的作用。综上可见,尽管西方的诗学概念在亚里斯多德之后的数千年里发生了各种各样的变化,但其基本格局并没有被真正颠覆,其概念从来就不仅仅是关于诗歌的学问,而是以所有文学样式为研究对象的一个文学理论概念。此外,诗学概念的外延在当代也存在扩大的趋势。在一些学者的著作中,"诗学"成了"理论"的同义词。例如前文所提到的巴恩斯通的《翻译诗学:历史、理论及实践》等著作中所使用的"诗学"概念主要体现的便是"理论"这一外延意义。

从亚里斯多德直至当代，西方的诗学观念一直重视对语言形式的关注。亚里斯多德强调文本与世界的关系就是摹仿的关系，他在《诗学》中谈论诗歌起源时指出："由于摹仿及音调感和节奏感的产生是出于我们的天性（格律文显然是节奏的部分），所以，在诗的草创时期，那些在上述方面生性特别敏锐的人，通过点滴的积累，在即兴口占的基础上促成了诗的诞生。"（亚里斯多德，1996：47）由此可见亚里斯多德对诗歌韵律形式的重视。亚里斯多德的这一模仿说雄霸西方两千余年，一直影响着西方的诗学理论，如文艺复兴时期的但丁（Alighieri Dante）在《论俗语》中曾提到，"诗不是别的，而是写得合乎韵律、讲究修辞的虚构故事"。（转引自杨慧林等，2002：27）直到 19 世纪浪漫主义时期，诗人开始强调想象与情感，如英国浪漫主义诗人华兹华斯（William Wordsworth）在《抒情歌谣集》（*Lyrical Ballads*）的序言中提出"好的诗歌是强烈情感的自然流露"，诗学的表现说成为主流。但是，对情感的强调并不意味着对诗歌形式的忽略，与华兹华斯合著《抒情歌谣集》的浪漫主义诗人柯勒律治（Samuel Taylor Coleridge）就指出："诗是最佳词语的最佳排列。"他还在《文学传记》（*Biographia Literaria*）一书里，对诗歌的定义和目标有过严肃的阐述："诗歌是这样一种创作类型，即它与科学著作截然不同之处，在于它提出的直接目标不是真理，而是快感。……但是如果我们寻求的是一种正统诗的定义，则我的回答是：它必须是这样一种诗，即它的各部分相互契合、彼此说明；既恰如其分地同格律安排相和谐，又维护格律安排之宗旨及其众所周知的感染力。"（Coleridge，1962：243）而"20 世纪以降，毋宁说是重新出现复归亚氏《诗学》的趋势"（陆杨，2013：74），语言中的形式主义因素再次被推到关注的中心。俄国形式主义诗学理论首先明确区分了诗歌语言与实用语言这两类语言的不同功能，以俄国形式主义美学和布拉格学派领军人物雅各布森为代表的诗学观以语言学视角为内省，开启了现代主义诗学新视野，提出"诗学关注的是什么使得语言信息成为艺术品"（1987b：63），以及"诗学研究语言结构问题，就像绘画分析研究构图结构一样"（1987a：63）的观点。他甚至认为，诗学是"语言学的一个基本组成部分"（1987b：63），而这一观点也正体现了西方思想界的语言学转向。俄国形式主义语言学家什克洛夫斯基（Victor Shklovsky）提出"陌生化"（defamiliarization）概念，指出："艺术的手法就是让事物'陌生'，让形式晦涩，增加感知的难度与长度，因为感知的过程其本身就是审美且必须延迟。艺术就是体验事物艺术性的一段历程，重要的不是事物本身。"（Shklovsky，1994：264）布拉格学派的重量级人物穆卡洛夫斯（Jan Mukarovsky）则提出了前景化（foregrounding）概念，其反义词是"自动化"（automation），"自动化"就是"程式化"（conventionalization），前景化就是对程式化的违背；诗歌语言在形式上就是对日常语言的颠覆或对常规有意的违背。穆卡洛夫斯（1964：17）还认为，"诗学语言最终还有自己的一些词汇、表达方式和一些语法形式，即所谓诗意表达法（poetisms）"。托多罗夫更是直言："诗学的客体并不是文学作品本身，它所考察的是一种特殊的语言——文学话语的属性。于是，任何作品都被认为是一种抽象结构的展现，是这结构具体铺展过程中各种可能性中的一种可能性的体现。"（Todorov，1981：6）显然，这种以文艺形式为核心，追求形式结构美，认为形式结构因素就是文艺本质的观念，与古希腊诗学源泉的思路一脉相承。

综上，通过对中西诗学概念的简要概述，我们看到，"诗学"是文学领域中含义丰富的术语。中国的传统诗学是对诗歌创作实践体系的概括，随着近现代中西方诗学对话的积极开展，中国诗学的内涵与外延不断扩展，逐渐与西方现代诗学概念接轨。西方现代诗学以文艺形式为核心，追求形式结构美，其诗学概念有微观与宏观之分，微观诗学指文学创作手法的综合，而宏观诗学泛指文学理论及其作用。此外，无论中西，在形式规范上表现得最严谨的诗歌形态都被视为所属诗歌传统中最为经典的诗歌体裁，如西方的英雄双韵体、十四行诗和中国的五七言绝句和律诗等。既然诗学是关于语言的艺术，尤其是关于诗歌的学问，我们用现代诗学的理念来分析文学翻译，尤其是诗歌翻译，不仅可行更是理性的需要。在此，需要明确指出的是，本书的"诗学"概念立足于西方现代诗学观，即强调形式结构因素就是文艺本质，且本书的"诗学"概念涵盖了西方现代诗学微观和宏观两方面的内涵。

2.2 翻译中的译者操纵

翻译研究文化学派 20 世纪 70 年代开始萌芽，80 年代崛起，90 年代迅速发展壮大，迄今占据着翻译研究的主流地位。1990 年，巴斯奈特和勒菲弗尔合编的《翻译、历史与文化》论文集标志着翻译研究"文化转向"（cultural turn）的正式出现。文化学派克服了语言学派只注重文本因素的偏颇，跳出了语言学派将信息或语义作为翻译目标的模式，走向了宏观的文本外的社会、历史、文化层面，从新的视角看待翻译的性质、功能、译者地位以及翻译与语言学、翻译与译语文化等的关系，极大地拓宽了翻译研究的视域和维度。文化学派对翻译研究关注的重点从以前的"怎么译"转移到"为什么译这些作品""为什么这么译"等问题，从两种语言文字转换的层面转移到了与翻译行为或翻译事件相关的诸多制约因素。文化视野的引入，使得与翻译相关的现象和材料变得纷繁复杂起来，简单的罗列或分类显然不够，需要更有解释力的理论来解释各种现象之间的关系，因此，文化学派实质上是一个庞杂的动态综合体。在文化这一大的研究视角下，不同的学者从不同的文化切入点对翻译进行研究，并形成了一系列理论流派，如操纵论、多元系统论、目的论、描述翻译研究、女性主义翻译研究、巴西食人主义翻译研究、后殖民主义翻译研究以及翻译的社会学研究等。

文化学派中持操纵论的主要代表人物有赫曼斯（Theo Hermans）、巴斯奈特和勒菲弗尔等。1985 年赫曼斯编辑并命名的文学翻译论文集《文学操纵：文学翻译研究》（*The Manipulation of Literature：Studies in Literary Translation*）一书的出版使得"操纵"一词广为人知。书中，赫曼斯（Hermans，1985：11）明确指出："从译入文学的角度看，所有翻译都意味着为达到某种目的对原文学进行某种程度的操纵。"巴斯奈特也提出，尽管"翻译受到许多因素的制约，而其中语言的作用是最不重要的"。（Bassnett & Lefevere，1990：xiv）"翻译是对原文的改写。一切翻译，无论其意图如何，都反映了某种意识形态和诗学，据此以特定方式在特定社会操纵文学发挥功能。改写就是操纵。"（Bassnett & Lefevere，1990：ix）"译者对原作进行控制是为了使作品符合译者所处时代的意识形态（ideology）和诗学主流（poetics dominant in the receiving literature at the time the translation is made）。"（Lefevere，1992：15）"在翻译过程的各个层次，可以看出，如果语言学的考虑与意识形态和/或诗学的考虑发生冲突时，总是意识形态和/或诗学胜出。"（Lefevere，1992：39）"赞助人感兴趣的通常是文学的意识形态，而专业人士关心的则是诗学。"（Lefevere，1992：15）勒菲弗尔对"意识形态"与"赞助人"以及"诗学"与"专业人士"这四个概念以及它们与翻译的关系做了进一步的论述。具体说来，控制翻译有内外两个因素。外因指拥有"促进或阻止"翻译"权力"的"赞助人"（patronage），可以是个别的人，也可以是各种团体，如宗教文化集团、政党、阶级、皇室、政府部门、出版商以及大众传媒机构等。内因是由评论家、教师、翻译家等组成的所谓"专业人士"（professionals）。由个人或机构团体所构成的"赞助人"往往确立一套具有决定性的意识形态参数，进而利用他们的话语权对翻译过程进行直接干预。而由评论家、教师及翻译家等构成的"专业人士"往往会自觉地避免触犯他们赖以安身立命的意识形态规范，在他们被认为允许的范畴内，操纵他们有限的话语权力和诗学技巧。

对于文学翻译，文化学派认为，目标语文化中的主体诗学具有强大的辐射功能，引导着译者实施诗学操纵，将原文改写为符合目标语文化审美取向的译文。勒菲弗尔曾在《关于贝尔托特·布莱希特的文化适应》［Acculturating Bertolt Brecht（Bassnett & Lefevere，2004）］一文中以布莱希特（Bertolt Brecht）在英美文学系统中的译介和评论为例得出一系列结论，其中特别指出翻译是两种文学观念的妥协，其中，目标语文化中的文学观念发挥主要作用。梅肖尼克的翻译诗学理论也认为，文学翻译应当是历史主题特殊形式的"重新表述"，是两种诗学的相互作用，是"中心偏移"（转引自袁筱一、许钧，1995：63）。梅肖尼克的观点同勒菲弗尔的观点如出一辙，都强调了文学翻译的过程实质上就是目标语文化中的诗学不断渗透直至建构的过程，即操纵学派所说的诗学"操纵"（manipulation）过程。但是，翻译中的"操纵"不是一个自动化（automation）的过程，必须通过译者的积极参与才能得以实施。在翻译研究的语文学范式和语言学范式阶段，翻译注重静态的文本分析和语言对等，译者往往处于"隐身"（invisibility）状态，被看作是翻译过程中一个主体地位缺失的传声筒。随着翻译研究文化转向的发生，翻译的过程不再被看作一个透明的意义传送过程，而是译者主动的介入（intervention）过程。译者不再被视为透明的传声筒，而是作为一个具有独立主体意识的个体积极参与翻译的过程。原语文本在翻译过程中总是被译者过滤、延迟或篡改，译者成为文本意义构建的参与者，针对译者的研究因此越来越受到重视。法国翻译学者贝尔曼（Antoine Berman）在《翻译批评论：约翰·唐》（*Pour une Critique des Traductions：John Donne*，1995）一书中明确提出了"走向译者"的口号。韦努蒂在其代表作《译者的隐身：一部翻译史》中，通过对翻译史的追溯指出译者处于隐身的遮蔽状态，强调译者在翻译活动中对翻译选材和翻译策略等的主导作用及影响。法国翻译理论家巴拉尔（Michel Ballard）在《从西塞罗到本雅明——译家、译事和思考》（*De Cicéron à Benjamin：traducteurs，traductions，réflexions*，1995）一书中也认为："译者是社会的人，不可避免地会受到政治和意识形态因素的影响。作为翻译主体，译者有着自己的看法和原则追求。"（转引自许均，2001：101）而赫曼斯更是就译者主体性选择对翻译研究的意义进行了论述，指出："我的研究将集中于在有限的实际可行的选择范围内译者所做的选择，以及集中于在这一范围内译者做出某一特定选择的可能的原因……在一方面，译者所做的选择自然而然地突现了被排除在外的其他可能性，即可行但没有选择的其他道路。在另一方面，这也阐明了译者对现有的种种期待、限制和压力所做出的反应与他的翻译动机、目的行为或作用之间的相互作用。"（Hermans，1999：51）在女性主义翻译研究、巴西食人主义翻译研究、后殖民主义翻译研究以及翻译的社会学研究视野中，译者的主体性更是受到了前所未有的关注与研究。女性主义翻译研究学派将翻译当作一种性别化的行为，译者成为为女性而书的写作者；在巴西食人主义翻译研究学派中，翻译成为改变弱小文化边缘卑懦形象的表达方式，译者的主体作用得到极致发挥，对强势的源语文化进行"吞食"和"消化"；后殖民主义翻译研究学派则将翻译视为去殖民化的工具，译者通过翻译去除文化的同一性和普遍性来表现自身的文化身份；翻译的社会学研究学派将翻译视为社会文化系统内部的一种操纵力量，构成一种社会调节活动，当社会化个体的译者在翻译的场域中积累了足够的象征资本的时候，便具有了改变规则的权力。

　　显然，翻译并非完全听任译入语文化系统的操控，而是译者基于自身独特的文化感知和审美取向行使翻译选择权，进而影响译本的生成和接受，达到改造或重塑目标语文化系统的目的。就文学翻译中的诗学操纵而言，尽管勒菲弗尔等翻译研究者笼统地提出了目标语诗学引导译者将原文改写为符合目标语文化审美取向或诗学特征的译文的观点，但是，我们不能笼统地从目标语诗学的视角来考察译者的实践活动，不能简单地将文学翻译现象中的译者的诗学观念笼统地用目标语诗学来指代。这无异于抹杀译者的主体性，忽视译者自主性和创造性。实质上，文学翻译中的诗学操纵更是译者主体的诗学操纵。因为，在文学翻译过程中，尽管一个原语文本面对的是同一个目标语文化的整体诗学体系，但更关键的是，它直接面对的是某个译者个人的诗学主张，这一诗学主张可能与目标语主流诗学观念相同或相似，也可能相差甚远，甚至完全相反。换句话说，目标语文化的诗学在每一个译者思想中所呈现出来的面貌绝不是铁板一块，往往因为译者的个人审美经验、认知程度以及文学目的等的不同而表现得有所不同，甚至完全相反。

2.3　诗歌翻译中的诗学操纵

　　雅各布森将语言功能归纳为六种，分别为抒情功能、指涉功能、诗学功能、寒暄功能、意动功能及语言的元功能（Jakobson，1987b：63）。"诗学功能不是语言艺术中唯一的功能，却是最重要的、具有决定性的功能。"（Jakobson，1987a：69）诗学功能是文学区别于其他语言产品的重要标志。英国语言学家福勒（Roger Fowler）指出，文学"是对语言的一种创造性运用"（Fowler，1986：13）和"对陈规旧习的抵抗"（Fowler，1986：19）。德国文学评论家本雅明（Walter Benjamin，1992：71）也指出："一部文学作品'说'了什么？传达了什么？对于理解该作品的人来说，它几乎什么也没有'告诉'他们。文学作品的本质特点不是陈述或传达信息。"文学的价值取决于传递信息的方式，而不是信息本身。文学的价值取决于怎么说，而不是说了什么。显然，既然文学文本与别的文字产品一样可以表现各种不同的题材与内容，那么文学文本的特殊性并不在于其内容，而在于语言的形式结构，也就是雅各布森所说的"使语言信息成为艺术作品的东西"。（Jakobson，1987b：63）

　　什克洛夫斯基指出：

　　诗学语言旨在使人们感知（perceive）事物，而非诗学语言则意在使人们了解（know）事物。艺术的目的是传递事物被感知而不是被了解时的感觉。

艺术的技巧就是要使事物"陌生化"（defamiliarized），使形式变得难解，加大感知的难度和长度，感知的过程就是审美目的本身，必须要予以延长。艺术是对事物的艺术性进行体验的一种方式，而这一事物本身并不重要。（Shklovsky，1994：264）

　　穆卡洛夫斯基（Mukarovsky，1964：28）因此也强调，文学作品的语言由"常规"（norm）和"变异"（deviation）两部分有机构成，常规构成"背景"（background），变异构成"前景"（foregrounding），即文学性（literariness）。构成"背景"的语言以中规中矩为特征，给读者的阅读体验是规范、通顺、常见、典型或一目了然，而构成"前景"的语言则以违背习规的"陌生化"（defamiliarization，亦译为反常化）、"反习惯"（dehabituliazation）为特征，给读者的阅读体验是意外（unexpectedness）、少见（unusualness）、独特（uniqueness），是一种"具有美学意图的扭曲"（esthetically intentional distortion）（Mukarovsky，1964：181），以造成一种诗学冲击力。综上可知，既然诗学功能是文学区别于其他语言产品的重要标志，且文学文本最重要的诗学价值主要来自其变异的形式结构，那么，读者解读这些故意违反语言常规的形式变异进而获得愉悦的过程，就是诗学功能的实现过程。

　　显然，对于文学翻译，如果只关注其内容的再现，而忽视其形式结构，原文的诗学功能一定无法成功再现，文学翻译的诗学价值也大大丧失。本雅明曾比喻说：

　　一种容器的碎片若要重新拼在一起，就必须在极小的细节上相互吻合，尽管不必相互相像。同样，译文不是要模仿原文的意义，而是要周到细腻地融会原文的指意方式，从而使原文和译文成为一种更大语言的可辨认的碎片。……一部译作，不是要仿造原文的意义，而必须是要把原文的表意方式淋漓尽致地整合起来。（本雅明，1992：81）

　　他还强调，唯有不"基于保留意义的利益之上"，以"形式再生产"为目的的直译才能承担起文学翻译的重任。"真正的译作是透明的，它不掩盖原作，不遮挡其光芒，而是让纯语言通过自己的媒介得以强化，只有这样，译作才能落实到原作。"（本雅明，1992：78）他还明确指出，诗歌翻译若只译出了原文信息，那是"劣质的翻译"。（同上）梅肖尼克也强调译者翻译的是作者的话语（discourse）而非作者使用的语言（langue）。梅肖尼克还具体指出，在文学翻译中应该"以标记对标记，以非标记对非标记，以形象对形象，以非形象对非形象"。（转引自曹丹红，2010：55）这里的"标记"和"非标记"也就是功能语言学里所说的"有标记"和"无标记","有标记"在诗学里指的是那些打破常规的、变异的、反常的、前景化的表达方式。德国功能学派的翻译理论也认为文学翻译不应忽视形式的功能诉求。赖斯（Katharina Reiss, 2004：26）根据不同文本类型的不同功能，提出了不同的翻译策略，指出文学文本是"形式取向的"（form-oriented）的表情文本（expressive text）。因此，于文学文本的翻译而言，传递其美学形式最为重要。信息类文本的翻译是"内容取向的"（content-oriented），像演讲、广告这样的呼唤类文本是"效果取向的"（effect-oriented）。勒菲弗尔（Lefevere, 1992：49）也认为："动态对等的概念基本都是面向内容的，文学翻译关心的不只是信息，还包括信息表达的方式，因此它对文学翻译并不是很有用。"中国后秦僧人、著名佛经翻译家鸠摩罗什在翻译佛经时就认识到形式是翻译成败的关键，指出："天竺国俗，甚重文藻，其宫商体韵，以入弦为善……但改梵为秦，失其藻蔚，虽得大意，殊隔文体，有似嚼饭舆人，非徒失味，乃令呕秽也。"（转引自陈福康，2000：17 - 18）林语堂也曾明确指出："译艺术文最重要的，就是应以原文之风格与其内容并重。不但须注意其说的什么，而且必须注意怎么说法。"（林语堂，1984：431）"一言以蔽之，文学翻译要翻译的就是文学性。至于文学性是什么，不同的学科和学者有不同的说法，诸如前景化的、陌生化的、反常化的、反自动化的、变异的、修辞格的，等等。"（王东风，2010：6）

诗歌的形式是吸引读者的最主要的诗学特质。英国文论家伊格尔顿（Terry Eagleton, 2007：2）指出，"诗歌语言是诗歌表达的重要构成"，诗人通过采用异乎寻常的语言形式从整体上打乱普通语言的常规性，创造性地破坏日常语言的语法结构和修辞规则，使读者专注于变异的形式本身，从而获得一种新颖的审美愉悦。什克洛夫斯基（1989：7）甚至直接定义："诗就是受阻的、变形的语言。"澳大利亚著名学者、诗人及文学评论家麦考利（James McAuley）认为，诗"是形式的艺术，是语词的舞蹈。"（McAuley, 1966：45）朱光潜（2010：255）在《诗论》中提出："'没有形式的诗'实在是一个自相矛盾的名词。"王东风（2015：218 - 237）也特别指出仅有思想、情感的语言表达远远不能成诗，"必须还要按诗学的规则去写，才有可能成诗……符合诗学原理的语言表达，即便是没有什么深刻的内容、强烈的感情，也照样会有文学性"。为了进一步阐释此观点，王东风还举例将文天祥的诗句"人生自古谁无死，留取丹心照汗青"与网络上对该诗句的解释"自古以来，人终不免一死！但要死得有意义，倘若能为国尽忠，死后仍可光照千秋，青史留名"进行了对照，阐明了形式对于诗歌审美价值的重要性，同时他又将"两个黄鹂鸣翠柳，一行白鹭上青天"的诗句作为例子，以此证明符合诗学原理的语言表达，即便是没有什么深刻的内容、强烈的感情，也照样会有文学性。显然，诗歌虽然要讲内容，但从诗学角度看，诗之所以为艺术，不仅仅是因为其内容，更重要的是因为其形式。诗歌是形式化最高的文学类型，是语言艺术技巧被运用到极致的文学样式，诗歌的诗学功能主要通过其形式得以体现。"就诗歌而言，真正的诗意并不完全是内容取向的，而是诗学取向的，而既然是诗学取向的，也就必定是形式取向的。无论多么精辟的思想和奇妙的意境，若没有诗学形式的完美包装，也不能称作为诗。因此，凡有诗意之处，必有语言形式的反常化（defamiliarized）运作，因为语言的诗学艺术就来源于此。"（王东风，2014b：30）

显然，诗是内容与形式不可分割的有机整体，二者相辅相成。法国象征派大师瓦雷里（Paul Valery）甚至说："在别人看来是形式的东西，在我眼中就是内容（subject matter）。"（Todorov，1981：xii）因此，就诗歌翻译而言，只有在目标语中同时再现原诗的内容和所有形式特点，才算满足了翻译规范（translation norms）中的充分性（adequacy）翻译原则。但翻译涉及两种不同的语言，语言间的差异使得在另一种语言中同时再现诗歌的内容与形式的愿望往往难以企及。因此，古今中外认为诗歌难以翻译甚至诗歌不可译的观点广泛存在，如但丁、雪莱、歌德、海涅、雨果等都曾发表过相关言论。雪莱在他的《为诗辩护》（*The Defence of Poesy*）中说过："译诗是徒劳无益的，把一个诗人的创作从一种语言译成另一种语言，犹如把一朵紫罗兰投入坩埚，企图由此探索它的色泽和香味的构造原理，其为不智也。"（雪莱，1984：124）美国著名诗人弗罗斯特（Robert Frost）曾说："诗是翻译中所失去的东西（poetry is what gets lost in translation）。"（转引自 Bassnett & Lefevere，2004：57）朱光潜（2011：142）也称："有些文学作品根本不可翻译，尤其是诗（说诗可翻译的人大概不懂得诗）。"尽管如此，这些说过诗不可译的诗人们或在勤奋译诗，或通过译诗了解外国诗歌后自己又写诗对外国诗人大加赞颂。事实上，在诗歌翻译中，再现原诗的内容并不是件难事，困难的是在另一种语言中再现原诗的形式；但倘若形式不能再现，原诗的诗学效果当然难以重现了，因此有了诗歌不可译的观点。其实，"把弗罗斯特的话反过来说，在诗歌翻译中，只有那些没有被翻译过来的东西才是诗。诗歌翻译常常抛弃原文的音律、抛弃原文别样的意象，而这些形式特征恰恰是诗之所以为诗的核心要素"（王东风，2010：6），这也正说明了诗歌翻译中诗歌形式的重要性，而弗罗斯特所说的"poetry"其实就是中国传统诗学中由形式营构出的"诗意"或"诗性"。尽管诗歌不可译的论断不绝于耳，但在不同时代、不同语言之间人们所开展的无数诗歌翻译活动及其所取得的丰硕成果也是不争的事实。诗歌翻译的历史事实表明，诗歌是可译的，也是必然的。虽然在不同的语言中完全再现原诗形式是一个难以企及的目标，但在目标语中尽可能地接近原诗形式，应当是诗歌翻译永远追寻的目标，否则就不是诗学意义下的译诗了，而是本雅明所说的"劣质的翻译"了。

一首诗赖以存在的全部语言材料都属于诗歌形式的范畴，诗歌通过对语言材料的有规律的组织安排而表现出来的音乐性是诗歌重要的诗学特质，也是区别于其他文学样式最显著的诗学标志。19 世纪英国著名哲学家、评论家及翻译家卡莱尔（Thomas Carlyle）直接将诗格定义为"音乐性的思想"（musical thought）。美国著名心理学家米勒（George Armitage Miller，1960：390）也认为：

> 诗人，通过他的写作形式，向人们宣布，他的作品是诗；他的这一宣布实际上也是一个邀请，邀请读者不仅要考虑其作品中词语的意义，还要考虑这些词语的音响。如果我们想参与这个游戏，那我们就不仅要在语义上，而且还要在语音上，对于他的用词有足够的敏感。（Miller，1960：390）

雪莱在《为诗辩护》中曾说："诗人的语言总是会有某种划一而和谐的声音之重现。凡是诗情充溢的语言，都遵守和谐重现的规律，同时还注意这种规律与音乐美的关系。"（转引自侯维瑞，1988：208）俄国文学评论家别林斯基（V. G. Belinskiy）在《诗歌的分类和分科》中说："诗歌是最高的艺术体裁……诗歌用流畅的人类语言来表达，这语言既是音响，又是图画，又是明确的、清楚说出的概念。"（别林斯基，1980：317）美国著名诗人爱伦·坡（Allen Poe）曾说："音乐通过它的格律、节奏和韵的种种方式，成为诗歌中如此重要的契机，以至拒绝了它，便为不智。"（转引自薛菲，1986：157）朱光潜（2010：106）在《诗论》中直接将"诗"界定为"专指具有音律的纯文学"。叶维廉在《中国诗学》一书中指出："为了达致感情和思想的'生成状态'，诗便要消弭文字的述义性，转而依赖一种音乐与绘画的结构或程序。"乐黛云（2002：147）在《诗歌·绘画·音乐》一文中也指出，"诗是音乐的心灵，声调旋律是音乐的形体"，凡此种种，不胜枚举。

显然，在涉及不同语言系统的诗歌翻译中，再现原诗形式的关键在于再现原诗的音乐性。就格律诗而言，其音乐性则主要通过其格律形式得以体现。所谓格律，"就是指诗歌写作中的规则"（王力，1959：1），即按照一定的规律，对声音的轻重进行排列，从而使之呈现出千姿百态的抑扬顿挫的变化。所谓"律"者，规律也。诗歌的格律主要包括节律、行律、步律、音律和韵律这五个诗学要素。所谓节律，指的是诗节与诗节间的组织规律；所谓行律，指的是诗行与诗行间的相互关系；所谓步律，则是关于音步间的规律；所谓音律，则指音步中各音节间的关系，如英语诗歌中的抑扬格，汉语诗歌中的平仄格等；所谓韵律，主要指诗歌的押韵方式，主要指尾韵、首韵、内韵等。在这五个诗学元素中，步律与音律是构成诗歌节奏最重要的因素。节奏往往被看作诗歌形式因素中最具诗学价值的元素。诗歌可以不押韵，但不能没有节奏。美国文学理论家布鲁克斯（Cleanth Brooks）和沃伦（Robert P. Warren）在他们合编的《理解诗歌》（*Understanding Poetry*）一书中明确指出，"诗歌最重要的特征是节奏"（Brooks & Warren，2004：28），又说"诗的本质在于节奏"（Brooks & Warren，2004：494）。福赛尔（Paul Jr. Fussell）在《诗歌节奏与诗歌形式》（*Poetic Meter and Poetic Form*）一书中也认为："诗的节奏是诗意（poetic meaning）的首要物理与情感构件。"（Fussell，1965：3）节奏，本是指宇宙中自然现象的一个基本准则，寒暑昼夜、新陈代谢、山川交错等无不蕴含自然节奏。但是，诗歌中的节奏往往比自然节奏更抑扬顿挫，优美动听。朱光潜认为（2010：120）："艺术返照自然，节奏是一切艺术的灵魂。"卞之琳（1981：9）将节奏界定为"一定间隔里的某种重复"。王东风（2014b：31）认为："节奏来自于有规律的重复，音、形、意的重复均可构成节奏。但诗歌理论所论的节奏专指诗行中的节奏（rhythm），即诗行之中由音组为时间单位（time-units）而形成的节奏组合。这种时间单位在英语中叫 foot（音步；另译'音尺'），在汉语中主要有四种说法，即逗、音组、意组、顿。节奏位之间的关系规则性越强，节奏感就越强。"（王东风，2014b：31）艾略特（T. S. Eliot）说："诗人创作时真正关注更多的是诗歌的音乐性，即音韵、节奏方面的安排，而不是如何阐述思想。英诗的格律包括节奏（rhythm）和韵（rhyme）。"（转引自 Fussell，1965：1）显然，在诗歌翻译中，如果原诗是格律诗，那么再现原诗形式的关键就是要再现原诗的节奏和韵律。由于西方语言多是拼音文字，往往有长音和短音、重音和轻音的区别。按照英诗韵律学（prosody），音步是英语诗歌的节奏单位，重音就是节奏点。英语诗歌的节奏就是由相同音步在诗行中的反复而形成的，英语诗歌的节奏也因此叫重音节奏（Fraser，1970：4）。关于诗歌翻译中形式的再现，正如王东风（2014b：28）所指出："在以上这五律之中，格律的核心元素主要是后三律，即音律、步律和韵律，翻译困难也集中体现在这三律上，而节律和行律则基本无翻译困难。"

综上所述，西方现代诗学理论强调文艺作品的本质在于其形式结构。诗歌是形式化最高的文学类型，诗歌的诗学功能和审美价值主要通过其形式得以体现，诗歌翻译应该以再现原诗的诗学功能和审美价值为目标。这就不仅要力求在目标语中再现原诗的内容，更要尽可能地再现原诗的形式特征，尤其是节奏、韵律等核心诗学元素。而根据翻译研究文化学派的理论，翻译中的诗学操纵实质上是译者主体的诗学操纵过程，译者主体的诗学理念贯穿于诗歌翻译的选材、翻译策略的运用直至译本的形成。显然，以诗学为视角，同时从文本的表现手段这一微观层面和从译者诗学理念这一宏观层面对诗歌翻译进行考察不仅是可行的，而且是必要的。

3 五四时期的西诗汉译活动

3.1 五四时期的西诗汉译活动特点

正如美国著名诗人庞德（Ezra Pound）所言："伟大的文学时代也许总是伟大的翻译时代；或者紧随翻译时代。"五四新文化运动时期是中国文学史上的一个伟大时代，同时也是中国翻译史上一个具有里程碑意义的重要时期。这一时期的翻译活动异常丰富，翻译思想非常活跃，与晚清的翻译一起构成继东汉至唐宋的佛经翻译、明末清初的科技翻译之后的中国翻译史上的第三次翻译高潮。"五四时期，诗歌翻译已经取得相当可观的成绩，算是中国诗歌翻译的第一个高潮。"（辜正坤，2007：6）无论是译诗数量、翻译队伍还是译诗所产生的影响，都史无前例。其中，西诗汉译是五四时期翻译活动的重要组成部分。

据考证，中国最早的西诗汉译源自明朝意大利耶稣会传教士艾儒略（Jules Aleni，1582—1649）1637年翻译的《圣梦歌》（李奭学，2008：157），此后直至五四新文化运动之前，中国近代诗歌汉译活动零散，多是个人自发行为，选材欠缺明确目的，目标语基本选用文言，译诗形式上主要以中国传统诗歌为审美参照，力图借旧格律装新材料，对中国悠久的诗学传统带来巨大冲击。但随着五四新文化运动的全面展开，这一状况明显改变。总的说来，五四时期的西诗汉译活动呈现出鲜明的时代特点，主要表现在以下几个方面：

首先，五四新文化运动以来，为着启蒙和改造社会的政治议程而参与到新文化运动中来的西诗汉译在内容上呈现出反传统的特点，同时，也逐渐重视诗歌作品的艺术性，有了比较明显的计划性和目的性。

其次，众多文学社团相继创立并纷纷开展诗歌翻译活动，各种重要的杂志和报纸都刊登译诗，无论纯粹的诗歌刊物，还是综合性文艺刊物，就连普通报纸的副刊上都大量刊发译诗，众多出版机构也积极鼓励支持译诗集的出版，西诗汉译出现了前所未有的热闹场面，变得有系统、有组织，由零散逐渐走向规模化。

第三，西诗汉译不仅停留在作品翻译上，还出现了大量的对诗人生平和艺术思想等进行介绍的文章以及诗歌评论，更有一些文学刊物发表译介单个诗人作品的纪念专号，译诗活动提升到一个更为全面的层次。

第四，所译介的西方诗歌的主题和风格呈多元化态势，出现了浪漫主义诗歌译介热、民歌民谣译介热和象征派诗歌译介热等现象。

第五，五四时期，随着"国语的文学，文学的国语"（胡适，1918a：290）之观念日益深入人心，西诗汉译中的目标语日渐白话化，译诗理论和技巧进一步发展，译诗大多不再采用传统文言古诗体，分节排列的白话自由体、白话散文体、白话格律体及十四行体等译诗诗体相继出现。

第六，当时参与西诗汉译的重要文人大都有留学海外的经历，有的甚至懂得数国外语，同时谙熟中国本土诗学规范，集诗人与翻译家于一身，构成中国诗歌翻译史上最特殊的一代译者。他们因不同的意识形态或诗学主张加入不同的社团流派，开辟了数条西诗汉译的路径。

第七，就译诗规范而言，随着白话文运动的蓬勃发展和"诗体大解放"观念的广泛影响，白话自由体译诗逐渐占据主流并形成规范。原文的节奏基本未得到体现，原文的韵式也常常遭到忽略。

3.2　五四时期的三大西诗汉译流派

五四新文化运动中，各种文学社团和期刊大量涌现。社团与刊物共生，是五四时期的又一重要文化现象。各文化社团纷纷利用各自的期刊来传播宣扬各自的文化、政治及学术主张，社团开展活动的舞台就是刊物，刊物就是社团存在的标志。这些社团和刊物的一项重要职能就是翻译，因此形成了中国翻译史上任何一个时期都无法比拟的翻译热潮。各种期刊及报纸都刊登译诗，众多出版机构也积极鼓励支持译诗集的出版，诗歌翻译出现了前所未有的热闹场面，中国诗歌翻译的第一个高潮也顺势形成。以 1915 年《青年杂志》（后更名为《新青年》）的创立为开端，少年中国学会、文学研究会、创造社、未名社、新月社、学衡社等数十家文学社团相继创立。当时的一批重要的诗歌翻译者，如胡适、刘半农、周作人、郑振铎、朱湘、郭沫若、成仿吾、朱自清、闻一多、徐志摩、吴宓、吴芳吉、张荫麟、李思纯等分别归属不同的社团流派，表现出不尽相同的审美倾向和形式风格。他们的译诗主张与其所属文学社团的主旨基本趋归一致。在译诗过程中，他们因诗学观念等的不同，在译本选择及翻译策略选择等方面的认识不尽相同，表现出个性及共性都相当分明的译诗风格，逐步形成了三大主要译诗流派，即《新青年》同人、少年中国学会同人、文学研究会以及创造社等为代表的白话自由体译诗派；以新月派为代表的白话格律体译诗派；以学衡派为代表的文言旧诗体译诗派。以下，拟通过对五四时期三大西诗汉译流派各自最具代表性的社团、期刊的译诗数量和诗学主张进行描述，以期勾勒出当时三大西诗汉译流派各自的译诗概况。

3.2.1　白话自由体译诗派概述

白话自由体译诗派的主要代表包括胡适、郭沫若、郑振铎、茅盾、郁达夫、成仿吾等。他们强调"诗体大解放"，力求破除诗歌格律禁锢，普遍重视内容而轻视形式，基本漠视原文格律，对于西方格律诗，一贯采用白话将其译成自由诗或散文诗。他们主要依托《新青年》、少年中国学会及其主办的《少年中国》、文学研究会及其主办的《小说月报》《文学旬刊》《文学》和《文学周报》，以及早期创造社及其主办的《创造季刊》《创造周报》和《创造月刊》等期刊积极开展西诗汉译。该译诗流派因其阵容强大且影响广泛而占据了当时西方诗歌翻译的主流地位。

（1）《新青年》及其主要译者。

《新青年》（原名《青年杂志》）的创办是新文化运动兴起的标志。《新青年》自 1915 年 9 月由陈独秀、李大钊创办，至 1922 年 7 月休刊，共出 9 卷 54 期。胡适、鲁迅、周作人、钱玄同、刘半农、沈尹默等人先后加入该刊同人行列。1917 年 1 月，胡适在陈独秀的鼓励下，在《新青年》2 卷 5 期上发表《文学改良刍议》，成为五四文学革命发生的标志。同年 2 月，陈独秀发表了被誉为文学革命正式宣言的《文学革命论》，积极呼应胡适。1918 年胡适在《新青年》4 卷 4 期发表《建设的文学革命论》一文，提出"国语的文学，文学的国语"，强调新文学须以白话为工具，并把它视为文学革命的"唯一宗旨"和"根本主张"，把语言形式革命理论推到一个新高度，以期彻底打破文言文的垄断，向整个社会推广白话文。《新青年》的时代文学使命就是创造新文学，而创造新文学的主要途径在于译介西方文学名著，《新青年》因此担当起最早译介外国思潮与文艺的杂志使命，在第 1 卷就登载了陈独秀所译泰戈尔的 *Gitanjali*（现通译《吉檀迦利》）中的四首短诗，题为"赞歌"，并将诗人的简介附于篇末。据统计，《新青年》的 9 卷 54 期共刊登翻译文学作品约 144 篇/首，译诗 91 首，约占翻译文学总量的 63%，由此可见该刊对诗歌翻译的重视程度。在《新青年》的影响及推动下，五四时期的各期刊和文学社团掀起了对外国诗歌译介的高潮。以下就《新青年》的西诗汉译情况做出统计（见表 3-1）。

表 3 - 1　　《新青年》西诗汉译统计情况①

原诗作者	国家（民族）	译者	译诗数量
达葛尔或 R. Tagore、Ratan Devi、S. Naidu、什伯温妮莎	印度	陈独秀、刘半农、周作人	26
史密司、虎特、瓦雷氏、摩亚（Thomas Moor）、拜伦、A. Lindsay、Austin Dobsin、无名氏、英国民歌	英国	周作人、胡适、刘半农、沈钰毅、天风	8
约瑟伯伦克德（Joseph Piumkett）、皮亚士、麦克顿那	爱尔兰	刘半农	4
民歌	捷克	周作人	4
那特孙、I. Turgenev	俄国	刘半农、周作人	3
古代儿歌、民歌、谛阿克列多思	古希腊	周作人	3
须毕勃、果尔蒙（Gourmont）、李塞儿	法国	周作人、刘半农	3
美国国歌（S. F. Smith）、剃斯戴尔（Teasdale）	美国	陈独秀、胡适	2
民歌、达尔曼	波兰	周作人	2
莪墨·伽亚谟	波斯	胡适	1
民歌	德国	苏菲	1
易卜生	挪威	任鸿隽	1
民歌	波斯尼亚	周作人	1
遏林沛林	保加利亚	周作人	1
民歌	立陶宛	周作人	1
Sydney Smith、Litva、拉忒伐亚库拉台尔、耶戈洛夫、凡贝尔格	未注明国家	周作人、胡善恒	5

　　在《新青年》上开展英诗汉译的干将有周作人和刘半农。胡适虽译诗不多，影响却最大。1917 年 1 月，胡适在《文学改良刍议》中提出颠覆中国传统诗歌的"文学改良八事"。1918 年 4 月，他又在《建设的文学革命论》中将"八事"改为"八不"，力倡"诗须废律"，以追求诗歌最大限度的"自由"，并宣扬新文学须以白话为工具，同期发表第一首白话自由体译诗《老洛伯》（Auld Robin Gray）。在其倡导下，《新青年》1918 年全面改用白话，采用西式标点。1919 年 3 月，他的另一首白话自由体译诗《关不住了》（Over the

---

① 表中数据以 1954 年人民出版社《新青年》影印本（1915—1922）为据统计得出，表格中的国名和原诗作者保留原状。文中以下各表格中的国名和原诗作者均保留原状，不再另做说明。

Roofs）发表，并将其称为"我的'新诗'成立的纪元"（胡适，2000b：182）。同年 6 卷 4 期，胡适根据英国诗人菲茨杰拉德（Edward Fitzgerald）的英文用白话自由体转译波斯人伽亚谟的短诗《希望》。胡适的这些译诗既无视原诗格律，又摒弃了汉语古诗词的平仄和押韵，采用近乎说话的"自然的音节"。诚如他在《尝试集》再版自序中明确提出的"'诗的音节必须顺着诗意的自然曲折，自然高下的，便是诗的最好音节。'古人叫做'天籁'的，译成白话，便是'自然的音节'"。（胡适，2000b：182）因为胡适在新文学运动中领军人物的身份，其译诗理念也备受推崇，这种把西方格律诗译成自由诗的做法成为当时的普遍现象。

周作人在《新青年》上翻译的西方诗歌数量最多，所涉及的国家也最多。1920 年《新青年》8 卷 3 期刊登了他所译的果尔蒙（Gourmont）的《死叶》，成为法国象征主义诗歌在中国最早的译作。（陈希，2006：60）对于诗歌翻译，周作人以"仲密"（1920）为笔名于 1920 年 10 月 25 日在《晨报副刊》上发表《译诗的困难》一文，其中提到：

> 翻译的时候，原诗的意思是原来生就的，容不得我们改变，而现有的文句又总配合不好，不能传达原有的趣味，困难便发生了。原作倘是散文，还可以勉强敷衍过去，倘是诗歌，他的价值不全在于思想，还与调子及气韵很有关系的，那便是没有法子。要尊重原作的价值，只有不译这一法。

1924 年 5 月 25 日，他又以"荆生"为笔名在《晨报副刊·诗刊》发表《几首古诗的大意》，指出"诗是不可译的……我这几首《希腊诗选》的翻译，实在是只是用散文达旨，但因为原本是诗，有时也就分行写了；分了行未必便是诗，这是我想第一声明的。"（荆生，1924：17）

《新青年》旗下另一位西诗汉译干将刘半农在新文化运动以前主要以文言译诗，自 1916 年起陆续在《新青年》上发表《灵霞馆笔记》，介绍了外国诗歌的种类，涉及英、美、法等国家的众多诗人。他钟情于西方民歌，并力主"直译"，以达到自己"破坏旧韵，重新造韵"（张旭，2011：174）以及"于有韵之诗外，别增无韵之诗"的诗学改革主张。（同上）1917 年《新青年》2卷 6 期上，他译出法国李塞儿的《马赛曲》，3 卷 2 期上译出英国诗人史密斯（Horace Smith）的《颂花诗》（Hymn to the Flowers）15 首。同年 3 卷 4 期他译出英国诗人胡德（原译虎特）（Thomas Hood）的《缝衣曲》（The Song of the Shirt）。1918 年 4 卷 5 期他翻译了由英文转译的印度诗人 Ratan Devi 的诗歌《我行雪中》（I Walked through Manhattan in the Snow），文末自称它是一篇"结撰精密之散文诗"，系"完全直译之文体"，"散文诗"这一名称从此开始在中国杂志报纸上出现。1918 年,他在《新青年》5 卷 2 期发表了由英文转译的印度诗人泰戈尔所作《恶邮差》和《著作资格》,在 5 卷 3 期又由英文转译出泰戈尔的《海滨》和《同情》,四首译诗均题作"无韵诗"。据张旭考证,这些译诗是近现代中国翻译史上诞生的第一批散文诗(张旭,2011:183)。由于外国诗歌中无韵自由诗不仅存在,而且还产生了像惠特曼这样伟大的诗人。刘半农的主张一经提出,随即得到陈独秀、钱玄同等新文学界同人的响应,"无韵诗"随即风靡中国诗坛。对于译诗,刘半农(笔名刘复)认为:

> 如能照它直译固然很好,如其不能,便把它的方式改换,或增损,或改变些字,也未尝不可;因为在这等'二者不可兼得'之处,我们应当斟酌轻重;苟其能达得出它的真实的情感,便在别些方面牺牲些,许还补偿得过。(刘复,1927:2)

(2)《少年中国》及其主要译者。

少年中国学会是 1919 年 7 月 1 日由李大钊、王光祈、周无等人发起成立的学术性政治团体,其宗旨是"本科学的精神为社会活动,以创造少年中国",其成员众多。《少年中国》是学会刊物,1919 年 7 月 15 日创刊,1924 年5 月停刊,共出 4 卷 48 期。《少年中国》是五四时期译介外国诗歌的主要刊物之一,在所译介的外国文学作品和文章 82 篇/首中,诗歌 35 首,高居榜首。以下就《少年中国》的西诗汉译情况做出统计(见表 3-2):

表 3-2 《少年中国》西诗汉译统计情况①

原诗作者	国家(民族)	主要译者	译诗数量
太戈尔或戴歌尔(R. Tagore)	印度	黄仲苏、王独清	26
魏尔兰、爱米尔德司克斯(Emile Despex)	法国	周无	3
惠特曼	美国	田汉	1
苏翠	未注明国家	田汉	4

《少年中国》译者群多有留学背景,他们深受西方现代文化熏陶,思想开放激进,明确提出要通过学习外国文学来建设中国新文学,在诗歌译介方面尤其表现出对西方现代派诗歌的推崇与引进,不但发表译诗,还有流派介绍和理论探讨,译诗基本采用白话,形式自由。

《少年中国》虽仅刊载 3 首法国译诗,但该刊对法国诗歌历史及现状的介绍却构成一大特色,象征派诗人波特莱尔、魏尔伦、兰波、马拉美、莎曼、果

① 表中数据以 1980 年人民出版社《少年中国》影印本(1919—1924)为据统计得出。

尔蒙、雷尼埃、耶麦、福尔等以及浪漫派诗人拉马丁、维尼等都得到了介绍。在所发表的法国译诗中，两首是象征派诗人魏尔伦（原译魏尔兰）的《秋歌》和《她哭泣在我心里》。《少年中国》对法国象征主义诗歌及其发展的译介已经开始与文学批评相结合，具有系统性和专题性的特点，在当时的中国起到了先锋引领作用。

此外，《少年中国》还较全面地介绍过英国诗人布莱克、俄国诗人普希金、印度诗人泰戈尔、比利时诗人维尔哈伦和梅特林克。1919 年，田汉在创刊号上发表了万字长文《平民诗人惠特曼的百年祭》，这是中国最早介绍和评论惠特曼的文章，文章除了对惠特曼的诗风、诗歌主题思想等进行评价外，还引用并翻译了《自我之歌》《我歌唱带电的肉体》两诗片段及《久了，太久了，美国》全篇。

（3）文学研究会系列刊物及其主要译者。

提倡"为人生"的文学研究会成立于 1921 年 1 月，是"五四"新文学运动中最早成立的有组织、有纲领的文学社团，它所推崇的现实主义诗学主张及其对外国文学的态度，对整个 20 世纪中国文学和文学翻译的发展产生了重大而深远的影响。它是译介规模最大、也是对中国翻译文学贡献最大的社团之一。该会发起者有茅盾、郑振铎、朱自清、叶绍钧、周作人、李金发等。该会成立后，以《小说月报》作为其主要发声刊物，格外关注弱小民族和"被损害民族"，注重诗歌作品的社会政治内涵。1910 年，《小说月报》创刊，1921年 1 月，文学研究会接手并开始革新，使之成为文学研究会的机关刊物。1931年 12 月 10 日，《小说月报》出版了第 22 卷 12 期，后因淞沪战事爆发而停刊，文学研究会随之无形中解散。除了《小说月报》外，文学研究会还创办了《诗》和《文学旬刊》，编印了《文学研究会丛书》等。但是 1923 年 5 月，出了共 2 卷 7 期的《诗》停刊；而《文学旬刊》于 1921 年 5 月创刊，自 1923 年7 月起改名《文学》（周刊）；1925 年 5 月起定名《文学周报》；1929 年 12 月出至第 9 卷第 5 期休刊，共出 380 期。以下是对《小说月报》上的西诗汉译情况（见表 3 - 3）和《文学旬刊》《文学》及《文学周报》的西诗汉译情况分别做出的统计（见表 3 - 4）：

表 3-3 《小说月报》西诗汉译统计情况①

原诗作者	国家（民族）	主要译者	译诗数量
太戈尔	印度	郑振铎、赵景深、徐培德、沈雁冰、徐志摩、落花生	135
薛梩或雪莱（Shelley）、夏士陂（Shakespear）、郎德尔（Landor）、黎梩、王尔德、哈代、济慈、拜伦、丁尼生或谈尼孙、密尔顿、勃莱克、史罗康伯、M. G. Lewis、T. Campbell、弗尔基洛、白朗宁、D. G. Rossetti、C. G. Rossetti 或罗赛蒂女士、Mrs. Eliza Lee Fellen、海立克	英国	朱湘、徐志摩、傅东华、顾彭年、刘复（刘半农）、赵景深、鹤西、徐调孚、黄正铭、汪廷高、西谛（郑振铎）、梁实秋、饶了一、C. H. L	48
廖特倍格、赫腾斯顿、泰依纳、巴士、卡尔弗尔特	瑞典	希真、沈泽民、冯虚、梅川	20
波特莱耳、龙沙（P. Ronsard）、宓遂（A. Muset）、Paul Verlaine 或哇莱荔或保罗·梵乐西、Geraldy	法国	仲密（周作人）、侯佩孚、李金发、梁宗岱、式微	13
裴都菲、亚拉奈、桐伯、苟莱	匈牙利	沈泽民、冬芬、孙用	11
屠格列甫或屠格涅甫或屠格涅夫、烈尔蒙托夫、布洛克、克鲁洛夫、叙事诗	俄国	西谛（郑振铎）、沈性仁、冬芬、海峰、陆秋人、饶了一	10
特·琨台尔	葡萄牙	希真	3
荷马	古希腊	傅东华	2
魏其尔	古罗马	傅东华	2
散尔复维支、白鲁之	捷克	茅盾	2
柯诺普尼斯卡、阿斯尼克	波兰	茅盾	2
民歌	罗马尼亚	朱湘	2
洛顿斯奇、西芙支钦科	乌克兰	茅盾	2
史托姆	德国	伴君	1
惠特曼	美国	徐志摩	1
莪默·伽亚谟	波斯	郭沫若	1
奥立佛	瑞士	戴望舒	1
C. Joseph, P. F. Mc Carthy, Knut Hamsus	未注明国家	徐调孚、汪廷高、一樵	4

① 表中数据以 1980 年书目文献出版社《小说月报》影印本（1921—1931）为据统计得出。

表 3－4　《文学旬刊》《文学》及《文学周报》西诗汉译统计情况①

原诗作者	国家（民族）	主要译者	译诗数量
太戈尔、Laurence Hope	印度	徐培德、郑振铎、东华、呈生、得一	22
Shelley、王尔德、Gohns、D. G. Rossetti、C. G. Rossetti、Galsworthy、Alfred Tennyson、伊思顿（Dorothy Easton）、朗弗楼、英国恋歌、威尔士民歌、琼斯（Ben Jonson）、Thomas Hood、勃莱克（William Blake）、彭思（R. Burns）、济慈（John Keats）	英国	西谛（郑振铎）、赵景深、谢六逸、仲云、鱼常、调孚、王统照、褚东郊、傅东华、孙昆泉、李健吾、梁指南、邱文藻	16
巴来克、Theophile Gansier、波特莱耳、马赛歌、Charles-Louis Philippe、情歌、范伦纳	法国	王统照、C. F 女士、苏兆龙、若谷、徐蔚南、Y. L、李颉人、李金发	12
歌德、古情歌、德国恋歌	德国	性天、许震寰、耿济之、孙铭传、梁俊青、褚东郊	7
惠特曼、Helene Mullius、亚伦坡、J. R. Lowell、朗弗落（Longfellow）、汤母生、哥尔德	美国	东莱、黄希纯、子岩、鱼常、傅东华、腾沁华、刘穆	7
菲洛狄摩士恋歌	古希腊	西谛（郑振铎）	5
特米扬·勃特尼、普希金	俄国	愈之、孙衣我	4
结婚歌	乌克兰	雁冰	3
民歌	立陶宛	褚东郊	2
Yeats, A. E.	爱尔兰	仲云	2
梅特林克	比利时	戴望舒	2
短歌	葡萄牙	万曼	1
挪威恋歌	挪威	褚东郊	1
波兰恋歌	波兰	褚东郊	1
瑞士民歌	瑞士	东郊	1
嘉罗（J. E. Caro）	科隆比亚	朱湘	1
Shilers Ballade，呆弗司、葛拜尔、George Grabbe、安纳克郎短歌、秋虫歌、狼人情歌、Michael Bruce	未注明国家	性天、王剑三、王统照、蛰存、仲云、钟敬文、刘潜初	10

---

① 表中数据以 1984 年上海书店《文学周报》影印本为据统计得出。

文学研究会以"为人生"的目标来确定文学翻译的选题，主张文学翻译应从介绍写实派、自然派开始。对于诗歌翻译，《小说月报》主编茅盾的态度代表了该期刊的译诗宗旨，他认为：

凡是有格律的诗，固然也有他从格律所生出来的美，译外国有格律的诗，在理论上，自然是照样也译为有格律的诗，来得好些。但在实际，拘泥于格律，便要妨碍了译诗其他的必要条件。而且格律总不能尽依原诗，反正是部分的模仿，不如不管，而用散文体去翻译。……但是我觉得翻译外国诗歌似乎可以有一个原则，大家应该表示同情的原则，这就是不以能仿照原诗格律为贵。（茅盾，1922：11）

文学研究会的西诗汉译活动具有鲜明的流派色彩：一是更强调翻译的社会功能，不断刊登拜伦、弥尔顿等诗人反映抗争性题材的作品，同时通过英文转译弱小民族国家的诗歌，包括大量的泰戈尔英译诗作。二是更强调翻译主题的系统性，《小说月报》常以专号形式对西方诗歌进行系统译介，先后刊出"专号"重点译介拜伦、泰戈尔、济慈、布莱克、裴多菲（旧译裴都菲）等。三是译诗基本采用白话，形式多样，不仅有自由体，还有十四行体等。四是对法国诗歌本身的翻译虽不是很多，但对法国诗歌的介绍性论述不少，《小说月报》分别于 1922 年 15 卷和 1924 年 15 卷号外出版了《法国文学专号》和《法国文学研究专号》。

在现代文学期刊历史上，以"专号"形式对某位作家或某个流派等予以译介的是《新青年》，这还是头一遭。但真正将这一形式推广开来，使之成为期刊的外国文学译介重要组成部分的却是《小说月报》。如 1924 年 4 月 10 日《小说月报》15 卷 4 期的"拜伦纪念专号"，共刊载文章三十余篇，涉及拜伦评论、拜伦年谱、拜伦名著述略以及拜伦诗歌翻译等。

《小说月报》和《文学周刊》的主编郑振铎也是文学研究会的台柱之一，他通过泰戈尔作品的英译本翻译了大量的泰戈尔的诗歌。他所翻译的《飞鸟集》（Stray Birds）、《新月集》（The Crescent Moon）是我国出版最早的泰戈尔诗集，使得泰戈尔诗歌在中国的翻译由零散转为系统化。他还连续发表了《太戈尔研究》《太戈尔的艺术观》等重要论文。泰戈尔访华期间，郑振铎也亲自参加欢迎活动。他不但译作丰富，对于译诗也有独特见解，强调：

自从 Whitman 提倡散文诗以来，韵律为诗的根本观念已是没有存在的余地了。因此，我们可以说诗的本质与音韵是分离的；人的内部的情绪是不必靠音韵以表现出来的。因此也可以说：诗的音韵，虽是不能移植的，而其本质却是与散文一样，也是能够充其量的转载于原文以外的某种文字上的——就是诗也是能够翻译的。如果译者的艺术高，则不惟诗的本质能充分表现，就连诗的艺术美——除了韵律以外——也是能够重新再现于译文中的。（郑振铎，1921a：6）

在文学研究会这些刊物上，周作人仍是重要译者，翻译了4首法国诗歌，其中1922年3月以笔名"仲密"在《小说月报》13卷3期所发表的译诗《窗》是波德莱尔的第一首中文译诗。李金发也发表了多篇法国象征派诗歌译作。这些白话自由体的法国译诗给后来中国现代主义诗歌创作乃至朦胧诗都带来了深远影响。

（4）创造社系列刊物及其主要译者。

早期创造社及其系列刊物也是白话自由体译诗派的又一重要组成部分和译诗阵地。1921年7月成立于日本东京的创造社是"五四"新文学运动中又一个著名的新文学团体，最初成员都是留日学生，主要有郭沫若、郁达夫、田汉、成仿吾、穆木天、张资平、郑伯奇等。创造社成员几乎都能运用数种外语，留日期间又时值日本西化风气渐兴，有机会广泛接触到西方文学作品，他们对西方新思潮新流派如浪漫主义、象征主义、未来派、表现派等的诗歌都有译介。创造社先后办有《创造季刊》《创造周报》《创作日》《创造月刊》《洪水》等十余种刊物。创造社以1925年"五卅"运动为界分为前后两个时期。早期创造社主张"为艺术而艺术"，后期创造社思想明显"左"倾，主张"表同情于无产阶级"的革命文学，1929年2月被国民党查封。与其他同期社团刊物相比，早期创造社坚决反对文艺功利性，他们的译风具有激情和创造性，译诗更注重诗歌的审美功能，在五四诗歌翻译热潮中显得别具一格。以下是对《创造季刊》《创造周报》和《创造月刊》的西诗汉译情况做出的统计（见表3-5）。

表3-5　《创造季刊》《创造周报》和《创造月刊》西诗汉译统计情况①

原诗作者	国家（民族）	主要译者	译诗数量
莪墨·伽亚谟（Omar Khayyam）、Gibram	波斯	郭沫若、张闻天	101
雪莱（Shelley）、葛雷	英国	郭沫若、成仿吾	10
歌德	德国	郭沫若	3
Alfred de Vigny、维勒德拉克	法国	穆木天	3
万雪白（Ch. Van Larberghe）	比利时	穆木天	2
无名氏	未注明国家	郭沫若	1

---

① 表中数据以1983年上海书店《创造季刊》（1922—1924）、《创造周报》（1923—1924）、1985年上海书店《创造月刊》（1926—1929）影印本为据统计得出。

与其他同期社团刊物如《新青年》和《小说月报》的现实主义诗学观相比，创造社系列刊物上的西诗汉译更注重诗歌的艺术品格和审美功能。早期创造社同人们认为文学并不是为了传道布教，即便文学具有拯救社会和人心的功用，那也是作家和翻译家们在用文学来表达自己情感时所渗透出来的精神所致。他们的诗歌翻译具备明显的创造精神，重视"为艺术"的西方浪漫主义作家作品的译介，尤其钟爱歌德、雪莱等诗人的作品。创造社同人曾发起雪莱逝世百年纪念活动，于1923年《创造季刊》1卷4期推出"雪莱纪念号"，成为中国现代文学时期对雪莱最集中的一次译介，包括雪莱画像，张定璜的Shelley，徐祖正的《英国浪漫派三诗人》，郭沫若翻译的《雪莱的诗》，成仿吾翻译的《哀歌》以及郭沫若翻译的《雪莱年谱》等，使得雪莱像拜伦一样在中国得以普及开来。尽管创造社系列刊物上的译诗数量十分有限，却因其独特的译诗风格和译诗思想对当时整个译诗格局产生了重要影响，并引起了五四时期创造社与文学研究会声势浩大的翻译论争，从整体上营造了五四时期译诗的热闹氛围，使得五四译诗呈现出多元性与丰富性的特点。

郭沫若是创造社的领军人物，其译诗的影响不容忽视。他对波斯诗人莪默·伽亚谟诗歌的翻译成为五四时期诗歌翻译的一大成就。闻一多在1923年《创造季刊》2卷1期上的《莪默·伽亚谟之绝句》一文中认为这是当时译诗中少见的西方名著，"西洋的第一流的古今名著，大点篇幅的，我只见过田汉君译的莎士比亚底Hamlet同郭沫若君这首莪默同一些歌德"。（闻一多，1923）《创造》系列刊物上总共翻译了10首英国诗歌，其中8首是雪莱的作品，7首为郭沫若所译，使他成为这一时期翻译雪莱诗歌最多的译者。郭沫若还分别在《创造季刊》和《创造周报》创刊号上发表了歌德诗歌的译作。歌德的这3首译诗，只有《迷娘歌》专门以诗的形式在1923年《创造周报》第1期译出，另外两首则是郭沫若在1922年《创造季刊》1卷1期的《海外归鸿》中间断译出的诗歌片断。1928年，他出版了《德国诗选》（与成仿吾合作）和《沫若译诗集》。此外，西方自由诗领军人物惠特曼的诗歌也是郭沫若最早翻译过来的。虽然在他之前已有介绍性文章里出现过惠特曼的译诗，但作为单篇独立发表的译诗则是郭沫若于1919年12月3日在《时事新报·学灯》上发表的《从那滚滚大洋的群众里》。惠特曼的诗风对郭沫若乃至对中国的新诗发展都产生了重大的影响。

穆木天的译诗在创造社中仅次于郭沫若，他对3首法国诗歌的翻译表明了创造社对法国象征主义诗歌的青睐。穆木天还翻译了比利时象征派诗人万雪白的两首诗作，这些在一定程度上孕育了后期创造社部分诗人转向象征主义诗歌创作的可能。

创造社除了开展诗歌翻译，还开始探讨诗歌翻译原则和质量等问题。1922年5月1日《创造季刊》的创刊号上，张资平要求译者注明所译原著语种、版本是否转译，而郭沫若则针对两首歌德诗歌的误译做了重译，并提出译者应真正负起责任。此外，郭沫若与闻一多在《创造季刊》上关于《鲁拜集》翻译的讨论亦率先开了诗歌翻译批评之风气。当时，在读了《创造季刊》1卷3期上郭沫若所译的《鲁拜集》之后，闻一多在该刊2卷1期上发表长文《莪默·伽亚谟之绝句》，对郭译既做了热情评价，同时指出九处误译，并建议郭沫若今后进行二译甚至三译。对此，郭沫若在4月15日的《致闻一多》信中表示："你这恳笃的劝诱我是十分尊重的。我于改译时务要遵循你的意见加以改正。"（郭沫若，1992：248）

创造社成员在诗歌翻译时基本都采用白话，很注重对诗的所谓"诗韵"的再现，而忽视对诗体形式的建构。郭沫若曾在《致宗白华》信中直接表明，"形式方面我主张绝端的自由，绝端的自主"（郭沫若，1920a），认为"诗的翻译应是译者在原诗中所感得的情绪的复现"。（郭沫若，1924a：9）他在1920年的《〈歌德诗中所表现的思想〉附白》一文中提出了"风韵译"（郭沫若，1920c：142）。20世纪20年代后期，在新格律体诗歌运动的影响下，郭沫若的译诗开始朝着重"形式"的方向发展。

创造社另一位主要译诗者成仿吾在其代表性译论文章《论译诗》中指出："诗形最易于移植过来，内容也是一般译者所最注意，只有原诗的情绪却很不易传过来，我们现在的翻译家全然把它丢掉了。……只是译字译文而绝不是译诗。"（成仿吾，1923：5）他推崇诗人译诗，并为实现"译诗是诗"的目标而尽力对原作进行改写，扩大了译者的再创造的空间，重神韵而轻形式，因此还将译诗的方法大致分为"构成的翻译法"（compositive method）与"表现的翻译法"（expressive method）两大类。"构成的翻译法是保存原诗的内容与音韵的关系，而力求再现原诗的情绪。……表现的翻译法是译者用灵敏的感受力与悟性将原诗的生命捉住，再把它用另一种文字表现出来的意思。"（同上）

创造社的郁达夫精通德文，发表了几首汉译德文诗歌和汉译英诗歌。他一直反对移植外国诗歌的音韵，指出：

> 如豆腐干体，十四行体，隔句对，隔句押韵体，我却不赞成，因为既把中国古代的格律诗则打破之后，重新去弄新的枷锁来带上，实无异于出了中国牢后，再去坐西牢。一样的是牢狱，我并不觉得西牢会比中国牢好些。（郁达夫，1934：14）

3.2.2　白话格律体译诗派概述

白话格律体译诗派的主要代表为新月派的闻一多、徐志摩、朱湘、饶孟侃、孙大雨、卞之琳等，他们是后起的白话译诗派，主张"理性节制情感"，坚持认为诗歌是有音律的纯文学，强调诗歌的形式规范，尝试着将中国传统诗学和西方诗歌特点相互融合，就译诗新格律建设做出了大胆探索和实验。白话格律体译诗派主要依托新月社及其主办的《晨报副刊（镌）》及《新月》月刊积极开展西诗汉译。

新月社是现代新诗史上一个重要的诗歌流派，虽成立于1923年，先以聚餐会形式出现，后来发展为俱乐部，但一般以1926年在北京《晨报副刊》创办诗歌专刊《诗镌》为该流派正式成立的标志，该诗派大体上以1927年为界分为前后两个时期，前期自1926年春始，以北京的《诗镌》为诗歌创作阵地，早期成员主要有胡适、闻一多、徐志摩、饶孟侃、孙大雨、刘梦苇等。他们反对滥情主义和诗的散文化倾向，从理论到实践上对新诗的格律化进行了认真的探索。1927年春，新月社主要活动转移到上海，胡适、徐志摩、闻一多、梁实秋等人创办新月书店，1928年创办《新月》月刊，1931年创办《诗刊》季刊，这是后期新月派，该派后期成员（此时闻一多已脱离新月社）还加入了邵洵美、陈梦家、林徽英、方玮德、卞之琳等。1933年社团活动结束。后期新月派的艺术表现、抒情方式与现代派趋近。由于该派成员多系欧美留学生，其译诗主要为英诗、法诗和德诗。这些被选译的西方诗歌的一个共性便是格律谨严，体现出各式押韵和跌宕的节奏。新月派在社团正式成立之前就已经组织了不少活动，其中尤为引人注目的是1924年泰戈尔访华期间主持开展的各种集会、演讲及接见活动，新月社的名字及社团活动因此产生了很大社会影响。事实上，"新月社"之名就来自于泰戈尔的《新月集》，意在以"它那纤弱的一弯分明暗示，怀抱未来的圆满"。（徐志摩，1928a：4）

新月派探讨并初步建立了较为符合新诗创作规律的理论，尤其对新诗形式进行了积极的探讨并努力付诸实践，"三十年代几个知名的文学史家赵景深、陈子展、朱自清都称新月派为格律诗派或西洋律体诗派"。（蓝棣芝，1989：14）由徐志摩、闻一多领衔，朱湘、饶孟侃、孙大雨等人积极参与编辑和创作的《诗镌》于1926年4月1日创刊，至6月10日停刊，共出11期，主要刊登探讨新格律的理论文字和诗作，共发表诗作83首，译诗2首，英文诗1首，诗歌评论和诗论17篇。尽管《诗镌》存世时间很短，但它把在混乱中寻求秩序的具有相近诗学倾向的诗人们集合到一起，共同对草创时期的新诗从形式上进行了反省，形成了中国现代诗歌史上的一个重要流派，在中国新诗史上具有重要的意义。新月派的重要译诗阵地主要是《晨报副刊（镌）》及《新月》月刊。《晨报副刊（镌）》是五四时期著名的"四大副刊"之一，前身为北京《晨钟报》和《晨报》第7版，1921年10月12日改版独立发行，至1928年6月5日第2314期终刊。《新月》月刊创刊于1928年3月10日，1933年6月1

日出至第 4 卷第 7 期停刊。以下是对《晨报副刊（镌）》及《新月》月刊的西诗汉译情况做出的统计（见表 3-6）。

表 3-6　《晨报副刊（镌）》及《新月》西诗汉译统计情况①

原诗作者	国家（民族）	主要译者	译诗数量
勃（白）朗宁夫人、白朗宁、D. G. 罗塞蒂、C. G. 罗塞蒂、西蒙斯、哈代、赫斯曼、拜伦、卡本特、W. Davies、洛生、布莱克、彭斯、济慈、Shakespear、雪莱、叙事民歌、民间叙述诗	英国	闻一多、周作人、徐志摩、梁实秋、魏恩昌、高启福、赵景深、廖仲潜、李唯建、饶孟侃	68
波特来耳或 C. Baudelaire、P. Verlaine、F. Villon	法国	卞之琳、周作人、梁镇	13
泰戈尔	印度	叶维、徐志摩、欧阳兰、武陵	6
惠特曼	美国	残红	5
希腊古诗、台阿克利多思或谛阿克列多思	古希腊	周作人/荆生	5
德国古民歌、古诗无名氏、H. de Rigier、Goethe	德国	梁镇、林玉堂、抱蔬	4
普希金、爱罗先珂	俄国	陆士任、周作人	3
夏芝	爱尔兰	王统照	1
E. S. Morton、卡尔佐夫、《世界语的诗三首》《别离》	未注明国家	程鼎鑫、拒文、周作人、万劳奴	5

新月派最具代表性的译诗家为徐志摩、闻一多、朱湘以及卞之琳。作为新月派核心人物的徐志摩是中国现代文学史上一位成就突出的诗人，他积极倡导新诗格律，早年曾用文言译诗，后深感文言译诗弊端，极力主张白话译诗。其译诗以英国浪漫主义时期作品为主，同时包括 20 世纪初的几位现代派诗人作品，主要包括白朗宁夫人、哈代、泰戈尔、拜伦、华兹华斯、罗塞蒂兄妹、布莱克、济慈等诗人的作品。但无论是就数量还是质量而言，他对英国著名诗人兼小说家哈代的译诗都极为引人注目。徐志摩还就译诗问题提出过不少建设性意见，且积极探索新的格律体，在译诗中适时地添加一些标点来加强诗歌的节

① 表中数据以 1981 年人民出版社《晨报副刊（镌）》影印本（1921—1928）以及 2014 年上海书店出版社《新月》月刊（1928—1933）影印本为据统计得出。

奏，以期让译诗读起来自然、流畅，同时又呈现明显的音节波动。他坚信，"完美的形体是完美的精神的唯一表现"（徐志摩，1926a：1），并强调：

> 翻译难不过译诗，因为诗歌的难处不仅是他的形式，也不单是他的神韵，你得把神韵化进形式去，像颜色化入水，又得把形式表现神韵，像玲珑的香水瓶子盛香水。（徐志摩，1925a：14）

闻一多是白话格律体译诗派的领军人物，也是新格律诗理论的奠基者，其译诗既有文言也有白话，但几乎都属于格律体。他在 1919 年《清华学报》4 卷 6 期上发表的第一首译诗是阿诺德（Mathew Arnold，1822—1888）的《渡飞矶》（Dover Beach），采用的即是五言古体。到 1921 年初，他转变立场，力倡白话文，反对用文言译诗，并在《清华周刊》211 期发表《敬告落伍的诗家》，"若要真做诗，只有新诗这条道走"。（闻一多，1921a：4）其译诗主要发表在《晨报副刊》《新月》《实事新报》等刊物。闻一多强调要"以诗译诗"，译诗大多文字简约、形式严谨、音韵和谐，注意"字句的结构和音节的调度"，以及"字句的色彩"，力图在译诗中取得他提出的"三美"效果，即音乐美（音节）、绘画美（词藻）和建筑美（节的匀称和句的均齐）。他力倡白话格律诗，但并不是要把新诗创作纳入一个固定的刻板的模式，而是主张"新诗的格式是层出不穷的"，是"相体裁衣"。（闻一多，1993d：141）他强调要"以诗译诗"，明确提出："在译诗时，这译成的还要是'诗'的文字，不仅仅用平平淡淡的字句一五一十地将原意数清了就算够了。"（闻一多，1923：179）在 1926 年《戏剧的歧途》中，他（1993f：148）明确提出"艺术的最高目的，是要达到'纯形'Pure form 的境地"。在 1926 年《诗的格律》中，他（1993d：140）表示，"格律就是 form。试问取消了 form，还有没有艺术？"由于闻一多担任过《诗镌》和《新月》的编辑工作，这也促成了他扮演规范制定者的角色，其译诗方式逐渐演进为一种译诗规范，成为不少译诗者效仿的对象。

朱湘也是白话格律体译诗派中举足轻重的代表性人物。他于 1922 年开始在《小说月报》上发表新诗并加入文学研究会，后来自觉追求新诗音韵格律的整饬。1926 年，他参与《诗镌》的编辑与创作，发表过英国诗人怀特、丁尼生、勃朗宁、雪莱和莎士比亚等人的译作。他倡导新格律诗运动，其译诗大都采用整齐的格律，基本上保留了原诗的形式因素，作为中国诗歌翻译史上最早具有韵律和形式自觉意识的译者之一，朱湘明确指出：

> 自新文化运动发生以来，只有对于西方文学一知半解的人凭借着先锋的幌

子在那里提倡自由诗，说是用韵犹如裹脚，西方的诗如今都解放成自由诗了，我们也该赶紧效法，殊不知音韵是组成诗之节奏的最重要的份子，不说西方的诗如今并未承认自由体为最高的短诗体裁，就说是承认了，我们也不可一味盲从，不运用自己的独立的判断。我国的诗所以退化到这种地步，并不是为了韵的束缚，而是为了缺乏新的感性，新的节奏——旧体诗词便是因此木乃伊化，成了一些僵硬的或轻薄的韵文。倘如我们能将西方的真诗介绍过来，使新诗人在感兴上节奏上得到鲜颖的刺激与暗示，并且可以拿来同祖国古代诗学昌明时代的佳作参照研究，因之悟出我国旧诗中那一部分是芜蔓的，可以铲除避去，那一部分是菁华的，可以培植光大；西方的诗中又有些什么为我国的诗所不曾走过的路，值得新诗的开辟？（朱湘，1928：487）

后期新月派重要译诗家卞之琳在 20 世纪 30 年代早期翻译了不少西方现代派诗作，主要有波德莱尔、魏尔伦、瓦雷里等人的作品。卞之琳步入文坛时，就写诗译诗齐头并进，其译诗理念深受徐志摩影响，强调白话译诗、诗人译诗、格律译诗，注重将形式放在与内容同等重要的地位。

3.2.3　文言旧诗体译诗派概述

文言旧诗体译诗派的译诗活动主要依托学衡派及其主办的《学衡》杂志，主要代表有吴宓、吴芳吉、张荫麟、李思纯等。他们坚信文言优于白话，极力主张言文不能合一，译诗主要采用文言与旧诗体诗形式，采用归化策略将外国诗歌纳入本国传统诗歌体系，力主对原诗进行改写。当时，白话译诗活动正进行得如火如荼，这样的主张显得格外另类和保守。

学衡派因《学衡》杂志得名，《学衡》于 1922 年 1 月创刊于南京，主要创办人为梅光迪、吴宓、胡先骕、刘伯明、柳诒徵。与新文学阵营的视野不同，《学衡》创刊号上就刊载了象征中西文化本源的孔子与苏格拉底的画像，充分体现了学衡派采撷中西文化精华的办刊原则，所刊载的第一篇文章是《学衡杂志简章》，提出"论究学术，阐求真理，昌明国粹，融化新知。以中正之眼光，行批判之职事，无偏无党，不激不随"的办刊宗旨。此后，以《学衡》为中心，形成了一个在中国近代史上独具特色的思想流派，史称"学衡派"。《学衡》杂志由吴宓任主编，一方面以鲜明的态度批判五四新文化运动，推崇儒家思想、国学研究和古典诗词创作，以发扬中国文化为己任；一方面致力于译介西方古代重要学术文艺及近世学者论学之作。《学衡》至 1926 年 12 月，以月刊刊行 60 期，1927 年停刊一年，而后断续刊行了第 61 期至第 79 期，1933 年 7 月终刊。学衡派主要以《学衡》为阵地发表诗歌译作，其成员还在《湘君》季刊、《文哲学报》《大公报·文学副刊》《国风》等刊物不断发表诗歌译作。译者主要是吴宓、吴芳吉、李思纯以及吴宓清华学校翻译班学生，如贺麟、张荫麟、陈铨、顾谦吉、杨葆昌、杨昌龄、张敷荣、董承显等。在吴宓影响下，他们多用文言及传统格律诗体翻译外国诗歌。以下是对《学衡》的西诗汉译情况做出的统计（见表3-7）。

表3-7 《学衡》西诗汉译统计情况①

原诗作者	国家（民族）	主要译者	译诗数量
赖慈（W. M. Letts）、赫里克（R. Herrik）、安诺德（M. Arnold）、苏西（R. Southey）、威至威斯（W. Wordsworth）、J. Bunyan、Tennyson、D. G. Rossetti、罗色蒂女士（C. G. Rossetti）、Tickoll、雪莱、济慈、彭士（Burns）、摆伦（Byron）、Thomas Moore	英国	吴宓、邵祖平、吴芳吉、徐书简、邵森、顾谦吉、张荫麟、陈铨、李惟果、俞之柏、刘朴、贺麟、杨葆昌、杨昌龄、张敷荣、董承显、崔钟秀、徐震堮	141
查尔奥里昂、菲农、龙萨尔、马勒尔白、拉芳丹、波哇罗、佛罗里央、解尼埃、柏朗惹、沙多伯里昂、拉马丁、嚣俄（Victor Hugo）、费尼、弥瑟、哥体野、黎留、邦斐尔、蒲鲁东、波德莱尔、都德、赫雷帝亚、哥贝、凡莱恩（Paul Verlaine）、布惹、杜伯莱、梅德林	法国	李思纯、徐震堮	76
鄂马开亚谟（Omar Khayyam）、哈非斯（Hafiz）	波斯	吴宓	14
苏封克里（Sophocles）	古希腊	缪凤林	3
葛德 Goethe	德国	陈铨	2
吠陀、颂神之诗、薄伽梵歌	古印度	吴宓	2
阿伦波（E. A. Poe）	美国	顾谦吉	1

　　学衡派译介西方文学的直接动机是为了匡矫新文化运动"趋时喜新、随波逐流、摭拾文学潮流上之泡沫草秽"（温源宁，2001：98）等弊病，因此在诗歌翻译上，他们主要选择能够反映新人文主义理念的作品，尤以英国浪漫诗歌为甚。他们坚信文言优于白话，译诗主要采用传统文言古诗形式。他们的文言

---

① 表中数据以1997年江苏古籍出版社《学衡》（全16册）影印本共79期为据统计得出。

译诗普遍以"典雅"和"达出原作之精神"为最高追求，译诗往往附有按语、文内注释和评注，是我国早期带有学术研究性质的翻译行为，表现出学者兼诗人的翻译作风。1922 年 9 月，《学衡》杂志第 9 期"名家文"栏目刊登了陈铨所译英国散文家兰姆（Charles Lamb）的《梦中儿女》（Dream Children），译文前有吴宓撰写的一段"编者附识"，道出该杂志刊发翻译作品的主要特点：

> 按本杂志于翻译之业，异常慎重，力求精美。其特定之方法，约有五端：一曰选材。所译者，或文或诗，或哲理或小说，要必为泰西古今之名著，久已为世所推重者。甄取从严，决不滥收无足重轻之作。二曰校勘……三曰加注……四曰修辞。译文首贵明显，再求典雅，总以能达出原作之精神而是读者不觉其由翻译而来为目的。五曰择体。文必译为文，诗必译为诗，小说戏曲等类推，必求吾国文中与原文相当之文体而用之。又译文或用文言，或用白话，或文理有浅深，词句有精粗，凡此均视原文之雅俗浅深如何而定，译文与必相当，而力摹之，并非任意自择。（吴宓，1922f：107 - 108）

文言旧诗体译诗派还表现出同期刊物一诗多译的特色，如 1925 年 3 月《学衡》39 期同时登载了贺麟、张荫麟、陈铨、顾谦吉、杨葆昌、杨昌龄、张敷荣、董承显 8 人以文言旧诗体分别翻译的威至威斯（William Wordsworth，今通译为华兹华斯）的《佳人处僻地之三彼姝宅幽僻》（She Dwelt Among the Untrodden Ways）；1926 年 1 月《学衡》49 期刊载了吴宓、陈铨、张荫麟、杨昌龄、贺麟所翻译的罗色蒂女士（C. G. Rossetti）的《愿君常忆我》（Remember）的 5 种五言格律诗体的译诗；1928 年 7 月《学衡》64 期又登载了吴宓、张荫麟、贺麟分别所译的罗色蒂女士的诗歌《弃绝》（Abnegation）。这种形式"在中国现代文学翻译史上是一次很有意义的尝试"。（谢天振、查明建，2004：242）

文言旧诗体译诗派中最活跃的是吴宓、吴芳吉、张荫麟、李思纯等。吴宓深受白璧德新人文主义思想影响，不像激进派那样全盘西化，急于摧毁传统文化，他坚决反对胡适"作诗如说话"的观点，反对时下废除韵律格调的新诗主张。他曾在《诗学总论》一文中特别强调："音律者，乃诗之所独有。故可以音律别诗与文。……无音律者，不能谓之诗。"（吴宓，1922d：18）吴宓认为"异国之诗，本不可译，以原诗之神韵音节，绝非译笔所能传也"（吴宓，1922e：101），"凡译诗者，不惟须精通两国文字，且己身亦能诗"（吴宓，1923b：26），将译诗看成是"以新材料入旧格律之绝好练习地也"（吴宓，1923b：25），强调"诗意与理贵在新，而格律韵藻不可不旧"（吴宓，2005：33）。他指出：

中国之新体白话诗，实暗效美国之 Free Verse，而美国此种诗体则系学法国三四十年前之 Symbolists。今美国虽有作此种新体诗者，然实系少数少年无学无名，自鸣得意，所有学者通人固不认为诗也。（吴宓，1922a：36）

因此，吴宓选译的外国诗歌往往都形质兼具，译诗时多采取归化策略，绝大部分译诗采用的是五言、七言文言旧诗体，力主对原诗进行改写，用汉语"通用之成语"与形式来替代原诗，所涉及西方多个国家的作品，非英语的诗歌均由英文转译。

吴芳吉所推崇的西方诗人主要是彭斯、丁尼生、济慈等，尤其钟情于对苏格兰农民诗人彭斯诗歌的译介。1922 年，他在《湘君》季刊 1 期发表了《彭斯译诗》，共收诗十题四十三段，后收入《学衡》57 期。1923 年，他又在《学衡》14 期发表了译诗《告女儿》等。吴芳吉"尤有心得于汉魏乐府，深得旧诗格律之妙"（吴宓，2005：159），强调"余所理想之新诗，依然中国之人，中国之语，中国之习惯，而处处合乎新时代者"。（吴芳吉，1928：45）。他主张通过外在形式的营构获得内在美的效果，曾尝试套用不同种类的文言韵辞形式来重写外国诗歌，选用了五言、六言和七言等形式规范，但以五言古诗居多。在他看来，五言在文言韵体中相对自由，便于传译格律较自由的外国诗歌。

在吴宓引导下，张荫麟积极参与了吴宓组织的一诗多译活动，以文言旧诗体形式翻译了不少英文和德文诗歌。张荫麟虽承认翻译在西学传入过程中的重要作用，但更强调翻译选材的重要性，主张要善于选择外国文化之瑰宝精品，而不能流于琐碎，鱼龙混杂地不加选择地翻译。1928 年 4 月 2 日，他在《大公报·文学副刊》第 13 期《评郭沫若译〈浮士德〉上部》一文中明确指出："尝病国人之读西书，多不知善择，往往小言琐记，视同圭珍；而文化之结晶、不朽之名著，反束于高阁，其介绍翻译也亦然。往者林琴南氏以旷世之文笔，而不舍之辛勤，而所译多第二三流以下作品，论者惜之，而后人知以林氏为鉴者盖鲜。"对于诗歌翻译，他总是精益求精，译文典雅工整，并强调要对作者及其生平做出介绍，以便让译语读者更好地理解原文的内涵和意义。

学衡派成员一方面坚守着古典审美立场，另一方面对西方象征主义诗歌也表示出兴趣与关注。1925 年 9 月《学衡》45 期发表顾谦吉所译美国诗人 Edgar Allen Poe 的诗歌《阿伦波鹏鸟吟》（The Raven）。胡先骕在《评尝试集》中论及此文并极为推崇。1925 年 11 月《学衡》47 期发表李思纯所译法兰西诗选《仙河集》，其中有法国波德莱尔诗 10 首，凡莱恩（Paul Verlain——现通译为韦拉里）诗 4 首，这是法国象征派诗人在中国较早的集中译介，同时诗选还对诗人创作做了评介，这是法国象征派诗人在中国较早的集中译介，这也使得李思纯成为中国二十世纪二三十年代译介法国诗歌最有影响力的译者之一。另外，吴宓也分别在 1928 年 6 月《学衡》62 期和 63 期连续发文对法国象征主义诗人魏尔伦（Paul Verlain）的诗学进行介绍。

通过对五四时期西诗汉译活动的总体考察，我们清楚地看到，五四时期的西诗汉译是新文化运动的重要组成部分，在逐步形成的三大译诗流派中，无论是译诗数量，还是译者构成方面，英诗汉译都是当时西诗汉译活动中最具代表性的组成部分。

4 五四时期西诗汉译流派之诗学批评研究

翻译研究文化学派强调翻译与文化的互动关系，并从"操纵"和"文化建构"两个方面进行了高度概括，"操纵"主要指目标语文化中的意识形态和诗学对翻译的制约，"文化建构"主要指翻译在目标语文化的发展演进过程中发挥重要作用。但是，就文学翻译而言，无论怎样解读目标语文化是如何作用于文学翻译过程，以及翻译成果又是如何在目标语文化系统中发生社会历史作用，我们都不能忘记文学翻译最根本的特征始终是一种特殊形式的文学审美和艺术创作活动。文学翻译者并非完全受制于译语文化，而是会在一定程度上表现出创造性和自主性，同时，特定形式的文学创作也不是一种封闭自足的活动，而是必然要受到翻译活动发生时的社会文化的影响，并对译语文化产生影响。

勒菲弗尔曾指出："在翻译过程的各个层次，可以看出，如果语言学的考虑与意识形态和/或诗学的考虑发生冲突时，总是意识形态和/或诗学胜出。"（Lefevere，1992：39）具体说来，"赞助人感兴趣的通常是文学的意识形态，而专业人士关心的则是诗学"。（Lefevere，1992：15）专业人士大多也会避免触犯他们赖以安身立命的意识形态规范，在允许的范畴内，操纵他们有限的话语权力和诗学技巧。"一切有着自己独立意识形态主张和美学/诗学理想的译者/改写者都试图以自己的译作去影响目标语的文化进程，因此这种形式的改写也就演变成了主动的'操控'"（王宁，2009：23），译者往往会通过对翻译材料的选择和翻译策略的运用来完成他们的诗学追求，使译诗达到符合自己诗学主张的目的，译作因此成为融入译者主观诗学价值取向的一种艺术产品。正如赫曼斯（2000：12）认为："翻译告诉我们更多的是译者的情况而不是所译作品的情况。"

如前所述，我们清楚地看到，在五四时期逐步形成的三大西诗汉译流派中，无论是译诗数量，还是译者构成方面，英诗汉译都是当时译诗活动中最具代表性的组成部分。基于此，本章将主要以五四时期三大译诗流派的英诗汉译事实和现象为研究对象，考察诗歌译者作为审美主体在诗歌翻译过程中对选材及诗歌形式方面的诗学操纵，尤其是对格律诗的音律、步律及韵律等核心诗学元素的操纵，探讨译者的诗学转化自觉性以及翻译结果的诗学得失。通过研究诗歌翻译中的操纵现象，加深对诗歌翻译活动本体的认识，进而在目标语文学体系内考察这些译诗流派的译诗活动对中国诗歌文化发展所造成的影响，以期透视中国诗歌翻译规范的形成原因及其对中国新诗的建构性影响，揭示五四时期诗歌翻译在中国文学史上的本来面目。需要指出的是，这一部分主要是将翻译理论、诗律学及韵律学等理论融于翻译实践批评，追求以点带面，不求面面俱到。

4.1 白话自由体译诗派的诗学操纵与诗学得失

以下分别以白话自由体译诗派三位代表性译家胡适、郭沫若以及郑振铎在五四时期的英诗汉译为个案，探讨该译诗流派在诗歌翻译中的诗学操纵与诗学得失。

4.1.1 胡适："文须废骈，诗须废律"

胡适（1891—1962）是 20 世纪初中国社会文化转型时期的中心人物，是白话诗学理论的首倡者与实践者。胡适虽译诗不多，30 余首，但他的诗歌翻译活动却在中国产生了极大的影响，而他的译诗正是其开创性诗学主张直接操纵的结果。胡适诗学主张源自其所积极倡导的"历史的文学进化观念"。胡适曾坦率地承认："那时影响我个人最大的，就是我平常所说的'历史的文学进化观念'，这个观念是我的文学革命的基本理论。"（胡适，1919：49）胡适的译诗主要集中在 1908 年到 1928 年间，大致可分为三个阶段，也是胡适的诗学观念从传统到现代，诗歌翻译从文言到白话的转变过程。

胡适译诗的第一阶段在 1908 年至 1910 年之间，时值胡适就读于具有浓厚革命思想的上海中国公学。由于深受当时强国保种的革命思想的影响，又因长期浸淫于中国传统文学及文论，"诗言志"和"文载道"的诗学观念深植其心，他在诗歌翻译的选材方面表现出十分鲜明的文学功利主义，主题大多蕴含反清救国的政治诉求和社会变革的强烈意识。正如他在日记中所记载，"吾十六七岁时自言不作无关世道之文字"。（胡适，1959：738）这一时期，尽管康有为、梁启超、黄遵宪等已提出"诗界革命"的理念，但终因五七言等传统诗歌形式根深蒂固，他们最终未能实现变革旧体诗形式的理想。当时的胡适也出于对传统诗歌形式的推崇，在译诗形式方面，主要采用五七言的古典诗歌形式。那时的胡适，即使对他人所译诗歌有所不满，也只是在他人五七言译诗的基础上稍作修改而重译，并未对诗歌形式有所创新。比如他的《缝衣歌》便是对马君武之前的译诗稍作修改而成，认为"唯译本间有未能惬心之处，因就原著窜易数节，精英文者自能辨其当否耳"。（胡适，1998：457）胡适这一阶段的译诗主要有《六百男儿行》《军人梦》《缝衣歌》《惊涛篇》和《晨风篇》，这些译诗均为五言旧体形式。

胡适曾将英国维多利亚时期代表诗人丁尼生（Alfred Tennyson）的诗歌

The Charge of the Light Brigade 译为《六百男儿行》。丁尼生于 1854 年创作这首诗歌，目的是纪念英国轻骑兵旅在克里米亚战争巴拉克拉瓦战役中表现出来的英雄气概，但他不仅仅是为了颂扬英勇顽强的六百英国轻骑兵，更是为了谴责战争中昏庸无能的指挥官，并为士兵们无谓的牺牲感到惋惜。胡适选择翻译该诗，其目的是号召民众推翻清王朝，颂扬视死如归的大无畏精神，借此表达他深深的爱国热情。以下是原诗和译诗第三小节的对照，胡适的译诗观由此可见一斑：

Cannon to right of them,	左右皆巨炮，
Cannon to left of them,	巨炮当吾前。
Cannon in front of them	炮声震天地，
Volley'd and thunder'd;	炸弹相蝉联。
Storm'd at with shot and shell,	男儿善磐控，
Boldly they rode and well,	驱驰入鬼谷。
Into the jaws of Death.	六百好男儿，
Into the mouth of Hell	偕来临地狱。
Rode the six hundred.	

　　原诗节为九行，韵式为 aaabccccb，其中一、二、三行和五、六、七、八行均为三个音节，由一个扬抑格和两个抑扬格构成，第四行和第九行均为两个音节，由一个扬抑格和一个扬抑抑格构成。且该诗节多次使用重复手段，读起来节奏分明，铿锵有力，极大地渲染了士兵们视死如归的恢宏气势。由于胡适选择翻译该诗时，其用意主要是为了强调原诗的意动功能，而非诗学功能，为达到该目的，他置原诗格律于不顾，以归化的方式译出，并根据汉语诗歌法则将译诗调整为整齐的八行五言古体形式，且按照汉诗"逢双必论"的原则安排韵脚，采用单行不押韵，双行押韵，但不是一韵到底，而是传统古体诗换韵的方式，表现出鲜明的中国传统古诗的特征。显然，胡适这种不求同形，但求"等效"（equivalent effect）（Nida，2004：159）的操纵方式属于美国翻译学家奈达（Eugene A. Nida）所说的"动态等值"（dynamic equivalence）或"功能等值"（functional equivalence）。不过，对于奈达这种结构主义等值观，翻译研究文化学派的学者们却并不认可。比如，斯奈尔－霍恩比（Mary Snell-Hornby）认为形变则意变，企图通过这种改变形式的方法去实现不同语言不同文化中的读者获得同等反应的愿望只是一种"幻想"（illusion）。（Snell-Hornby，1988：13）。

　　胡适译诗的第二阶段在其 1910 年至 1916 年留美学习期间，但译诗数量有限，不足 10 首，主要集中于 1914 年和 1915 年之间。这一时期，胡适接触了大量外国文学，视野逐渐开阔。1911 年，"对歌德、雪莱、海涅等人的诗歌有所涉猎……对外国文学产生了较为浓厚的兴趣"（陈金淦，1989：12），进而对文学本质问题进行了深入思考。1915 年 8 月 18 日，他在《论文学》一文中写道：

> 文学大别有二：一，有所为而为之；二，无所为而为之者……有所为而为之者，或以讽谕，或以规谏，或以感事，或以淑世……无所为而为之者，"情动于中，而行于言"。……更言之，则无所为而为之之文学，非真无所为也。其所为，文也，美感也。其有所为而为之者，美感之外，兼及济用。其专主济用而不足以兴起读者文美之感情者，如官样文章，律令契约之词，不足言文也。（胡适，1993：324）

此时的胡适已意识到自己以前所谓"不作无关世道之文字"，不过是"知其一不知其二之过也"。（胡适，1993：325）胡适这一诗学观念的转变在他的诗歌翻译上也得到充分反映。一方面，在诗歌题材选择上，他原来所表现出来的文学功利主义思想有所减弱，不再将文学纯粹看作社会批评的武器，诗歌主题变得多样化，人文哲思的主题得到更多的关注；另一方面，为了更好地传情达意，他的译诗也突破了中国传统诗歌五七言的典型形态，开始采用形式上更为自由的骚体，甚至采用文言散文译诗。这期间，译诗主要有《乐观主义》《哀希腊歌》《康可歌》《大梵天》和《墓门行》，其中《大梵天》采用的是文言散文，其余均是骚体。而在胡适翻译《哀希腊歌》之前，梁启超用曲牌体（1902）、马君武（1905）用七言、苏曼殊（1907）用五言已经分别节译或全译了拜伦的这首 The Isles of Greece，并已产生了深远的社会影响。但胡适坚持以骚体再译，并认为："梁译仅全诗十六章之二；君武所译多讹误，有全章尽失原意者；曼殊所译，似大谬之处尚少。而两家于诗中故实似皆不甚晓，故词旨幽晦，读者不能了然。"（胡适，2000a：95）表面上看，胡适是为传达"诗中故实"而重译，但在诗歌形式上，他已不再像以前那样只是在前人的译诗基础上稍作修改，而是完全改用不同的诗歌体式，并宣称"以骚体译说理之诗，殊不费气力而辞旨都畅达，他日当再试为之。今日之译稿，可谓为我开辟一译界新殖民地也"（胡适，2000a：95），而且"非骚体不能传达其呼故国而问之之精神也"（胡适，2000a：98）。以下分别是 The Isles of Greece 原文和胡适译文的第一节。

The isles of Greece, the isles of Greece! Where burning Sappho loved and sung, Where grew the arts of war and peace, Where Delos rose, and phoebus sprung! Eternal summer gilds them yet, But all, except their sun, is set.	嗟汝希腊之群岛兮， 实文教武术之所肇始。 诗媛沙浮尝咏歌于斯兮， 亦羲和、素娥之故里。 今惟长夏之骄阳兮， 纷灿烂其如初。 我徘徊以忧伤兮， 哀旧烈之无余！

The Isles of Greece 是英国诗人拜伦的长诗《唐璜》（Don Juan）中的一首诗歌，共有十六节，各节以空行间隔，每节六行，二四行缩进，格律整齐，每行八音节，四个音步，抑扬格，韵式为 ababcc。胡适的译诗除了在诗行分节方面对原诗有一定的体现之外，原诗的其他格律特征完全消失，且译诗虽然也分了小节，但与原诗的诗节安排并不一致，有时四行，有时六行，有时八行，显得很随意。在内容上，译诗也并不是很忠实于原诗，增添较为随意，比如"'我徘徊以忧伤兮'和'哀旧烈之无余'只能是诗人胡适的不是旁白的旁白了，不意却为慷慨激昂的原文另添了几分哀怨之情"。（王东风，2011：24）"胡适用的是骚体，那是用一种即便是在当时的中国诗坛上也已过时两千年的诗体。那不绝于耳的'兮兮'之声，仿佛是远古的呼唤，与原诗的那种现代气息相去甚远。"（王东风，2011：22）但胡适译诗从五七言古体到骚体的尝试却体现了他对诗歌形式与内容关系的思考以及对译诗形式有意识的转变，是他从传统古典诗体到现代白话诗体转变的过渡阶段。1914 年 9 月，胡适又尝试转变译诗的形式，以文言散文翻译爱默生的《大梵天》，这表明胡适在诗歌形式上的进一步追求，尝试逐步摆脱传统诗词规范的束缚。

胡适译诗的第三阶段在 1917 年以后，译诗主要包括《老洛伯》《关不住了！》《希望》和《奏乐的小孩》等。1918 年至 1919 年是胡适译诗生涯中最重要的里程碑，其译诗风格也因其诗学观念的转变而发生了根本性的变化。1917 年 1 月 1 日，身在美国的胡适在陈独秀主编的《新青年》2 卷 5 期上发表《文学改良刍议》一文，提出颠覆中国传统诗学观念的"文学改良八事"：

一曰，须言之有物。二曰，不摹仿古人。三曰，须讲求文法。四曰，不作无病之呻吟。五曰，务去烂调套语。六曰，不用典。七曰，不讲对仗。八曰，不避俗字俗语。（胡适，1917：26）

此后，胡适尝试将新的文学观念运用于创作实践，并于 1917 年 2 月在《新青年》2 卷 6 期发表白话诗词 8 首。对胡适的这些白话诗词，钱玄同在当年 7 月 2 日给胡适的信中批评"未能脱净文言案窠臼"且"还嫌太文",并指出白话填词无须字句一定,宜"长短任意"(胡适,1984:148)。不久胡适回国,也产生同样认识,并将这一思想转变过程记录在后来出版的《尝试集》自序中:

> 我在美洲做的《尝试集》,实在不过是能勉强实行了《文学改良刍议》里面的八个条件;实在不过是一些刷洗过的旧诗!这些诗的大缺点就是仍旧用五言七言的句法。句法太整齐了,就不合语言的自然,不能不有截长补短的毛病,不能不时时牺牲白话的字和白话的文法,来迁就五七言的句法。音节一层,也受很大影响:第一,整齐划一的音节没有变化,实在无味;第二,没有自然的音节,不能跟着诗料随时变化。因此,我到北京所做的诗,认定一个主义:若要做真正的白话诗,若要充分采用白话的字,白话的文法,和白话的自然音节,非做长短不一的白话诗不可"。(胡适,1984:149)

1918 年 4 月,他不满于自己之前的"改良",又在《新青年》4 卷 4 期上发表《建设的文学革命论》,将"八事"改为"八不":

> 一、不做"言之无物"的文字。二、不做"无病呻吟"的文字。三、不用典。四、不用套语烂调。五、不重对偶,文须废骈,诗须废律。六、不做不合文法的文字。七、不摹仿古人。八、不避俗话俗字。(胡适,1918a:6)

在《建设的文学革命论》中,胡适力倡打破诗歌格律,明确提出:"文须废骈,诗须废律",以追求诗歌形式上最大限度的"自由",并宣称"死文字决不能产出活文学。中国若想有活文学,必须用白话,必须用国语,必须做国语的文学"。(胡适,1918a:290)胡适由"八事"改为"八不",由"改良"变为"革命",显示了他对于中国传统诗学由脱离直至反对的过程。该文很快产生了重大反响,成为五四文学革命正式开始的标志。《新青年》同时也进行革新,全面改用白话,采用西式标点。就在同期的《新青年》4 卷 4 期上,胡适发表了译自苏格兰女诗人林德塞(Anne Lindsay)的《老洛伯》(Auld Robin Gray),开创了白话译诗的先例。以下是原诗的前两节和胡适相应的译文:

When the sheep are in the fauld, and the kye at hame, And a' the world to rest are gane, The waes o' my heart fa' in showers frae my e'e, While my gudeman lies sound by me.	羊儿在栏，牛儿在家， 静悄悄地黑夜， 我的好人儿早在我身边睡了， 我的心头冤苦，都迸作泪如雨下。
Young Jamie lo'ed me weel, and sought me for his bride; But saving a croun he had naething else beside: To make the croun a pund, young Jamie gaed to sea; And the croun and the pund were baith for me.	我的吉梅他爱我，要我嫁他。 他那时只有一块银圆，别无什么； 他为了我渡海去做活， 要把银子变成金，好回来娶我。

原诗共九节，每节四行，韵式双行随韵，为 aabb ccbb ddbb……由于音步是英语诗歌的节奏单位，重音就是节奏点，英语诗歌中诗行音步的计算必须是使用重音来计时（stress-timed）。比如，诗行首音轻音缺失或尾音轻音缺失时，该诗行的首个重音或最末的重音都各自仍占一拍（beat），按完整音步计算，所缺轻音就像歌谱中的休止符，标记着暂时的停顿，这样的音步称为"不完整音步"（cactalectic foot）。诗行中每个音步的格律都相同，则为完整音步（act-alectic foot）。另外，在格律诗歌中，有时会在主体节奏模式中出现"突发性节奏"现象，即霍普金斯（Gerard Manley Hopkins）所谓"弹性节奏"（sprung rhythm），就是指诗行中有些音步里的轻、重读音节的数量和位置分布不符合主体音步原型的要求，音节数可多可少，但每个音步中，只能有一个重读音节，而且总被前置于每个音步的开头。计算韵律时，也只计算重读音节，不考虑轻读音节的数目。主体音步都是由一重一轻两个音节构成，但有时一个重音后连跟两个轻音，对于这样的三音节组合，也只按一拍来计算，算一个音步。表面上看，这样的节奏分布得并不均衡，却能通过停顿和重音得以补偿（Whitehall，1973：38）。这首英文原诗便具有这种节奏特点，音步数相同的诗行，音节数也可能不同。总体说来，该诗以抑扬格为主体，每行四至六音步，前两个诗节的诗行音步数依次为 6/4/6/4，6/5/6/5。

胡适的译诗完全摆脱了五七言古体诗的束缚。语言不再使用文言而是白话，译诗也作九节，基本上保持了原诗的每节 4 行的结构，但第六、九两节却又每节五行，韵式为 abca addd acaa……既不同于原诗，也没有承袭中国古典诗体的韵式，每行字数长短不一，诗行参差，每行大体由几个"音组"组合而成。但由于汉语白话中每个汉字就是一个音节，而且汉语白话中的"音组"并没有严格的定义，诗行里的音组有时由两个音节构成，有时三个音节，有时又是四个音节，颇为随性，其长短没有限定，同样的诗行，以不同的音组习惯来读，就会有不同的音尺数，比如第 1 节的末行也可按"我的/心头/冤苦，/都/迸作/泪如/雨下"分为 7 个音组，也可以按"我的/心头冤苦，/都迸作/

泪如雨下"分为 4 个音组。这样的译诗里，音节主要随词义和自然语气而定，体现了胡适所追求的"长短不一""自然的音节"。原诗由轻重音构成的抑扬格在译诗中也没有体现。显然，将胡适的译诗与原诗对照来看，译诗在语义上基本忠实于原诗，用词直白通俗，完全是一首地道的白话口语译诗，但形式自由，节奏没有规律，并未反映原诗的格律特点。从诗学的角度来看，这首译诗并没有将原诗本身所具有的诗学功能成功再现出来。在中国读者眼里，《老洛伯》之前的胡适的文言译诗其实是胡适借原文的内容而作的中国五七言古体诗或是骚体诗。虽然那种归化的翻译方法表现出译者对原文诗学形态的不尊重，但起码对诗学和中国的诗学传统还有一点尊重，读起来还是诗。

事实上，对于胡适所提出的白话入诗的诗学理念，并不是所有文人学者都表示赞同。有人当时就提出，"白话文用在其他任何部门都很合适，就是不能'用之于诗'"。（欧阳哲生，1998：316）而胡适之所以选择 Auld Robin Gray 来翻译，其实并非盲目，一个重要的原因就是想借助西方诗歌来证明白话入诗的可能性。在该诗的译序中，胡适曾明确指出了翻译该诗的理由：

此诗向推为世界情诗之最哀者，全篇作村妇口气，语语率真，此当日之白话也。……其时文学革命之发端，乃起于北方之苏格兰。苏格兰之语言文学与英文小异。十八世纪中叶以后，苏格兰之诗人多以其地方言作为诗歌。夫人此诗，亦其一也。同时有该代诗人 Robert Burns（1759—1796）亦以苏格兰白话作诗歌，于一七八六年刊行。第一集其诗集出世之后，风靡全国。后数年，英国诗人 Wordsworth 与 Coleridge 亦倡文学革命论于英伦，一七八九年，（即法国大革命之年）此两人合其所作新体诗为一集，曰 *Lyrical Ballads*，匿名刊行之。其自序言集中诸作志在实地试验国人日用之俗语是否可以入诗。其不列作者姓名者，欲人就诗论诗，不为个人爱憎所囿也。自此以后，英国文风渐变，至十九世纪初叶以还，古典文学遂成往迹矣。推原文学之成功，实苏格兰之白话文学有以促进之也。吾既译此诗，追念及此，遂附论之以为序。（胡适，1918b：40）

显然，作为胡适白话译诗最初尝试的《老洛伯》，虽然完成了其译诗由旧体诗到白话新诗的转变，摆脱了旧体诗的束缚，打破了传统的平仄、音韵以及音节、诗行的限制，但传统标准的诗味已然尽失。这种翻译方法既不是归化也不是异化，既没有表现出对原文诗学形态的尊重，也没有表现出对中国诗学传统的尊重。倒是无论从选材还是翻译方法来看，译诗都表现出他对诗学理念的充分尊重，从抒情题材、白话表达到无韵无格，都完全符合他文学革命的主张。

1919 年 3 月《新青年》6 卷 3 期上，胡适再次发表题名为"关不住了！"的白话译诗，译自美国意象派诗人蒂斯代尔（Sara Teasdale）的诗歌 Over the

Roofs。胡适（2000b：182）将这首译诗称为"我的'新诗'成立的纪元"。以下是原诗和胡适的译诗：

I said, "I have shut my heart, 　　As one shuts an open door, That Love may starve therein 　　And trouble me no more."	我说，"我把心收起， 　　像人家把门关了， 叫'爱情'生生的饿死， 　　也许不再和我为难了。"
But over the roofs there came 　　The wet new wind of May, And a tune blew up from the curb 　　Where the street-pianos play.	但是屋顶上吹来 　　一阵阵五月的湿风， 更有那街心琴调 　　一阵阵的吹到房中。
My room was white with the sun 　　And Love cried out in me, "I am strong, I will break your heart 　　Unless you set me free."	一屋里都是太阳光， 　　这时候爱情有点醉了， 他说，"我是关不住的， 　　我要把你的心打碎了！"

原诗共三节，每节四行，偶句第一个单词后退一个词书写，主体为抑扬格，每行六至八个音节。尽管每行的音节数并不完全一致，但根据英诗韵律学，虽然有些诗行的第一个"抑音"缺失，即所谓的"首音缺失"（head-less），但这个缺失的"抑音"还是可以与后面的"扬音"一起构成完整的音步。因此，全诗的音步其实还是有规律的，三个小节的音步数依次为4/3/4/3，4/3/4/3，4/3/4/3，韵式方面则是单行不押韵，双行押韵，是英语格律诗中四行诗（quatrain）的常用韵式，但每小节所押的韵并不相同。胡适的译诗保持了原诗的排列形式，总共也是三节，每节四行，改变了以前译诗虽分节但诗行长短无定的随意性。译诗也是偶句退后一个词书写。每行大体还是如《老洛伯》那样继续保持"自然的音节"，由几个自然"音组"组合构成，"顺着诗意的自然曲折，自然轻重，自然高下"，没有规律性的节奏营构，内在的节奏与原诗明显不同。

在韵式方面，译诗的一个突出特点是"了"字韵的使用，该韵的特点是"了"字前的字押韵，即"关"和"难"，"醉"和"碎"押韵，到了该诗再版时，胡适将第二节又改为"但是五月的湿风/时时从屋顶上吹来/还有那街心的琴调/一阵阵的飞来"。卞之琳对此曾评论说："胡适当时就在白话诗行中试用了阴韵'碎了'协'醉了'，'难了'协'关了'，'飞来'协'吹来'，也可以说开一个纪元。后来，直至今日，只有陆志韦、闻一多等少数人了解过这个道理并也试用过。"（卞之琳，1988：13）英诗中有一种韵式叫作"阴韵"（feminine rhyme），即一般押韵押在两个音节上，后一音节为非重读音节，也叫双韵（double rhyme），三个或三个以上的音节押韵也叫阴韵。不过，这首原诗中其实并没有阴韵韵式。可见，胡适译诗中的这个阴韵既不是原诗的特征，也不是中国传统诗歌的押韵方式，而是他自己根据汉语中"了""来"一类虚词不能单独与实字押韵，而只能与实字相连形成押韵的特点而开创出来的。而且，这种韵式后来并没有得到广泛认可和流传。对照原诗，我们看到，胡适的译诗，其忠实原文的地方，除了内容，主要都是不存在翻译困难的地方，如分行、分节、标点，而不忠实原文的地方则集中在诗体方面，如韵式和音步。从诗学角度来看，胡适这种自由化的、无视原诗格律的译诗方法，与他之前的《老洛伯》如出一辙，译诗表现出来的正是胡适十分自觉的新的诗学理念意识。正是在翻译这首英文诗的同年，即 1919 年 10 月，胡适在《星期评论》双十纪念号上发表了著名的《谈新诗：八年来一件大事》一文，提出了"诗体大解放"，对这种在诗歌形式上越来越放纵的诗学理念做了进一步阐释：

> 这一次中国文学的革命运动，也是先要求语言文字和文体的解放。新文学的语言是白话的，新文学的文体是自由的，是不拘格律的。初看起来，这都是"文的形式"一方面的问题，算不得重要。却不知道形式和内容有密切的关系。形式上的束缚，使精神不能自由发展，使良好的内容不能充分表现。若想有一种新内容和新精神，不能不先打破那些束缚精神的枷锁镣铐。因此，中国今年的新诗运动可算得是一种"诗体的大解放"……五七言八句的律诗决不能容丰富的材料，二十八字的绝句决不能写精密的观察，长短一定的七言五言决不能委婉达出高深的理想与复杂的感情。（胡适，1919a：1）

而关于"自然的音节"，胡适在这篇文中也做了详细的论述：

> 自然的音节是不易解说明白的……新体诗句子的长短，是无定的；就是句里的节奏，也是依着意义的自然区分与文法的自然区分来分析的。白话里的多音字比文言多得多，并且不止两个字的联合，故往往有三个字为一节，或四五个字为一节的。（胡适，1919a：3）

这篇文章是在新文学运动开展的关键时期发表的，后来被朱自清称为创作新诗的"金科玉律"。在这篇文章中，胡适再次倡导语言文字和文体的解放，强调了诗歌形式与内容的密切关系，认为只有"打破那些束缚精神的枷锁镣铐"，才能以新的形式表达"新内容和新精神"。可见，这首译诗实际上正是胡适自觉实验他个人诗学理念尤其是新诗体形式的场所，他借助译诗摆脱了旧诗词的语汇和节奏模式，彻底打破了中国传统旧体诗的格律和音韵的束缚，译诗的节奏正是建立在"意义的自然区分与文法的自然区分"的基础上从而使得诗句长短不一，实现了"诗体大解放"。正因为这首译诗比他之前所创作的新诗更符合他的新诗理论主张，所以胡适以这首译诗来宣告"新诗"成立的纪元。由此，我们完全有理由猜测：胡适其实希望借助翻译的力量来支持自己的诗学理念，让不能直接阅读英文原文的读者以为西方的诗歌就是这个形态，从而实现自己的诗学目标。

在新诗理念的指导下，胡适又推出了不同形式的自由译诗，比如 1919 年 4 月 15 日在《新青年》6 卷 4 期上发表的根据菲茨杰拉德英文转译的波斯诗人伽亚谟的诗集 *Rubaiyat* 中的短诗：

Ah Love，could you and I with Him conspire To grasp this sorry Scheme of Thing sentire， Would not we shatter it to bits-and then Remould it nearer to the Heart's Desire！	要是天公换了卿和我， 该把这糊涂世界一齐都打破， 再磨再炼再调和， 好依着你我的安排，把世界重新造过！

1919 年 2 月 28 日，胡适又推出他所译的 *Rubaiyat* 诗集中的另一首诗歌：

Come，fill the Cup，and in the fire of Spring Your Winter-garment of repentance fling： The Bird of Time has but a little way To flutter—and the Bird is on the Wing.	来！斟满了这一杯！ 让春天的火焰烧了你冬天的忏悔！ 青春有限，飞去不飞回—— 痛饮莫迟挨！

这两首原诗均选自 11 世纪波斯诗人伽亚谟的诗集 *Rubaiyat*。Rubaiyat 一词是 Rubai 的复数。Rubai，这种诗体在古代波斯被称为"塔兰涅"（Taraneh），意即"绝句"。一般每首四行，第一、二、四行押韵，第三行大抵不押韵，和我国的绝句相类似，内容多感慨人生如寄、盛衰无常，饱含深刻哲理。伽亚谟的诗集 *Rubaiyat* 在几个世纪之中几乎被人们遗忘了，直到 19 世纪被英国诗人菲茨杰拉德译成了英文，于 1859 年出版。诗集共一百零一首，四百零四行，每首诗歌都没有题名，只是以数字为序。菲茨杰拉德的译诗保留了原诗的韵律形式，他的四行诗译本使得波斯的这位伊壁鸠鲁式的诗人的诗句重新绽放光彩，并很快成为英国文学的经典。通过胡适所译的诗集 *Rubaiyat* 中的第 73 首诗歌，中国读者第一次了解到伽亚谟的诗歌，胡适后来将该译诗收入自己的诗集，并给它加上题目"希望"。胡适所译的原诗都是格律整齐的四行诗，抑扬

格，每行十个音节，五个音步，韵式为 aaba。胡适的第一首译诗在形式方面，基本没有再现原诗的格律特点，译诗诗行之间的音节数相差很大，音组数相差也很大，诗行因此显得参差不齐，长短不一，只有韵式与原诗基本一致。译诗在内容方面相对于原诗也有较大的发挥，采取的是意译的翻译方法。第二首译诗在形式方面完全找不到原诗的影子了，诗行也变成五行，韵式也变成 abbba，译诗内容与原诗相差甚远，语义上的增删比较随性，其中 The Bird of Time 直接被译成了青春，诗行也被译为"青春有限，飞去不飞回——痛饮莫迟挨!"原诗中所蕴含的丰富哲理被简单又直白地表达出来，诗味尽失。若不说这是译诗，恐怕无法让人能将译诗与原诗联系起来。这两首译诗明显地延续了胡适之前《老洛伯》和《关不住了!》的译诗风格，践行了自己"语言是白话的"且形式上"不拘规律、不拘平仄，不拘长短"的新诗诗学主张。对于这两首译诗，胡适自己是相当满意的，后来还把它作为自己新诗理念的代表性作品与《老洛伯》和《关不住了!》一道，收录进《尝试集》当中。徐志摩在 1924 年 11 月 7 日的《晨报副刊》上曾指出，"胡适之《尝试集》里有裁默的第七十三首的译文，那是他最得意的一首译诗，也是在他诗里最'脍炙人口'的一首"。（徐志摩，1988：34）不过，毕竟这是诗歌翻译而不是诗歌创造，胡适这首最得意的译诗还是因其不当之处引起了争议。闻一多曾评价说："胡适虽过于自由，毫无依傍原文，然而精神尚在。"（闻一多，1923）成仿吾则不留情面地指出："一多说胡适之的《希望》精神尚在，我却不以为然。胡译不仅与原文相左，而裁默的一贯的情调，用'炸弹干! 干! 干!'一派的口气，炸得粉碎了。"（闻一多，1923）至于成仿吾语句中带引号处，乃引自胡适诗《四烈士冢上的没字碑歌冢》中的句子："他们的武器：炸弹! 炸弹! 他们的精神：干! 干! 干!"（胡适，1999：98）此诗几节中皆以同样的两行结束。对于胡适的译诗，1925 年 8 月 29 日徐志摩在《现代评论》2 卷 38 期的《一个译诗问题》文章中直白地指出："例如适之那首裁默，未始不可上口，但那是胡适。不是裁默。"（徐志摩，1925a：15）朱湘在谈到胡适《尝试集》初版和再版中的译诗时则说："这两篇里收入了几首译诗，但它们不单没有什么出色的地方，可以与西方文学中有创造性的译诗相提并论，并且《老洛伯》一首当中，还有两处大的谬误。"（朱湘，2000：108）

此后，胡适在 1919 年 11 月 11 日《新青年》6 卷 6 期又发表了译自英国诗人多布森（Austin Dobsin）的《奏乐的小孩》（The Child Musician）。1924 年，在《语丝》上发表他节译的多恩（John Donne）的《别离》（Absence），1926 年在《现代评论》杂志第一年纪念增刊号发表"译诗三首"：罗伯特·勃朗宁（Robert Browning）的《清晨的别离》 （Parting at Morning），哈代（Thomas Hardy）的《月光里》（In the Moonlight）和雪莱（Percy Shelley）的

《译薛莱的小诗》（Music，When Soft Voices Die）。同时，他还通过英文转译了德国诗人歌德、法国诗人亨利·米超（Henry Michaux）的诗歌。这些译诗仍然延续他白话译诗的风格，既无视原诗格律，又摒弃了汉语古诗词的平仄和押韵，采用近乎说话的"自然的音节"，呈现出一种"非诗化"或称散体化的倾向。

　　而从胡适五四时期的白话译诗，我们不难发现这样一个事实，即虽然他在《建设的文学革命论》中提出"西洋的文学方法，比我们的文学，实在完备得多，高明得多，不可不取例"（胡适，1918：16），也提出了学习的办法，"我们如果真要研究文学的方法，不可不赶紧翻译西洋的文学名著，做我们的模范"（胡适，1918：16），但实际上，胡适的译诗表现出来的却不是西方诗歌的诗学形态，所呈现出来完全是他自己诗学主张指导下的诗学形态。

　　综上，我们看到，五四时期胡适的诗歌翻译无论在思想主题、语言形式还是诗体形态上的表现，都与他的诗学主张紧密相关。可以说，胡适的译诗是译者极具个性化的诗学操纵的结果，只不过他"把本用来要求新诗创作的'诗须废律'用到了翻译之上，这显然是混淆了作诗和译诗的差异"。（王东风，2015：232）因为胡适在新文学运动中领军人物的身份，其译诗理念也备受推崇，这种把西方格律诗译成自由诗的做法很快成为当时的普遍现象。

4.1.2　郭沫若："形式方面我主张绝端的自由"

　　郭沫若（1892—1978）是当年创造社的领军人物，他一生除了创作了大量的文学作品，还积极开展文学翻译，译介了德、英、法、美、俄、日、印度、波斯等国几十位作家的作品，其中诗歌翻译作品多达230余首。早在1917年和1918年，郭沫若就分别翻译了《泰戈尔诗选》和《海涅诗选》，其主要的诗歌翻译作品集包括1924年1月出版的《鲁拜集》，收入波斯诗人莪默·伽亚谟的译诗101首，1926年3月出版的《雪莱诗选》，收入雪莱的译诗8首，1927年10月出版的《德国诗选》（与成仿吾合译），收入歌德（Johann Wolfgang von Goethe）、海涅（Harry Heine）、席勒（Johann Christoph Friedrich von Schiller）的译诗15首以及1928年出版的《沫若译诗集》。郭沫若五四时期的诗歌翻译活动主要集中在1922年至1927年这段时间。

　　郭沫若自小就读于私塾，深受中国传统文化熏陶，曾在《序我的诗》中回忆自己年少时的诗学观主要受晚唐司空图的《二十四诗品》的影响。而在《二十四诗品》中，浪漫主义文学富于推崇，或许也为郭沫若后来的浪漫主义文风埋下了种子。郭沫若1913年赴日留学，其时正值日本经过明治维新后的大正时期，各种欧美文学大量涌入日本，使得郭沫若有机会接触到西方文学。郭沫若在1932年的回忆录《创造十年》中曾说：

"我的短短的做诗的经过，本有三四段的变化。第一段是太戈尔式，第一段时期在'五四'以前，做的诗是崇尚清淡、简短，所留下的成绩极少。第二段是惠特曼式，这一时期正在'五四'高潮中，做的诗崇高豪放、粗暴，要算是我最可纪念的一段时期。第三段便是歌德式了，不知怎的把第二期的热情失掉了，而成为了韵文的游戏者。我开始做诗剧便是受了歌德的影响。"

1913 年，泰戈尔成为亚洲第一位获得诺贝尔文学奖的作家，其作品在日本日益风行。虽然泰戈尔的孟加拉语诗作一般都是韵律诗，但当他将自己的诗作译成英文之后，诗歌的风格已大大不同于其孟加拉文原创诗歌了，变成了无韵无格的自由诗。1915 年，当郭沫若读到泰戈尔（郭沫若当时译为太戈尔）英译作品后，便对泰戈尔产生了浓厚的兴趣，尤其是泰戈尔诗歌形式自由但诗风内涵丰富，对郭沫若传统的诗学理念形成强烈冲击。据郭沫若在《创造十年》中回忆：

我把来展读时，分外感受着清新而恬淡的风味，和向来所读过的英诗不同，和中国的旧诗之崇尚格律雕琢的也大有区别。从此我便成为了太戈尔的崇拜者。凡是他早期的诗集和戏剧我差不多都是读过的。我在冈山时便也学过他，用英文做些无韵律的诗。（郭沫若，2011：56）

郭沫若不仅模仿泰戈尔用英文创作"无韵诗"，他还开始由英文翻译泰戈尔的诗作。1917 年 8 月他对泰戈尔的三部英译诗集 The Crescent Moon，The Gardener 和 Gitanjali：Song Offerings 进行选译，以英汉对照并加解释的方式编辑了一本《太戈尔诗选》，并联系商务印书馆和中华书局这两家国内大书店要求出版，无奈遭到拒绝，未能出版。

1919 年，国内五四运动爆发。当时正在日本留学的郭沫若偶然接触到惠特曼的诗集 Leaves of Grass 后，为之折服，"惠特曼的那种把一切的旧套摆脱干净了的诗风和五四时代的狂飙突进的精神十分合拍，我是彻底地为他那雄浑的豪放的宏朗的调子所动荡了"。从此，郭沫若的诗风受到了惠特曼深远的影响，进一步形成了强调抒情，注重诗歌内在神韵而轻视诗歌形式的诗学观念。在这样的诗学观念指导下，1919 年至 1921 年，郭沫若创作了大量形式自由、热情奔放的抒情新诗，并于 1921 年结成诗集《女神》出版。1919 年 12 月 3 日，郭沫若在《时事新报·学灯》上发表了译自惠特曼的诗歌《从那滚滚大洋的群众里》。在《时事新报·学灯》1920 年 2 月 1 日致宗白华的信中，郭沫若说：

　　我想我们的诗只要是我们心中的诗意诗境底纯真的表现，命泉中流出来的 Strain，心琴上弹出来的 Melody，生底颤动，灵底喊叫，那便是真诗，好诗，便是我们人类底欢乐底源泉，陶醉底美酿，慰安底天国。……诗不是'做'出来的，只是'写'出来的。（郭沫若，1920a）

　　1920 年 2 月 24 日，在《时事新报·学灯》的致宗白华的信中，他直截了当地宣称了自己对诗歌形式的态度：

　　我也是最厌恶形式的人，……我自己对于诗的直感，总觉得以'自然流露'的为上乘。……诗的本职专在抒情。抒情的文字便不采诗形，也不失其诗。例如近代的自由诗，散文诗，都是些抒情的散文。自由诗散文诗的建设也正是近代诗人不愿受一切的束缚，破除一切已成的形式，而专抒诗的神髓以便于其自然流露的一种表示……他人已成的形式只是自己的监狱，形式方面我主张绝端的自由，绝端的自主。（郭沫若，1920b）

　　正是基于这样的诗学观点，他提出了"风韵译"的诗歌翻译观。在 1922 年 6 月 24《创造季刊》1 卷 2 期上的《批判意门湖译本及其他》一文中，他明确指出：

　　我始终相信，译诗于直译、意译之外，还有一种风韵译。字面，意义，风韵三者均能兼顾，自是上乘，即使字义有失而风韵能传，尚不失为佳品。若是纯粹的直译死译，那只好摒诸艺坛之外了。（郭沫若，1922b：178）

　　1923 年 2 月 10 日的《创造季刊》1 卷 4 期的"雪莱纪念号"中，郭沫若出于对 19 世纪英国著名浪漫主义诗人雪莱的热爱，除了发表了资料翔实的《雪莱年谱》之外，还翻译了雪莱的 7 首抒情诗，包括《西风歌》（Ode to the West Wind）、《欢乐的精灵》（Song: Rarely, Rarely, Comest Thou）、《拿坡里湾畔书怀》（Stanzas, Written in Dejection, Near Naples）、《招"不幸"辞》（Invocation to Misery）、《转徙》（Mutability）、《死》（Death）、《云鸟曲》（To a skylark）。以下为郭沫若译诗《西风歌》及雪莱原诗的第一章。

O wild West Wind, thou breath of Autumn's being,	哦，不羁的西风呦，你秋神之呼吸，
Thou, from whose unseen presence the leaves dead,	你虽不可见，败叶为你吹飞，
Are driven, like ghosts from an enchanter fleeing,	好像魍魉之群在诅咒之前逃遁，
Yellow, and black, and pale, and hectic red,	黄者、黑者、苍白者、惨红者
Pestilence-stricken multitudes; O Thou,	无数病残者之大群：哦，你，
Who chariotest to their dark wintry bed.	你又催送一切的翅果速去安眠，
The winged seeds, where they lie cold and low,	冷冷沉沉的去睡在他们黑暗的冬床，
Each like a corpse within its grave, until	如像——死尸睡在墓中一样，
Thine azure sister of the Spring shall blow	直等到你阳春的青妹来时，
Her clarion o'er the dreaming earth, and fill	一片笙歌吹遍梦中的大地，
(Driving sweet buds like flocks to feed in air)	吹放叶蕾花蕊如像就草的绵羊，
With living hues and odours plain and hill:	在山野之中弥漫着活色生香：
Wild Spring, which art moving everywhere;	不羁的精灵呦，你是周流八垠；
Destroyer and Preserver; hear, O hear!	你破坏而兼保护者，你听哟，你听！

　　雪莱的 Ode to the West Wind 是诗人雪莱在漫步树林时受到狂风暴雨的感染创作而成。全诗共五章，每一章由十四行构成，前三个诗节每节三行，采用但丁在《神曲》（*Divine Comedy*）里使用的"三行体"（terza rima）格律，即每节的第二行与下一节的第一、三行押韵，韵律三行一回旋，最后一个诗节为一个两行的对句，构成一种独具特色的十四行诗体，韵式是 aba bcb cdc ded ee。五章诗句韵式重复呼应，构成回环，每行基本十个音节，为五音步抑扬格，格律谨严而不失自然，句式整齐而富于变化，轻重音节交替使用，几乎每个音节都担负着建构诗歌音乐性的功能，表现出强烈的旋律感和节奏感。全诗意象鲜明，形象生动兼以新奇、丰富的想象，体现出诗人澎湃的激情和西风狂放的气势。整个诗篇读起来跌宕起伏，铿锵有力，层层推进，荡气回肠，如西风浩荡，一泻千里。郭沫若在翻译该诗时首先对原诗做了简介，在《西风歌·译者前记》中写道：

　　此诗作家作于一八一九年（二十七岁）之秋，时寄居意大利，在 Florence 的 Arno 林畔，一日暴风骤起，瞬即雷电交加，雨雹齐下。诗人即感受大自然的灵动而成此杰作。原诗音调极其雄厚，犹如暴风驰骋，有但丁之遗风。（郭沫若，1923c：237）

　　郭沫若的译诗充满激情，意象上基本采用直译的方式来处理，使得原文中一系列意象基本都在译诗中得以生动准确的体现。译诗语言上使用白话，语义基本与原诗保持一致，但个别诗句因语义连贯的需要做了前后调整，如第六、七行。在建行上，译诗虽保留了原诗十四行的诗句形式，但节奏韵式杂乱无章，每行音组的停顿没有规律可循，音组的构成忽长忽短，1~4个字构成的音组不规律地出现在诗行中，译诗第一章的诗行音组数依次为6/5/7，4/5/6，6/5/5，5/6/5，5/7，完全没有体现原诗三行体回环的韵式。总的说来，尽管译诗具有鲜明的意象美，这也是原诗的一个突出诗学特征，但原诗的节奏音韵都在译诗中丧失殆尽，译诗所呈现的美，不是诗的美，而是散文的美，更不是原诗的诗学美。

　　显然，这种无韵无格、自由奔放的长短句形式的译诗正是郭沫若个人诗学观念操纵的结果。1921年1月15日，刊登在《时事新报·学灯》的致李石岑的信中，郭沫若就强调：

　　诗之精神在其内在的韵律（Intrinsic Rhythm），内在的韵律（或曰无形律）并不是甚么平上去入，高下抑扬，强弱长短，宫商徵羽；也并不是甚么双声叠韵，甚么押在句中的韵文！这些都是外在的韵律或有形律（Extraneous Rhythm）。内在的韵律便是'情绪的自然消涨'……内在律诉诸心而不诉诸耳。（郭沫若，1921）

　　在1922年的《〈少年维特之烦恼〉序引》中，郭沫若尤其主张突破传统音韵而追求诗的抒情本质：

　　拘于因袭之见的人，每每以为"无韵者为文，有韵者为诗"，而所谓韵又几乎限于脚韵。这种皮相之见，不识何以竟能深入人心而牢不可拔。最近国人论诗，犹有就兢于有韵无韵之争而诋散文诗之名为悖理者，真可算是出人意外。不知诗的本质，不在乎脚韵的有无。有脚韵者可以为诗，而有脚韵者不必都是诗。告示符咒，也有脚韵，但我们不能说它是诗。诗可以有韵，而诗不必一定有韵。（郭沫若，1922a：128）

　　在1926年3月《创造月刊》1卷1期上所发表的《论节奏》一文中，郭沫若甚至说：

　　我相信有裸体的诗，便是不借重于音乐的韵语，而直抒情绪中的观念之推移，这便是所谓散文诗，所谓自由诗。这儿虽没有一定的外形的韵律，但在自体是有节奏的……诗自己的节奏可以说是情调，外形的韵语可以说是声调。具有声调的不必一定是诗，但我们可以说，没有情调的便决不是诗。（郭沫若，1926：13）

郭沫若（1990：16）将诗用公式来表示，即"诗＝（直觉＋情调＋想象）＋（适当的文字）"。显然，诗歌形式完全不在他的考虑范围之内。1921年6月14日，在致郑振铎的书信中，郭沫若明确提出"翻译须寓有创作的精神"。在《批判意门湖译本及其他》一文中，郭沫若还说道：

我们相信译诗的手腕决不是在替别人翻字典，决不是如像电报局生在替别人翻电文。诗的生命在他内含的一种音乐的精神……翻译歌谣及格律严峻之作，也只是随随便便地直译一番，这不是艺术家的译品，只是语言学家的解释了。"（郭沫若，1922b：172）

由此可见，郭沫若所说的诗的内在韵律其实就是诗的"情绪律动"，或称诗的"情绪节奏"。而诗的外在韵律，则是诗的语言声音上的韵律。郭沫若在译诗中有意不采用韵脚，为的是全力体现原诗诗歌情绪的消长及其自然而成的"内在的韵律"。为了达到这一目标，他甚至把诗歌翻译当作诗歌创作了。事实上，翻译雪莱的这7首抒情诗之前的《雪莱的诗》小序时，郭沫若的态度非常明晰："译诗不是鹦鹉学话，不是沐猴而冠……他的诗便如像我自己的诗，译他的诗，便如像我自己在创作的一样。"（郭沫若，1923a：194）1923年4月12日，在《创造季刊》2卷1期的《讨论注译运动及其他》一文中，郭沫若再次对译诗发表了看法：

理想的翻译对于原文的字句，对于原文的意义自然不许走转，而对于原文的气韵尤其不许走转。原文中的字句应该应有尽有，然不必逐字逐句的呆译，或先或后，或综或析，在不损及意义的范围以内，为气韵起见可以自由移易。（郭沫若，1923c：238）

显然，郭沫若与胡适一样，混淆了作诗和译诗的差异。

不过，在"雪莱纪念号"上郭沫若所翻译的7篇译诗中，《西风歌》《欢乐的精灵》《拿坡里湾畔书怀》和《死》采用的是白话自由体，《云鸟曲》和《转徙》采用的是五言古体，而《招"不幸"辞》用的却是骚体。以下是雪莱To a sky-lark和郭沫若译诗《云鸟曲》的前两节。

Hail to thee, blithe spirit!	欢乐之灵乎！
Bird thou never wert—	汝非禽羽族，
That from heaven or near it	远自天之郊，
Pourest thy full heart	倾泻汝胸膈，
In profuse strains of unpremeditated art.	涓涓如流泉， 毫不费思索。
Higher still and higher	高飞复高飞，
From the earth thou springest,	汝自地飞上；
Like a cloud of fire,	宛如一火云，
The blue deep thou wingest,	振翮泛寥苍，
And singing still dost soar, and soaring ever singest.	歌唱以翱翔， 翱翔复歌唱。

　　原诗形式工整，共二十一节，每节五行，每节均由四短一长的五个诗行构成。前四行为三步扬抑格（trochaic trimeter），第五行为六步抑扬格（iambic hexameter），韵式为 ababb。诗中还大量运用各种音韵手法，如头韵（alliteration），比如第二小节第五行中的 singing、still、soar、soaring、singest；元音叠韵（assonance），比如第二小节第三行中的 like 和 fire；重复押韵（repetition），比如第二小节第一行中的 higher、higher 等，使得整首诗歌读起来轻快跳跃，又极富节奏感。

　　译诗语言上使用的是浅近文言，语义基本与原诗保持一致，前四行基本与原诗前四行语义对应，第五、六行与原诗第五行基本语义对应，意象上大多采用直译，基本保留了原文的生动意象。诗歌形式上是韵式自由的五言体，每节由原诗的五行变成了每节六行。

　　显然，郭沫若的这首译诗同样没有再现原诗的核心诗学元素——节奏和韵律，使用的是中国传统的五言古体诗形式。在中国诗歌文化中，古体诗与近体诗是相对而言的两种诗体，所谓近体诗又称今体诗、格律诗，是指初唐之后的一种讲究平仄、对仗和押韵的汉族诗歌体裁。古体诗则是在近体诗形成前，除楚辞之外的各种诗歌体裁，其格律自由，不拘对仗、不讲平仄，押韵较宽，篇幅长短不限，句子有四言、五言、六言、七言体和杂言体。五言诗是在最早的四言诗基础上发展而来的，是在四言的基础上每句增加一个字，在句子的节奏上增加了一拍而形成，其奇偶相配的节奏在诗中交错运用，使得诗句更具节奏感和音乐美。另外，相对于四言来说，可以容纳更多的词汇，从而扩展了诗歌的容量，成为古典诗歌的主要形式之一。由于郭沫若的译诗使用的正是典型的中国传统诗歌形式，读起来完全是一首地道的中国古诗，除了内容上与原诗接近，实在是很难让人联想到这原来是一首外国的诗歌。对于这样的译诗，郭沫若自己其实也不甚满意。虽然该译诗是与雪莱的其他几首译诗一同发表于1923 年，但该诗实际翻译的时间更早。他在 1920 年 3 月 3 日写给宗白华的一封信中，曾在引述完该译诗后还特别指出：

> 诗不能译，勉强译了出来，减香减色，简直不是个东西，我要向雪莱告罪，也要向你告罪；你读了我这个不通的译品，恐怕茫不得其解，枉自费了你可宝贵的时间。你还是读原作的好。（郭沫若，1994：294）

郭沫若后来便主要以白话译诗，但他这种五言古体译诗也正是他当时诗学理念对翻译操纵的结果。虽无法考证郭沫若的这篇《云鸟曲》具体何时翻译，但根据与宗白华的通信，大概推算是在 1920 年以前或是 1920 年初的那段时间。虽然当时国内的文学革命进行得如火如荼，胡适已大力宣扬"国语的文学，文学的国语"，主张以文言代替白话，强调"诗体大解放"，但毕竟郭沫若身处海外，不了解国内的情况。郭沫若在《我的作诗的经过》中曾谈道：

> 我第一次看见的白话诗是康白情的《送许德市赴欧洲》（题名大意如此），是民八（即 1919 年，笔者注）的九月在《时事新报》的《学灯》栏上看见的。那诗真真正正是白话，是分行写出的白话，……我看了也委实吃了一惊。那样就是白话诗吗？我在心里怀疑着，但这怀疑却唤起了我的胆量。……从此，开始了新诗的创作。（郭沫若，1936：33）

可见，在 1919 年 9 月之前，郭沫若虽然已经受到泰戈尔、惠特曼等国外作家的影响，开始追求诗歌形式的自由，逐渐形成了抒情的浪漫主义的诗学理念，但他那时还只是独自在尝试新诗，并未完全脱离中国传统诗歌的影响。因此对于雪莱这样伟大的浪漫主义诗人的诗作，郭沫若在语言上使用浅近的文言，在形式上使用十分自由的传统古体来翻译也就再自然不过了。

尽管"雪莱纪念号"中还有一篇译诗《招"不幸"辞》用的是骚体，其实这同样不与郭沫若的诗学理念相冲突，恰恰相反，这首译诗也正是郭沫若当时的诗学观念对翻译进行操纵的又一例证。骚体是战国时期诗人屈原在楚国民歌的基础上所创造的一种韵文，以《离骚》为代表，一般篇幅较长，形式也较自由，以"兮"字作语助词，句式灵活参差，多六、七言，特别富于浪漫气息，极具抒情。而雪莱的原诗 Invocation to Misery 共十三节，每节五行，扬抑格，篇幅较长，全诗将苦难/不幸（misery）拟人化，哀伤婉转，却又充满强烈的乐观主义精神和浪漫神话色彩。因此对于不拘形式的郭沫若来说，骚体是最能表现原诗的情绪和内在韵律的了，他在该诗的题注中写道："该诗以'不幸'（Misery）拟人而招之，情调哀恻，音节婉转，最宜以我国骚体表现。"（郭沫若，1923b：206）郭沫若的骚体译诗，语言上使用的仍然是浅近的文言，又运用了不少口语虚词，比较接近日常语言，虽然基本是押的双行韵，且在每一诗行中都加"兮"字以形成停顿，情感充沛，但其节奏音韵已完全不同于原诗，原诗中的重要诗学价值大大损失。

从"雪莱纪念号"上郭沫若对雪莱诗歌的翻译来看，虽然译诗在形式上大相径庭，但实际上，无论文言还是白话，无论五言、骚体还是自由体，所有的译诗都指向译者独特的诗学理念，以至于原诗的形式格律完全不对译者造成障碍。事实上，在《创造季刊》1卷4期上《雪莱的诗》小序中，郭沫若也清楚地传达了自己独特的诗学观点，强调自己在诗歌形式上既不完全因袭古人，亦不追赶潮流，完全拥有绝对的自由：

> 是诗的无论写成文言白话，韵体散体，它根本是诗。谁说既成的诗形是已朽骸骨？谁说自由的诗体是鬼画桃符？诗的形式是 Sein（德语"是/存在"的意思，笔者注）问题，不是 Sollen（德语"不是/应该"的意思，笔者注）的问题。做诗的人有绝对的自由，是他想怎么样就怎么样。（郭沫若，1923a：194）

不过，郭沫若还是主张顺应时代的发展，以新的语言来创作新诗。他在1920年致宗白华的信中说："古人用他们的言辞表示他们的情怀，已成为古诗，今人用我们的言辞表示我们的生趣，便是新诗，再隔些年代，更会有新新诗出现了。"（郭沫若，1990：19）因此，郭沫若的译诗基本还是采用白话自由体形式。

1922年，根据菲茨杰拉德英译本第四版（101首）郭沫若翻译了 *The Rubaiyat*。9月他撰写了《波斯诗人莪默·伽亚谟》一文，该文包括三个方面的内容：莪默·伽亚谟传略、作品读后感和译诗101首，文章同年12月载入《创造季刊》1卷3期。后来译诗部分经修改，于1924年1月以《鲁拜集》为书名，由上海泰东图书局出版。此后，《鲁拜集》又被收入《沫若译诗集》再版。以下是《鲁拜集》的第一首译诗及其英文原诗：

A Wake! For Morning in the Bowl of Night Has flung the Stone that outs the Stars to flight And lo! The Hunter of the East has caught The Sultan's Turret in a Noose of Light.	醒呀！太阳驱散了群星， 暗夜从空中逃遁， 灿烂的金箭， 射中了苏丹的高瓴。

译诗发表以后，闻一多将原诗与译诗仔细进行对照后，发现两者相距甚远，以至于 1923 年 3 月 2 日，他在《创造季刊》2 卷 1 期上发表《莪默·伽亚谟之绝句》一文，认为郭沫若的译诗"真算得与创作无异了"。（闻一多，1923：178）

原诗是格律整齐的四行诗，五步抑扬格，韵式为 aaba。但译诗不仅在内容上与原诗相距甚远，形式上也与原诗大相径庭，每一诗行的音组顿歇并不整齐，按照白话新诗音组主要随词义和自然语气而定的原则，该译诗每行的音组数依次为 4/3/2/3，由于汉语白话中的音组并没有严格的定义，对于其长短也没有限定，构成音组的音节可以是一至四个不等，译诗的诗行因此显得长短参差。该译诗不仅在内容上并没有完全遵循原诗的语义，而且没有任何韵律的考虑，完全是无韵无格的白话自由体。这种不拘形式、不求押韵、饱含激情、自由奔放的译诗构成整部《鲁拜集》的鲜明特色。虽然译诗本身往往情感充沛，注重神韵，但形式自由，与原诗并没有紧密的关联。正如编辑出版此诗集的美国诗人路易斯·安特迈耶所说："（《鲁拜集》）不仅是一部诗集，它已经成了一个口号，一个反叛的象征，一个有韵律的反抗，针对一切装模作样和僵化刻板，对于一心想摆脱常规的人，这里是理想的离经叛道之所……"（郭沫若，1924a：6）显然，在诗歌翻译过程中，郭沫若看重的并不是译诗本身是否反映了原文的诗学品质，他所追求的是译诗自身表现出来的"内在韵律"及其彰显的创新和抗争精神，《鲁拜集》已然成为郭沫若挑战传统诗学的工具和试验场所。这一观点在他 1925 年 8 月 15 日《学艺》7 卷 1 期的《文学的本质》一文中已明确表达出来：

> 音乐、诗歌、舞蹈都是情绪的翻译，只是翻译的工具不同，……我相信艺术的本质是这样，文学的本质也就是这样。这样一推论起来，我们还可以断言：文艺的本质是主观的，表现的，而不是没我的，摹仿的。（郭沫若，1925：8）

在郭沫若看来，翻译的本质就是艺术的本质，是文学的本质，重在表现而不是模仿。

20 世纪 20 年代后期，在歌德诗作及新格律体诗歌运动的影响下，郭沫若的译诗开始朝着重"形式"的方向发展。不过，作为崇尚激情、标举自由的早期创造社领军人物，他的那些注重形式的译诗并未产生广泛的影响，倒是他摆脱原诗形式束缚的"风韵译"译诗风格契合于五四时期个性觉醒、思想解放的时潮，不仅对同时代的，而且对后来的译诗风格都产生了深远的影响。

4.1.3　郑振铎："诗的本质与音韵是分离的"

郑振铎（1898—1958）于 20 世纪 20 年代初开始文学翻译。虽然他熟练掌握的外语主要是英语，但译介的英美文学作品并不多，主要是通过英文转译了大量印度、俄国及希腊罗马的文学作品，具有填补空白和开创风气的意义。就诗歌翻译而言，郑振铎最大的成就是在 20 世纪 20 年代初由英文转译了泰戈尔的六部英诗集，即 *Gardener*（今通译为《园丁集》），*Fruit Gathering*（今通译为《采果集》），*Stray Birds*（今通译为《飞鸟集》），*The Crescent Moon*（今通译为《新月集》），*Gitanjali*（今通译为《吉檀迦利》）和 *Lover's Gift and Crossing*（今通译为《爱者之赠与歧路》）。郑振铎从这六部诗集中共选译了约 500 首诗，这些译诗后来分别录入 1922 年 10 月出版的《飞鸟集》，1923 年 9 月出版的《新月集》和 1925 年 3 月出版的《泰戈尔诗》三部诗集中。在二十世纪二、三十年代，郑振铎以自己长期主编的《文学研究会丛书》《文学旬刊》《小说月报》《文学》月刊、《文学季刊》以及《世界文库》等刊物为依托，大力提倡翻译活动，积极探讨翻译理论。他所提出的许多翻译问题在当时引起了激烈争论，涉及翻译的艺术、目的、功能、原则、直译、意译、重译、文学可译性，"欧化"现象以及文学译名统一等一系列问题。他还对英国著名翻译理论家泰特勒（A. F. Tytler，1747—1814）的"翻译三原则"以及严复的"信、达、雅"进行了介绍和评价。由于郑振铎在文学研究会拥有特殊的地位，又是多种期刊的主编，不免常常担当起翻译活动中赞助人（patronage）的角色，起到了其主持刊物的规范制定者的作用，从而使得他的翻译在那段特定历史时期发挥了鲜明的示范功能，其译论与译诗风格对同时代的翻译界产生了重要影响，在中国翻译史上占有一席之地。

郑振铎最早的英语诗歌翻译发表于 1922 年 10 月 10 日的《文学旬刊》52 期，该诗是雪莱的《给英国人》（Song to the Men of England）的节译，当时他以"西谛"为笔名。以下是原诗的前三节与对应的译诗：

Men of England, Wherefore plough
For the lords who lay ye low?
Wherefore weave with toil and care
The rich robes your tyrants wear?

Wherefore feed, and clothe, and save,
From the cradle to the grave,
Those ungrateful drones who would
Drain yours sweat—nay, drink your blood?

Wherefore, Bees of England, forge

Many a weapon, chain, and scourge,

That these stingless drones may spoil

That forced produce of your toil?

英国人呀，

你们为什么替压迫你的人耕田，

你们为什么小心辛苦的织了美丽的衣服给暴主穿？

难道你们从少到老，竟替那些迫你们流汗——还要饮你们的血的负恩的懒

人，种米粮，

织衣服，积钱财！

英国的蜜蜂们呀，

你们为什么造了许多刀，鞭，铁链，

让那些无针刺的懒人拿来掠夺你们辛苦做成的物品？

　　浪漫主义诗人雪莱的抒情诗复杂多变。他不仅崇尚大自然，歌颂自然美，善于描写自然现象来抒发自己的感情，同时他也是一个具有强烈民主思想和战斗精神的诗人。在 Song to the Men of England 中，雪莱严厉斥责英国统治阶级，指出他们是剥削英国人民的寄生虫，号召广大劳动人民拿起武器保卫自己。这首诗同时也体现了雪莱诗歌中一贯的音乐性，原诗共八节，每节四行，是一首形式特别的格律诗，诗歌前两节每行基本七个音节，三个音步，前四个音节为两个扬抑格（trochee），后三个音节为一个抑抑扬格（dactyl），押联韵（couplet rhyme），即 aabb ccdd……格律谨严而不失自然，句式整齐而富于变化，是一首节奏鲜明、音律动人的政治抒情诗歌，曾在 19 世纪英国宪章运动期间作为战斗进行曲广为传唱。

　　郑振铎的译诗只在语义上能找到与原诗的共同之处，在格律形式上则完全找不到原诗的影子。译诗全诗不分节，仅分行排列，而分行的方式也完全不同于原诗的分行方式。比如，译诗的第三行对应的是原诗的第三、四两行的内容，而原诗的第二节的四行在译诗中仅以一个长句来对应。译诗无韵无格，近似于说话的节奏，如果不是分行书写，完全是一篇口语性的白话散文。

　　郑振铎之所以会选择雪莱的这首诗歌作为自己的第一首译诗，并且以白话自由体形式译出，与其文学理念密切相关。郑振铎是文学研究会的发起人和社团核心人物，文学研究会"为人生"的主张要求文学主动承担起批评社会的使命，具有改造社会的立场。郑振铎因此非常强调文学的道德感化功能，1921年 6 月 20 日，在《文学旬刊》第 5 期中《文学的使命》一文中，他明确提出："救现代人们的堕落，惟有文学能之。"（郑振铎，1921b：2）在 1921 年 7

月 30 日《文学旬刊》第 9 期《文学与革命》中，他进一步强调："文学是感情的产品，所以他最容易感动人，最容易沸腾人们的感情之火。……革命就是需要这种感情。"（郑振铎，1921d：7）在《文学的定义》中他认为，"文学是人们的情绪与最高思想联合的'想象'的'表现'，而它的本身又是具有永久的艺术的价值与兴趣的。"（郑振铎，1921a：6）他将文学的使命归结为："表现个人对于环境的情绪感觉，扩大或深邃人们的同情与慰藉，并提高人们的精神。"（郑振铎，1921a：6）

郑振铎在译介外国作品时尤其注重作品的抒情性质及其社会政治内涵。郑振铎在 1921 年 6 月 30 日《文学旬刊》上《盲目的翻译家》一文中曾强调翻译者的责任重大，在译介外国作品时不能漫无目的，要有选择性，指出："翻译家呀！请先睁开眼睛看看原书，看看现在的中国，然后再从事于翻译。"（郑振铎，1921c：8）郑振铎在 1921 年 7 月《改造》上的《俄国文学史中的翻译家》一文中提出："翻译家的功绩的伟大决不下于创作家。他是人类的最高精神与情绪的交通者。"（郑振铎，1921e：78）

郑振铎自己坚持翻译反映劳苦大众的生活与反抗的现实主义文学，尤其是俄苏进步文学与弱小民族文学，并与耿济之一起于 1920 年夏最早翻译了鼓舞人民斗志的《国际歌》。雪莱的这首 Song to the Men of England 是号召劳动人民起来反抗政治压迫又饱含激情的抒情诗，其主旨完全符合郑振铎利用文学中强烈的情绪来感化读者从而实现启迪民众的文学价值观，尤其是他选择在辛亥革命十周年纪念日发表此译诗，其用意不言自明。

郑振铎曾在《译文学书的三个问题》中就诗歌翻译发表论述，明确指出：

诗的本质与音韵是分离的，人的内部的情绪是不必靠音韵以表现出来的。……诗的音韵，虽是不能移植的，而其本质却是与散文一样，也是能够充其量的转载于原文以外的某种文字上的——就是：诗也是能够翻译的。（郑振铎，1921f：6）

在 1922 年元旦发表的《论散文诗》中，他认为诗的主要条件在于：

有诗的本质——诗的情绪与诗的想象。……决不是韵不韵的问题。……如果必以有韵的辞句始得为诗，则惠特曼（Whitman）、卡本脱（Carpenter）、亨莱（Henley）、屠格涅夫（Turgenev）、王尔德（O. Wilde）、阿米朗威尔（Amy Lowell）诸诗人的作品不能算做诗么？执这种见解，则必要把全部的希伯来的诗，全部的条顿民族（包括古代德国，古代英国及冰岛）的诗与许多近代所谓自由诗都排斥在诗的范围以外了。（郑振铎，1922a：6）

1922 年 1 月 13 日，郑振铎在《〈雪朝〉短序》中再次强调：

诗歌是人类的情绪的产品。……诗歌的声韵格律及其他种种形式上的束缚，我们要一概打破。因为情绪是不能受任何规律的束缚的。一受束缚，便要消沉或变性，至少也要减少它的原来的强度。（郑振铎，1963：3）

1923 年郑振铎在《文学》第 84 期《何谓诗》一文中指出：

诗歌是最美丽的情绪文学的一种。它常以暗示的文句，表白人类的情思。使读者立即引起共鸣的情绪。它的文字也许是散文的，也许是韵文的。（郑振铎，1923：21）

郑振铎在 1921 年 3 月 10 日《小说月报》12 卷 3 期的《译文学书的三个问题》中还主张：

不仅是要译文能含有原作的所有的意义并表现出同样的风格与态度，并且还是要把所有原作中的"流利"（eaes）完全都具有……传达原意与摹拟原文的风格还是比较容易的事，所最难的就是最后的一件——含有原文中的所有的流利。……简单地说来，他必须采取原著者的精神，由他自己的官能里说出来……诗的翻译较之于散文，比较容易含有原文的所有的流利。（郑振铎，1921f：27）

显然，郑振铎的观点挑战了中国传统诗学中"诗必有韵"的见解，认为诗歌的本质在于情绪，而诗的本质与音韵是可以分离的。在他看来，诗歌与散文并无本质的差别。因此在诗歌翻译中，用目标语以"流利"的方式再现原诗的情绪和思想才是最重要的，而这种流利的方式完全不受原诗形式的束缚，也不受任何格律规范的束缚。

正是基于以上的诗学观念，郑振铎对印度诗人泰戈尔的英文诗作尤感兴趣，成为系统译介泰戈尔且影响也最为广泛的译者。1913 年泰戈尔荣获诺贝尔文学奖后，西方国家掀起了一股泰戈尔热潮。泰戈尔一生共写了 50 多部诗集，从五四时期开始，其诗集就被译介到中国，最初是陈独秀发表在 1915 年 10 月《青年杂志》1 卷 2 期上的四首五言古体译诗，题名为"赞歌"，选自诗集 Gitanjali。之后是刘半农发表在 1918 年《新青年》5 卷 2 期和 3 期上的白话译诗四首，选自诗集 The Crescent Moon。文学研究会成立时，郑振铎就在社团内组织了一个"泰戈尔研究会"。拥有《小说月报》主编和文学研究会负责人双重身份的郑振铎不但自己大量翻译了泰戈尔诗歌，也组织《小说月报》于1923 年 9 月和 10 月连续两期刊发了"泰戈尔号"专号。在 1920 年 8 月《人道》月刊上，郑振铎发表了译自泰戈尔诗集 *Gitanjali* 中的 22 首译诗，并且以他自己所译的泰戈尔 *The Crescent Moon* 中的一首《我的歌》作为序诗，同时还对泰戈尔生平做了介绍。在 1921 年《小说月报》改革及《文学旬刊》创刊后，郑振铎更在上面经常发表泰戈尔的译诗。1922 年 10 月，郑振铎出版了译诗集《飞鸟集》。1923 年 9 月，他又出版了译诗集《新月集》。1925 年 3 月，郑振铎又将他所译的其他泰戈尔译诗编辑成《泰戈尔诗》。以下是选自泰戈尔 *The Crescent Moon* 中的一首诗歌和郑振铎的译诗：

Baby's World

I WISH I could take a quiet corner in the heart of my baby's very own world.

I know it has stars that talk to him, and a sky that stoops down to his face to amuse him with its silly clouds and rainbows.

Those who make believe to be dumb, and look as if they never could move, come creeping to his window with their stories and with trays crowded with bright toys.

I wish I could travel by the road that crosses baby's mind, and out beyond all bounds;

Where messengers run errands for no cause between the kingdoms of kings of no history;

Where Reason makes kites of the laws and flies them, and Truth sets Fact Free from its fetters.

孩子的世界

我愿我能在我孩子的自己的世界的中心，占一角清净地。

我知道有星星同他说话，天空也在他面前垂下，用它傻傻的云朵和彩虹来娱悦他。

那些大家以为他是哑的人，那些看去像是永不会走动的人，都带了他们的故事，捧了满装着五颜六色的玩具的盘子，匍匐地来到他的窗前。

我愿我能在横过孩子心中的道路上游行，解脱了一切的束缚；

在那儿，使者奉了无所谓的使命奔走于无史的诸王的王国间；

在那儿，理智以她的法律造为纸鸢而放飞，真理也使事实从桎梏中自由了。

泰戈尔的英文诗歌是泰戈尔根据自己所创作的孟加拉语的韵律诗翻译过来

的，但英文译诗不再受格律束缚，诗行没有限制，诗句长短不一。虽然他的英文译诗不再具有韵律，但仍情感真挚细腻，语言清新隽永，富含深刻的宗教和哲学见解。事实上，就英语诗歌发展史来看，从早期的歌谣体（ballad），经14世纪诗歌之父乔叟（Geoffrey Chaucer, 1340—1400）创立，继而由17、18世纪德莱顿（John Dryden, 1631—1700）、蒲柏（Alexander Pope, 1688—1744）及塞缪尔·约翰逊（Samuel Johnson, 1709—1784）等完善的英雄双韵体（heroic couplet），16、17世纪莎士比亚发展到极致的十四行体（sonnet），直至19世纪华兹华斯（William Wordsworth, 1770—1850）等浪漫主义诗人们积极主张的素体诗（blank verse），英语诗歌的主流一直是讲究格律的，尤其推崇五音步抑扬格（iambic pentameter），但自丁尼生（Alfred Tennyson, 1809—1892）以降，英语诗歌开始向形式自由的方向发展，美国诗人惠特曼（Walt Whitman, 1819—1892）成为自由诗（free verse）的重要代表。泰戈尔的英文诗歌显然属于典型的自由诗体。郑振铎的译诗由泰戈尔的英文译诗转译而来，以白话文直译，形式上随着语义的自然推进而自由表达，诗句也长短不一，没有格律的限制，语言清新朴素，较好地传达了原诗的真情与哲理。

显然，郑振铎不仅强调要打破束缚诗歌情绪的声韵格律，同时强调文学需以真挚的情感感化读者。在他看来，一方面，泰戈尔这种不受格律束缚的散文形式诗歌有助于开阔中国读者的文学视野，进而改变中国传统文学观念；另一方面，泰戈尔的诗歌用充满诗情的笔触描绘极普通的日常生活，并且饱含对人生、对世界的强烈感情与深刻思考。郑振铎在其《太戈尔传》中还赞扬泰戈尔柔和人心的诗句能激发青年读者的爱国热情，并认为"这是他与一切标榜'铁与血'的急进的爱国者不同之处"。（郑振铎，1998：599）可以说，郑振铎翻译泰戈尔的英文诗歌是实践其诗学理想的最佳途径，这也符合他曾提出的翻译的两种目的："（一）能改变中国传统的文学观念；（二）能引导中国人到现代的人生问题，与现代的思想相接触。"（郑振铎，1998：503）

郑振铎所译泰戈尔的英文诗歌往往采用白话直译的方法，诗集中随处可见直译出的诗句。比如上面所列译诗中的：

I wish I could travel by the road that crosses baby's mind, and out beyond all bounds；

我愿我能在横过孩子心中的道路上游行，解脱了一切的束缚；

很明显，该诗句是直译过来的，译文只是做了微调，将后置定语从句"that crosses baby's mind"前置，其余基本按原句的语序表达出来。译文不仅忠实地表达了原诗的意思和思想情绪，还尽量保留了原诗的句法特征等。虽然具有明显的欧化特征，但读起来并不佶屈聱牙，反而行文流利晓畅。

郑振铎不像胡适、郭沫若等经历了由文言而白话的译诗过程，从第一篇译诗开始，他就径直采用白话文的直译方法，这一做法其实正是为了实践其所倡导的文学语言欧化的主张。自1917年语言文字白话化由胡适提出以来，得到了新文化运动者们的积极响应。但在从文言到白话的转变过程中，白话表现能力低且具有严重缺陷的事实也暴露出来。为此，有学者提出借助外国语言补充改造白话文的文学语言"欧化"主张，例如，傅斯年曾在1919年主张：

> 我们的国语，异常质直，异常干枯少得余味，不适用于文学，……想免得白话文的贫苦，惟有从他——惟有欧化，……直用西洋文的款式，文法，词法，句法，章法，词枝，……造成一种超于现在的国语，欧化的国语，因而成就一种欧化国语的文学。（傅斯年，1980：78）

不过，傅斯年的这一言论在当时并没有引起太多人的关注。直到1921年6月，郑振铎和茅盾分别在其主编的《小说月报》和《文学旬刊》发表《文艺杂谈》和《语体文欧化的讨论》系列文章，进而在《小说月报》和《文学旬刊》上又组织了一系列的讨论。1921年，郑振铎在《语体文欧化之我观（二）》中明确表示："中国的旧文体太陈旧而且成滥调了。有许多很好的思想与情绪都为旧文体的程式所拘，不能尽量的精微的达出。不惟文言文如此，就是语体文也是如此。所以为求文学艺术的精进起见，我极赞成语体文的欧化。"（郑振铎，1921g：122）至于如何把握"欧化"的程度，他也指出："虽不像中国人向来所写的语体文，却也非中国人所看不懂的。"（郑振铎，1921g：122）可见，郑振铎虽然主张直译，却反对死译。这一观点，正如他在1920年7月8日《民国日报·觉悟》的《我对于编译丛书底几个意见》一文中所言：

> 译书自以存真为第一要义。然若字字比而译之，于中文为不可解，则亦不好。而过于意译，随意解释原文，则略有误会，大错随之，更为不对。最好一面极力求不失原意，一面要译文流畅。（郑振铎，1920：12）

他在《译文学书的三个问题》中亦强调：

> 文学书是绝对能译的，不惟其所含有的思想能够完全的由原文移到译文里面，就是原文的艺术之美也可以充分的移植于译文中……许多翻译家的经验的成绩，也足以表现出这句话是很对的。如英国翻译的《圣经》，原文的思想，差不多是全部都能明明白白的表现在译本里，并且表现得真切，美丽而且宏

伟。又如蒲伯译的荷马的诗，台林登（Dryden）译的福格尔（Virgil）的诗，梅莱（G. Murray）译的 EuriPides 的戏曲，虽然都是意译，然而原本中的思想却都不曾走失，艺术的美，也可与原文相伯仲。（郑振铎，1921f：22－23）

总的说来，郑振铎在五四时期所发表的大量泰戈尔诗歌译作引起了广泛影响，并促成了后来盛行一时的小诗运动。冰心回忆那一段时曾说道：

那是 1919 年的事了。当时根本就没有想写诗……，后来看了郑振铎译的泰戈尔的《飞鸟集》，觉得那小诗非常自由……就学那种自由的写法，随时把自己的感想和回忆，三言两语写下来。（转引自卓如，1981：26）

4.2　白话格律体译诗派的诗学操纵与诗学得失

以下分别以白话格律体译诗派三位代表性译家闻一多、徐志摩以及朱湘在五四时期的英诗汉译为个案，探讨该译诗流派在诗歌翻译中的诗学操纵与诗学得失。

4.2.1　闻一多："格律就是节奏"

闻一多（1899—1946）生于书香门第，国学功底深厚，尤其热爱古诗词及文学创作，1912 年 13 岁时考入清华留美预科学校，1916 年开始在《清华周刊》上发表《二月庐漫记》系列读书笔记。1920 年 9 月，他发表第一首新诗《西岸》。1921 年 11 月与梁实秋等人发起成立清华文学社，1922 年 3 月，写成《律诗底研究》。在清华学习十年之后于 1922 年 7 月赴美留学，先去了在美国现代文学史上被称为"美国诗歌文艺复兴"运动中心的芝加哥学习美术。据梁实秋后来回忆，闻一多当时参加了当地的"The Arts Club"餐会，与当地英美新派诗人如艾米·洛威尔（Amy Lowell，1874—1925）、卡尔·桑德伯格（Carl Sandburg，1878—1967）等有过来往，并对当时美国"意象派"（imagism）新诗运动发生了兴趣，尤其喜爱擅长细腻描写的弗莱契（John Gould Fletcher，1885—1950）。（梁实秋，1967：26）1923 年夏，闻一多转至科罗拉多大学，与梁实秋会合，除了继续学绘画外，还选修了"丁尼生和白朗宁"及"现代英美诗"等课程（梁实秋，1967：29），1925 年 6 月回国。作为诗人的闻一多，其翻译作品并不多，有据可寻的译诗约 40 首，主要发表在《新月》《晨报副刊》《时事新报·文艺周刊》等刊物上。因此，在选择原作上，1923 年 3 月 2 日闻一多《创造季刊》2 卷 1 期上的《莪默·伽亚谟之绝句》

一文中就提出要更多地择取"西洋第一流的古今名著"（闻一多，1923：177），认为译介外国诗歌旨在学习西洋诗的长处进而创建新的文学，译者对原作要进行鉴别与选样，指出："鉴别的功夫，在研究文艺，已然是不可少的，在介绍文艺，尤如不可忽略……至少好坏要分一份"。（闻一多，1923：177）在他为数不多的译作中，闻一多对外国诗人及诗作的选择都颇为用心，其中有英国现代伟大的古典学者兼杰出诗人霍斯曼（A. E. Housman，1859—1936）的抒情诗 5 首，分别是《樱花》（Loveliest of Trees）、《春斋兰》（The Lent Lily）、《情愿》（Could Men Be Drunk forever）、《山花》（I hoed and Trenched and Weeded）和《从十二方的风穴里》（From Far, from Eve and Morning）（后两首与饶孟侃合译）；英国 19 世纪思想领域代表人物、评论家及诗人阿诺德（Mathew Arnold，1822—1888）的《渡飞矶》（Dover Beach）和《节译阿诺底〈纳克培小会堂〉》（Rugby Chapel by Matthew Arnold）；拜伦的《希腊之群岛》（The Isles of Greece）、哈代（Thomas Hardy，1840—1928）的《幽舍的麋鹿》（The Fallow Deer at the Lonely House）、美国女诗人蒂丝黛尔（Sara Teasdale，1884—1933）的《像拜风的麦浪》（Like Barley Bending）、美国女诗人米雷（E. V. Millay，1892—1950）的《礼拜四》（Thursday）、英国女诗人霍普（Lawrence Hope）的《沙漠里的星光》（Stars of the Desert）以及英国桂冠诗人曼殊菲尔德（John Masefield，1878—1967）的《我要回海上去》（Sea Fever）（与饶孟侃合译）；由英文转译的波斯诗人伽亚谟的短诗 5 首以及未署原诗作者名的译诗 1 首，而最著名的则是 19 世纪英国著名诗人白朗宁夫人（E. B. Browning，1806—1861）的 21 首十四行体爱情诗。闻一多不仅译诗，还就译诗问题提出过深入的见解，这些观点集中体现在 20 年代探索译诗理论的经典之作《莪默·伽亚谟之绝句》（1923）和《英译的李太白》（1926）两文之中。

　　1920 年以前，闻一多一直热衷古文，作文写诗及翻译均采用古体。闻一多最早的译诗发表于 1919 年 5 月《清华学报》4 卷 6 期，译自英国诗人、文艺批评家、牛津大学教授安诺德的《渡飞矶》，以下是原诗及闻一多译诗的第一小节。

The sea is calm to—night. The tide is full, the moon lies fair Upon the straits; —on the French coast the light Gleams and is gone; the cliffs of England stand, Glimmering and vast, out in the tranquil bay. Come to the window, sweet is the night air! Only, from the long line of spray Where the sea meets the moon-blanch'd land, Listen! you hear the grating roar Of pebbles which the waves draw back, and fling, At their return, up the high strand, Begin, and cease, and then again begin, With tremulous cadence slow, and bring The eternal note of sadness in.	平潮静素漪, 明月卧娟影; 巨崖灿冥湾, 清光露俄顷。 夜气策寒窗, 铿锵入耳警。 游波弄海石, 礧来任仆打, 冲流断复续, 长夜发悲哽。

原诗共四小节, 每小节由数量不等的诗行构成, 诗行长短不一, 第一小节十四行, 第二小节六行, 第三小节八行, 第四小节九行, 以五音步抑扬格为主体, 韵脚参差, 如第一小节中一、三行, 二、六行, 四、八、十一行, 五、七行, 十、十二、十三、十四行分别押韵, 是一首接近自由体的抒情诗歌。

译诗是五言旧诗体, 按中国传统诗歌来看, 节奏是五言三顿, 即前两个音节是一顿, 第三个音节是一顿, 最后两个音节是一顿。但全诗并未分节, 也不是典型的五言八句四韵的五律构造。译诗韵脚并不严格, 出韵的现象时有发生, 如第一节中只是在二、四、六、十行以"影""顷""警""哽"为韵, 诗行与原诗诗行数也不一致。从诗学效果上来看, 译诗虽基本传达了原诗的思想内容, 但原诗那些体现异域特色的词汇如 French、England 等完全消失, 原诗的形式特点也完全没有得到再现。虽然译诗也给人以哀婉悲怆、苍旷凝重的历史感, 呈现的却仿佛是一个峨冠博带的中国诗人独立月夜下的海边, 面对汹涌澎湃的海上风云而作诗感怀的场景, 读者无法联想到这是一位西方诗人所描绘的自己在英国多佛海滨思绪万千的画面。

1920 年, 闻一多转变立场, 力倡白话。1920 年 9 月他发表了第一首新诗《西岸》。同时, 他开始反对以文言译诗, 并在自己所译《点兵之歌》的译序中写道:

译事之难, 尽人而知, 而译韵文尤难。译以白话, 或可得其仿佛, 文言直不足以言译事矣。而今之译此, 犹以文言者, 将使读原诗者, 持余作以证之, 乃知文言译诗, 果能存原意之仿佛者几何, 亦所以彰文言之罪也。盖余译此

诗，四日而毕，诚已呕尽心血矣。然世有善译者，更倍蓰其力以为之，宁知其不能胜余作耶。（闻一多，1994：293）

　　《点兵之歌》是闻一多1920年在清华读书时文言翻译的习作，译诗虽将原文描述的"惨状"再现得惟妙惟肖，并得到老师"悱恻动人"的评语。但闻一多此时已经意识到文言译诗"难存原意"，他以文言来译此诗只不过为了"彰文言之罪"罢了。自此，闻一多的译诗都不再采用文言而是彻底改用白话。同时，他把创新与借鉴建立在传统诗学的基础上，认为："我们谈到艺术的时候，应该把脑筋里原有的一个旧艺术的印象扫去，换上一个新的，理想的艺术底想象，这个艺术不是西方现有的艺术，更不是中国的偏枯腐朽的艺术底僵尸，乃是融合两派底精华的结晶体。"（1993g：15）闻一多对西方文学艺术持开放态度，尤其推崇西方唯美主义艺术观，1922年就提出"艺术为艺术"（1993h：95），"以美为艺术之核心"（1993h：128），强调"主张的是纯艺术的艺术"（1993h：159）等。同时，他也反对"以自然流露为上乘"（郭沫若，1985：59）的"自我表现说"，反对不要格律束缚而把内心情感"赤裸裸的和盘托出，便是艺术的大成功了"（1993d：141）。因为"他们确乎只认识了文艺的原料，没有认识那将原料变成文艺的必须的工具"。（1993d：141）闻一多认为"新诗径直是'新'的，不但新于中国固有的诗，而且新于西方固有的诗。换言之，它不要做纯粹的本地诗，但还要保存本地的色彩，它不要做纯粹的外洋诗，但又尽量地吸取外洋诗的长处；它要做中西艺术结婚后产生的宁馨儿"。（1993c：118）

　　迄今能找到的闻一多最早的白话译诗是发表于1921年10月《清华周刊》1期上的《节译阿诺底〈纳克培小会堂〉》。1923年，闻一多在通读《创造季刊》1卷3期上郭沫若所译的《鲁拜集》之后，在该刊2卷1期上发表长文《莪默·伽亚谟之绝句》，对郭沫若的译诗进行了评价，指出其九处误译，并建议郭沫若今后再译甚至三译。在文中"郭译订误"部分，闻一多自己也译了5首伽亚谟的短诗，其中的一首尽管已有胡适和郭沫若的译文，闻一多仍然坚持以自己的方式译出，并主张诗歌应由诗人来译。以下是 *Rubaiyat* 中的一首原诗和闻一多的译诗：

Ah Love, could you and I with Him conspire To grasp this sorry Scheme of Thing sentire, Would not we shatter it to bits and then Remould it nearer to the Heart's Desire!	爱哟！你我若能和"他"沟通好了， 将这全体不幸的世界攫倒， 我们怕不要捣得他碎片纷纷， 好依着你我的心愿去再抟再造！

　　原诗是一首格律整齐的四行诗，抑扬格，每行十音节，五音步，韵式为
aaba。译诗采用白话直译方法，译诗内容与原诗基本一致。闻一多一贯重视诗
歌的韵律，曾说："我极喜用韵……用韵能帮助音节，完成艺术。"（闻一多，
1993i：78）因此，对于原诗中的韵，他不再像白话自由体译诗派那样漠然视
之，而是尽量将原诗的韵式予以保留。根据《平水韵106部》，译诗中第一行
的末字"了"属于上声"十七筱"部韵，二、四行的末字"倒"和"造"属
于上声"十九皓"部韵，构成叶韵。译诗各行的字数在十一至十三之间，各
诗行长度相差不大。闻一多在《诗歌节奏的研究》的报告提纲中，曾将"节
奏的组成因素"标注为"时间"和"重音"，把英语诗歌的节奏单位 foot 译成
"音尺"，指出："在英诗里，一个浮音（unaccented syllable）同一个切音（ac-
cented syllable）即可构成一个音尺，而在中诗里，音尺实为逗……中国诗不论
古近体，五言则前两字一逗，末三字一逗；七言则前四字每两字一逗，末三字
一逗。"（闻一多，1989：154－155）"合逗而成句，犹合尺而成行也。逗中有
一字当重读，是谓拍。"（闻一多，1989：155）汉语中每个汉字就是一个音
节，又以双音节、三音节意组最为常见，即闻一多所说的"二字尺"和"三
字尺"。闻一多认为汉诗中以意组为单位兼顾音节轻重构成的逗就是音尺。杨
德豫后来也指出，"从理论上倡议把英语格律诗译成汉语白话格律诗的是闻一
多先生"。（杨德豫，1990：2）在这首译诗中，闻一多就已经尝试以"尺"代
步来体现原文的节奏了。按照闻一多音尺概念来计算，译诗每行的音节（字
数）在十一至十三之间，基本再现了原诗每行五音步的形式，全诗的音尺编排
方式为2/2/4/2/2，2/2/3/2/2，2/3/3/2/2，3/3/2/3/2，译诗的诗行基本以二
字尺和三字尺相交组合的形式，中间偶有穿插四字尺，读起来具有较鲜明的节
奏感，体现了他所提倡的诗歌"音乐的美"（音节）和"建筑的美"（节的匀
称和句的均齐）。1926年，闻一多在《诗镌》7期上发表的《诗的格律》一文
中即明确指出"中国人鉴赏文艺的时候，至少有一半的印象是要靠眼睛来传达
的"（闻一多，1993d：139），这也是闻一多强调诗歌形体建设重要性的依据。

　　1925年1月，闻一多译完拜伦的 The Isles of Greece，将其发表于1927年
11月19日《时事新报》副刊《文艺周刊》11期。该诗因其忧国忧民的情怀
备受文人关注。在闻一多之前，已有梁启超、马君武、胡适、苏曼殊、柳无忌
等诗人兼翻译家以不同的方式翻译出了这首诗歌。1903年，梁启超由其弟子
罗昌口述后，再用曲牌填词节译而成，马君武1905年用的是七言古歌行，苏
曼殊1906年用的是五言，胡适1914年用的是骚体，柳无忌1922年采用的是
白话自由体。事实上，这首诗歌的翻译方式的变化，"从一个侧面展示五四新
诗运动是如何一步步从旧体诗中走过来的历史脚印，从而揭示了清末民初之
际，在封建向民主、文言向白话、旧体诗向新体诗过渡之时，《哀希腊》这首

诗的种种翻译所起到的历史杠杆作用"。（王东风，2011：20）以下是原诗及闻一多所译该诗的前两节：

The isles of Greece, the isles of Greece! 　Where burning Sappho loved and sung, Where grew the arts of war and peace, 　Where Delos rose, and phoebus sprung! Eternal summer gilds them yet, But all, except their Sun, is set. The Scian and the Teian muse, 　The hero's harp, the lover's lute, Have found the fame your shores refuse: 　Their place of birth alone is mute To sounds which echo further west Than your sires' "Islands of the Blest."	希腊之群岛，希腊之群岛！ 　你们那儿莎浮唱过爱情的歌， 那儿萌芽了武术和文教， 　突兴了菲巴，还崛起了德罗！ 如今夏日给你们镀着金光， 恐怕什么都堕落了除却太阳？ 那茜欧的彩笔，梯欧的歌喉， 　壮士的雅琴，情人的锦瑟， 给你们赢得了光荣，你们不受， 　如今你们只是死守着沉默； 你们祖先的英名颠荡在西方， 只你们听不见，你们一声不响。

原诗共有十六节，各节以空行间隔，四音步，抑扬格，每节六行，二、四行缩进，格律整齐，韵式为ababcc。闻一多的译诗采用的是白话译诗方法，在内容上大体保留了原文语义，"但从他的译诗的字里行间仍然可以看出一位有着政治胸怀的学者的思想，译文中些许的变形大多与他的政治意识有关。如原文第一节的最后一行：But all, except their Sun, is set，其中的set是一个并无贬义的词，但在他的笔下就变成了贬义极强的'堕落'，暗含他对当时中国积弱原因的指责"。（王东风，2011：26）在形式上，译诗也保留了原诗的小节数、每节六行以及二、四行缩进的形式，保留了ababcc的原诗韵式，其中第一节中第二行的末字"歌"与第四行的末字"罗"看似不押韵。其实，按照《平水韵106部》，这两个字都属于下平"九歌"部韵，是押韵的。译诗中，闻一多以汉语的不同字数的音尺替代原文的双音步（disyllabic foot），比如第一小节每行所采用的音尺组合方式分别为3/2/3/2，4/2/2/4，2/3/2/3，3/2/4/2，4/3/2/2，4/4/2/2，可见，闻一多虽然以"二字尺"和"三字尺"为常，但也穿插使用"四字尺"，使得译诗每行的音尺总数与原诗每行的四个音步对应一致。译诗每行的字数保持在十至十二之间，以使各诗行长度相差不大，显得较为整饬。不过，严格说来，由于现代汉语中的意组没有严格的定义，其长短没有限定，音尺可以是一个字、两个字、三个字、四个字甚至五个字构成，存在很大的不稳定性；同样的诗行，以不同的意组习惯来读，会出现不同的音尺数，这样读出的节奏有时与闻一多所期望的并不一致。而且，由于

原诗基本是二二式均齐的节奏，而译文却是忽二忽三忽四的节奏，其实与原诗的节奏并不一致，但闻一多这样的处理却是符合他自己所提倡的节奏应该追求"一致中的变化"（闻一多，1993e：55）的观点，即在变化中保持整齐。其实这也是闻一多对新诗与旧诗在格律上的区分，在《诗的格律》一文中，他（1993d：140）曾明确指出，"律诗的格律与内容不发生关系，新诗的格式是根据内容的精神造成的"，"可以……随时制造""层出不穷"的。换言之，闻一多认为旧诗格式为他定，新诗格式为我定。

　　闻一多白话译诗影响最大的还是他的十四行诗译诗。1928 年 3 月 10 日，在《新月》杂志创刊号上，闻一多发表了 10 首十四行诗译诗，译诗以英汉对照形式编排，占据了整整十页的篇幅。译诗之后紧跟着徐志摩撰写的一篇长达二十三页的热情洋溢的介绍性文字。紧接着，闻一多再次在《新月》1 卷 2 期上发表 11 首十四行诗译诗，同样以英汉对照形式编排。这 21 首译诗均译自英国维多利亚时期著名女诗人白朗宁的 *Sonnets from the Portuguese*。闻一多将 sonnet 译为"商籁体"，他的译诗展示了西方十四行诗的魅力，引起了中国文坛对于这一诗歌体裁的注意。在中国近现代翻译史上，十四行诗进入中国的过程中，许多诗人和学者都做出了重要贡献，如闻一多、饶孟侃、徐志摩、孙大雨、郭沫若、梁宗岱、朱湘、戴望舒、陈梦家、冯至、卞之琳等。其中，闻一多对十四行诗的译介最为举足轻重。在《诗的形式》一文中，朱自清（1984：100）评价他"是第一个使人注意'商籁'的人"。sonnet 的最早中文译名是胡适赋予的。1914 年 12 月 22 日，他在的日记中谈到自己写的英文十四行诗《世界学生会十周年纪念》时说："此体名'桑纳'体（sonnet），英文之'律诗'也。"（胡适，1947：498）但该译名当时没有公开，后来也不通行。1920 年 8 月，田汉在《少年中国》上发表论文《诗人与劳动问题》，其中引用了摩尔顿（Richard Green Moulton）关于十四行诗的定义："Sonnet：The most individual sentimental neutralized by restraint of form"。（田汉，1920：28）1920 年 12 月，李思纯在《少年中国》发表诗论《诗体革新之形式及我的意见》中明确把 sonnet 译成"十四行体"。（李思纯，1920：21）不过，上述关于十四行诗的简略介绍影响甚微，闻一多是最早开始对十四行诗进行深入评论的文人。1921 年 5 月 28 日他写下《评本学年〈周刊〉里的新诗》，随后发表在 6 月《清华周刊》第七期增刊上，文中指出同班同学浦薛凤的诗歌《给玳姨娜》中的"行数、音节、韵脚完全是一首十四行诗。就这种诗体而言，一般新诗家纵不反对，也会持怀疑态度。我个（人）的意见是在赞成一边。这个问题太重大太复杂，不能在这里讨论"。（闻一多，1921b：11）此时，闻一多已意识到，对十四行诗体的介绍会涉及当时新诗形式美学建设等一系列重要问题，需要进一步的准备。（许霆，2010：174）同年，闻一多在为清华文学社做的报

告《诗的音节》中极力推崇十四行诗，接着又试作十四行体诗《爱的风波》
（后改名为《风波》）。1922 年，闻一多在《律诗底研究》中把"sonnet"译成
"商勒体"，指出：

> 抒情之诗，无论中外古今，边帧皆极有限。所谓"天地自然之节奏"，不
> 其然乎？故中诗之律体，犹之英诗之"十四行诗"（sonnet）。不短不长实为最
> 佳之诗体。律诗实是最合艺术原理的抒情诗体。英文诗体以"商勒"为最高，
> 以其格律独严也。然同我们的律体比起来，却要让它出一头地。

此后，虽然郭沫若、田汉、陈明远、施颖洲和屠岸等也讨论过 sonnet 的译
名问题，主张译为"颂内体""声籁体"或是"索内体"等（许霆，2010：
174），但事实上，20 世纪 20 年代末以后，"十四行诗"和"商籁体"一直是
流传最广的译名。由此，闻一多十四行诗译介的影响可见一斑。以下是 *Sonnets from the Portuguese* 中第一首原诗和闻一多的译诗。

I thought once how Theocritus had sung	我想起昔年那位希腊的诗人，
Of the sweet years, the dear and wished for years,	唱着流年的歌儿——可爱的流年，
Who each one in a gracious hand appears	渴望中的流年，一个个的宛然
To bear a gift for mortals, old or young:	都手执着颁送给世人的礼品：
And, as I mused it in his antique tongue,	我沉吟着诗人的古调，我不禁
I saw, in gradual vision through my tears,	泪眼发花了，于是我渐渐看见
The sweet, sad years, the melancholy years,	那温柔凄切的流年，酸苦的流年，
Those of my own life, who by turns had flung	我自己的流年，轮流掷着暗影，
A shadow across me. Straightway I was 'ware,	掠过我的身边。马上我就哭起来
So weeping, how a mystic Shape did move	我明知道有一个神秘的模样
Behind me, and drew me backward by the hair,	在背后揪住我的头发往后拽，
And a voice said in mastery, while I strove, —	正在挣扎的当儿，我听见好像
'Guess now who holds thee?' — 'Death,' I said. But, there,	一个厉声"谁掇着你，猜猜！"
The silver answer rang, — 'Not Death, but love.'	"死，"我说。"不是死，是爱，"他讲。

十四行诗英语为 sonnet，源自意大利语，最初的意思是 little song，是一种
可以用来歌唱的民间抒情诗体。13 世纪，作为一种文学体裁范式，十四行诗
在意大利文学系统中确立了举足轻重的地位。15 世纪，十四行诗在西班牙盛
行。16 世纪，在法国和英国蓬勃发展，紧接着又辐射到德国等地。欧洲各国
的十四行诗体之间并无显著差异，都强调严谨的格律，基本保留最初的节奏、
韵式以及主题发展模式。十四行诗在欧洲各国都涌现出不少优秀作品，但整体
成就最高的还是意大利和英国。意大利式的十四行诗在 13 世纪已基本定型：

全诗分为前 8 行（octave）和后 6 行（sestet）两个部分，前 8 行的韵式比较稳定，为 abbaabba，后 6 行的韵式存在几种变体，主要有 cdecde、cdc dcd 或 cd-ccdc。诗人彼特拉克（Francesco Petrarca）采用这种诗体写下了许多脍炙人口的篇章，意大利式的十四行诗因此也叫彼特拉克体。16 世纪时，威尔特（Thomas Wyatt）和霍华德（Henry Howard）将十四行诗引进英国并将其改造为 3 节四行体（quatrain）和 1 节双行体（couplet），其韵式也进行了相应的调整。英国十四行诗的集大成者是莎士比亚，英国十四行诗因此又被称作莎士比亚体，韵式为 abab, cdcd, efef, gg。除莎士比亚体外，斯宾塞体和弥尔顿体在英国也颇有影响。在西方，十四行诗在弥尔顿之后经历了百年沉寂。随着 19 世纪浪漫主义的兴起，十四行诗曾一度复兴。但到了 20 世纪，十四行诗逐渐式微。

白朗宁夫人的原诗采用的前八后六结构，前一部分 octave 由两段四行诗组成，后一部分 sestet 由两段三行诗组成，按四、四、三、三的编排，基本每行 10 个音节，抑扬格，每行基本步数为 5，韵式为 abba abba cdc dcd。第八行末尾使用句号，并做跨行书写，第九行和第十行 11 个音节，目的是通过声音节奏的变化达到强化主题转折的效果，总的说来，算是较为严谨的意大利式十四行诗。

闻一多一贯重视诗韵，他说："我极喜用韵……用韵能帮助音节，完成艺术。"（闻一多，1993i：78）因此，对于原诗中的韵，他不再像白话自由体译诗派那样漠然视之并予以忽略，而是尽量保留原诗 abba abba cdc dcd 的韵式，以期达到"完成艺术"。在该译诗中，第一行的末字"人"，第八行的末字"影"，与第四行和第五行的末字"品"和"禁"看起来并不相同，但按照《平水韵 106 部》，"人"属于上平"十一真"部韵，"品"属于上声"二十六寝"部韵，"禁"属于下平"十二侵"部韵，这几个字读音相似，采用的是叶韵。而"in"与"ing"因前后鼻音的不同，严格来说不算押韵，但闻一多是湖北人，或许受湖北方言中前后鼻音不分的影响，因此勉强还算押韵。事实上，在当时胡适所提倡"文学的国语，国语的文学"，普遍"反对用土白话作诗"和"用土语押韵"，"除了在用土白话作诗的时候可以通融以外，在普通的新诗里则断乎不行"，译诗因此最好"以普通的北京官话为标准"，应遵循所谓作国语诗用国语韵。（饶孟侃，1926：49）1926 年 5 月 10 日，在《小说月报》17 卷 5 号上发表的《评闻君一多的诗》一文中，朱湘直接批评闻一多在新诗创作中用韵不够讲究。然而，闻一多在《诗的格律》中明确表示"我并不反对用土白作诗，我并且相信土白是我们新诗领域里一块非常肥沃的土壤"。（1993d：143）

在主题和建行方面，闻一多同样以四、四、三、三的编排，尤其在第八句末尾也使用句号，并做了跨行书写，再现了原诗的主题推进模式。这样的编排显然是基于他对十四行诗主题与结构关系的诗学理解，认为这些都是不容忽视的，从而构成十四行诗艺术价值的重要手段。他在《谈商籁体》一文中（1993b：448）明确表示，一首理想的商籁体，应该是个三百六十度的圆形，最忌一条直线，应遵循"起、承、转、合"的主题推进模式，且有一个非遵守不可的基本原则，那便是在第八行的末尾，规定要一个停顿。

对于原诗作者运用比喻、拟物、拟人等修辞手段营造的诗学形象，一贯强调"绘画美"的闻一多当然不会视而不见。闻一多的"绘画美"主要指以词藻为工具，依据诗人的审美传达和读者审美幻象的契合，使诗人的审美感受物态化和具体化，使文字呈现画面和意境的特点。原诗中伊丽莎白借助一系列生动的诗学形象，如 Theocritus, sweet years, bear a gift, antique tongue, melancholy years, by turns had flung, mystic Shape, drew me backward by the hair 等，成功地刻画出诗人内心跌宕起伏的情感经历，使得抽象的感情与具体的物象融为一体，达到烘托主题的效果。对此，闻一多采取尽量保留的手段，力图再现原诗所呈现的画面和意境。比如，对于原诗中的重要意象"shadow"，闻一多译为"暗影"，用上表颜色的"暗"字，突出了原诗所要表达的那种令人捉摸不定又令人害怕的神秘力量，成功地在读者心中构建出美国诗人庞德所说的"一刹那间智性和感性的复合体"（an intellectual and emotional complex in an instant of time）。不过，由于英汉两种语言的不同，且要考虑到节奏音韵等各种因素，闻一多有时也会放弃直译进行灵活处理，比如对于原诗中使用了移就（transferred epithet）修辞格的"gracious hand"，闻一多就把它拆开、分散到两行，分别与其他词语组合，最后译成"一个个宛然"和"手执着"，尽管原修辞格没能得到重现，但诗学形象并没有损失，也体现了闻一多在翻译过程中"信而不拙"的操纵力。

对于节奏，闻一多一直都极为关注，认为诗的魅力完全在于节奏，节奏是"诗的内在的精神"。（闻一多，1993d：146）在 1921 年，他为清华文学社所做的英文报告就是 A Study of Rhythm in Poetry（现通译为《诗歌节奏的研究》）。1922 年他在《律诗底研究》中指出，"节奏实诗与文之所以异，故其关系于诗，至重且大；苟一紊乱，便失诗之所以为诗"。（闻一多，1989：154）在 1926 年的《诗的格律》中他又进一步强调，"诗的能激发情感，完全在它的节奏。节奏便是格律……世上只有节奏比较简单的散文，决不能有没有节奏的诗"。（闻一多，1993d：140 – 141）对于诗歌应该表现"自然的音节"的"写实主义"观点，闻一多予以反对，他说："自然界的格律不圆满的时候多，所以必须艺术来补偿它。这样讲来，绝对的写实主义便是艺术的破产……偶然在言语里发现一点类似诗的节奏，便要打破诗的音节，要他变得和言语一样……这真是诗的自杀政策了。"（闻一多，1993d：142）显然，在闻一多看来，诗的节奏不是自然的而是人为的，既然作诗不讲节奏是"自杀"，那么译诗抹去原文的节奏就无异于"谋杀"了。

根据西方诗歌理论，十四行诗的基本节奏是五音步抑扬格，每行十个音节，但也常有九或十一音节的诗行，这叫节奏变体（metrical variation），属于首尾音缺失或尾音增加的情况，就像歌谱中的休止符，但计算时仍按完整音步计算。这首十四行诗基本每行十个音节，五音步抑扬格，第九行和第十行为十一个音节。翻译时，闻一多采取以音尺对 foot（现通译为音步）的方式来处理原诗的节奏，而对于原文由音的轻重所构成的抑扬格并没有做细致处理。在该译诗中，闻一多还是以汉语的"二字尺"和"三字尺"替代原文的双音步（disyllabic foot），并使每一诗行的音尺数对应原诗的音步数。比如第一行第二行采用的是 3/2/2/3/2 和 2/3/2/3/2 的音尺组合方式，虽然"二字尺"和"三字尺"的排列顺序不同，但每行的音尺总数与原诗的五个音步大致对应。译诗每行的字数保持在十到十二字之间，以十二字为常，大体整齐，体现了闻一多一贯坚持的诗学主张，显示出他在翻译中极具个性的诗学操纵。

通过对原诗与译诗几个诗学核心元素的对照，我们看到，闻一多没有采用当时流行的自由体或中国传统律诗体来进行翻译，而是结合现代白话的语言特点，尽可能地保留原诗的律体形态以期重现原诗的风采。这些诗学元素犹如限制译者自由的"脚镣"，其中节奏的处理难度最大。不过，对于坚持"节奏便是格律"的闻一多来说，这些"脚镣"，尤其是节奏的束缚，正是他乐于挑战的游戏规则。他说艺术起源于游戏，而游戏断不可无规则，犹如"棋不能废除规矩，诗也就不能废除格律……恐怕越有魄力的作家，越是要戴着脚镣跳舞才跳得痛快，跳得好。只有不会跳舞的才怪脚镣碍事，只有不会做诗的才感觉得格律的缚束"（闻一多 1993d：140 – 141）。尽管闻一多主张并尽量实践"能够不增减原诗的字数，便不增减，能够不移动原诗字句的次序，便不移动"（闻一多，1926：6），但是，毕竟涉及两种语言与两种文化的差异，译诗免不了会遭遇可译性限度（limits of translatability）问题。在这首译诗中，为了同时再现原诗的行数、语义、节奏和韵脚等，闻一多有时不得不对部分语义进行调整、位置挪移，甚至放弃。比如原诗第六行的语义顺序为"I saw, in gradual vision through my tears"，翻译时，为了使该行与第七行的尾韵一致，他将"tears"语义前置，将静态语义"vision"动态化，译成"泪眼发花了，于是我渐渐看见"；又如原诗第四行不仅使用了泛指的"mortals"，还用"old or young"来具化"mortals"的含义，但在译诗的第六行，闻一多放弃了语义复现部分，只保留了"世人"这一基本语义。原诗第一行提到了具体的希腊诗人"Theocritus"，但译诗中只用一个泛指的词"希腊的诗人"替代。尽管如此，闻一多的译诗充分体现了他对诗歌形式，尤其是节奏的重视。其译诗正是他孜孜以求的"融合两派底精华的结晶体"和"中西艺术结婚后产生的宁馨儿"主张的最鲜明体现。

本雅明（Walter Benjamin，1992：73）说，译文是原文的转世再生（afterlife）。西蒙（Sherry Simon，2006：17）甚至认为翻译实际上是译者"在邂逅其他语言之后因获灵感而写出来的东西"。闻一多的十四行诗译诗正是经过他极具个性的诗学操纵后转世再生而来的，既指向原诗，也指向新的诗，尤其在音韵节奏方面显示出鲜明的中西诗学融合的特征。在中国传统诗学中，律诗的用韵非常讲究，一个韵部规定了有多少字，押韵的字只能在同一个韵部中去找，不能用其他韵部的字，如果用了，就叫出韵。此外还有重韵、倒韵和险韵等各种戒律。律诗中的字在平仄方面也有着严格的规定，即所谓字有定音，并构成诗歌节奏的基础。这些严格的规定自新文学运动以来一直被看作是束缚新诗发展的枷锁，成为新诗抛弃传统的重要理由。闻一多的十四行译诗一方面呈现了原诗音韵设置的基本特点，另一方面又开创性地以中国古诗分逗传统为基础，直接采用英语诗歌的节奏单元概念音步，并根据汉语特点，赋予它全新的血肉，以"音尺"代替音步，以等量音尺的有序排列追求原诗节奏的再现，这些诗歌形式上的大胆探索和实验与中国新诗"形式"意识的匮乏形成重要反差。他的十四行诗译诗与当时主流的白话自由体译诗风格以及文言旧诗体译诗风格都大相径庭，让不能直接欣赏原作的中国读者看到了不一样的西方诗歌，看到了中西诗歌在形式方面的审美共性，让那些当时在诗歌形式上有追求的新诗诗人看到了西方诗歌的借鉴价值，为同时代那些迷失在诗歌语言白话化和诗歌形式自由化之间的新诗诗人提供了创格的参照。诚如朱自清（1988：374）在谈及新诗格律时所说，"创造这种新的格律，得从参考并试验外国诗的格律下手。译诗正是试验外国格律的一条大路，于是就努力的尽量的保存原作的格律甚至韵脚……这个试验是值得的；现在商籁体（即十四行）可算是成立了，闻先生是有他的贡献的"。

根茨勒（Edwin Gentzler，2008：4）把翻译本身预设成地震，认为会引发一系列的余震（aftershock）。闻一多的十四行诗的翻译也不例外。由于闻一多曾是新月社的核心成员，并参与《诗镌》和《新月》等杂志的编辑工作，这也促成了他扮演典范及制定规范的角色。在他率先翻译西方十四行诗之后的20年代末和30年代初，在形式上有着不懈追求的新月派诗人们纷纷效仿，相继发表了大量欧洲十四行诗译作，并开始尝试将这一诗体移植过来，积极创作和发表十四行诗，形成了中国十四行诗发展史上的第一个高潮。

在闻一多为数不多的诗歌翻译中，除了大量翻译了白朗宁夫人的十四行诗歌，他还翻译了5首英国杰出诗人霍斯曼的抒情诗。以下是霍斯曼的诗歌

Loveliest of Trees 和闻一多的译诗《樱花》。

LOVELIEST of trees, the cherry now Is hung with bloom along the bough, And stands about the woodland ride Wearing white for Eastertide. Now of my threescore years and ten, Twenty will not come again, And take from seventy spring a score, It only leaves me fifty more. And since to look at things in the bloom Fifty springs are little room, About the woodlands I will go To see the cherry hung with snow.	可爱的如今是樱花， 鲜花沿着枝枒上悬挂， 它站在林野的大路上， 给复活节穿着白衣裳。 算来我的七十个春秋， 二十个已经不得回头， 七十个春减去二十个， 可不只剩下五十给我？ 既然看看开花的世界， 五十个春说不上多来， 我得到林子里去望望， 那白雪悬在樱花树上。

　　原诗共三小节，格律较为严谨，每行基本八个音节，抑扬格，每行基本四个音步，押对韵（couplet rhyme），韵式为 aabb ccdd eeff。译诗也是三小节，除第一行八个节（字数），其他诗行全都是九个音节，形式上也表现得较为整饬。译诗采取"以尺代步"的方式来处理原诗的节奏，全诗的音尺组合方式为 3/2/1/2，2/2/3/2，1/2/3/3，1/3/2/3，2/2/3/2，3/2/2/2，3/1/2/3，2/3/2/2，2/2/3/2，3/1/3/2，1/2/3/3，3/2/2/2，以汉语的"二字尺"和"三字尺"为主体，但也偶尔穿插使用了"一字尺"，尽量使每一诗行的音尺数对应于原诗的音步数，以期重现原诗的节奏。译诗基本上也采用每两行押韵的方式再现原诗的韵式，其中第二节第三行的末字"个"和第四行的末字"我"以及第三小节第一行和第二行的末字"界"和"来"，看似不押韵，但按照闻一多湖北方言来读的话，倒也是押韵的。

　　霍斯曼的诗歌形式整饬，节奏感强，具有很高的音乐性。霍斯曼是英国现代伟大的古典学者，曾在牛津大学读书，后在伦敦大学和剑桥大学任教。他曾经一度活泼开朗，后来变得沉默寡言、严肃忧郁，思想深刻悲观。他三十多岁开始写诗，第一本诗集 A Shropshire Lad（《西洛泼郡的少年》）一经发表，就引起很大的社会反响。他的诗歌深受希腊和拉丁诗歌及传统民谣的影响，诗风简明清晰，音韵和谐，具有很高的艺术价值，常常感慨人生短暂，世事哀伤，其诗歌对后世影响深远。显然，对于一心希望通过融合中西诗学建构新诗形式的闻一多而言，霍斯曼的诗歌可以成为中国新诗发展的参照，这也是他选择霍斯曼的诗歌来翻译，并尽可能再现原诗的形式格律的原因。事实上，闻一多在赴美留学期间，与梁实秋一起选修"现代英美诗"，两人就对英国近代史上的杰出诗人霍斯曼情有独钟，这也成就了后来闻一多开国内翻译霍斯曼诗歌之滥觞，而梁实秋则成为国内评价霍斯曼诗歌的第一人。

闻一多翻译西方诗歌时，正值胡适"诗体大解放"观点日益盛行，当时中国新诗的散体化倾向已日益严重。但闻一多很不认同当时的这一流行观点，认为："技术无妨西化，甚至可以尽量的西化，但本质和精神却要自己的。我这主张也许有人要说便是中学为体、西学为用。对了，我承认我对新诗的主张是旧到和张之洞一般。"（闻一多，1948：186）闻一多是第一个对新诗中的"非诗化"进行批评的人，在《〈冬夜〉评论》中，他指出胡适把新诗引入了一条"非诗化"的邪路，并直言："不幸的诗神啊，他们争着替你解放……谁知道在打破枷锁镣铐时，他们竟连你的灵魂也一齐打破了呢！"（闻一多，1985：35）

对于白话新诗，1921年6月，他在《清华周刊》增刊上发表文章《评本学年〈周刊〉里的新诗》，明确指出应该要考虑对传统古典诗歌的传承："没有进旧诗库里去见过世面的人决不配谈诗。旧诗里可取材的多得很，只要我们会选择。"（闻一多，1921：13）在《诗的格律》中，闻一多虽然认为新格律不可能从已经被颠覆的文言中寻找到既成的模式，却强调新格律范式可以拯救失败的白话新诗。在1923年的《泰果尔批评》里，他（1993a：445）说："我不能相信没有形式的东西怎么能存在，我更不能明了若没有形式艺术怎么能存在！"在1926年《戏剧的歧途》中，他（1993f：148）明确提出："艺术的最高目的，是要达到'纯形'Pure form的境地。"在1926年《诗的格律》中，他更是强调："格律就是form。试问取消了form，还有没有艺术？"（闻一多，1993d：140）他认为："属于视觉方面的格律有节的匀称，有句的均齐。属于听觉方面的有格式，有音尺，有平仄，有韵脚，但是没有格式，也就没有节的匀称；没有音尺，也就没有句的均齐。"（闻一多，1993d：142）正是秉持着这样的诗学观念，尤其是对诗歌形式的执着追求，闻一多在蔚然成风的自由体译诗大潮中逆流而上，坚持"译成的还要是'诗'的文字，不是仅仅用平平淡淡的字句一五一十地将原意数清了就算够了"（闻一多，1984a：186），力图将译诗重新导入"有音律的纯文学"（朱光潜，2010：106）的范畴。在"不作言之无物"（胡适，1918）的新诗观念时期，作为"专业人士"的闻一多所选择翻译的诗歌并不是那些突出反映时代革命精神，凸显文学道德教化功能的作品，而是选择那些具有较高审美价值，并与中国传统诗歌存在诸多共性的诗作，体现了他对诗歌纯粹艺术价值的重视与追求。

同时，我们看到，在中西文化的碰撞之间，闻一多的思维方式和心理态度既不同于当时主张全盘西化的革新派的偏激立场，又与顽固守旧的文化保守主义不甚相同。闻一多正是通过诗学的操纵功能译介西方格律诗，从而引进新的文学概念、新的文学样式和新的表现方法以增富和改造目标语文化的诗学体系，这恰恰与当年新文学革命的重要使命相一致，显示了文学翻译在目标语文学史中所具有的塑造力（shaping force）。

4.2.2　徐志摩："完美的形体是完美的精神的唯一表现"

徐志摩（1897—1931）是中国现代文学史上一位成就突出、备受关注的诗人。他曾翻译过欧美多国 20 余位作家的作品，并撰文介绍过不少诗人及诗作。他的诗歌翻译活动主要集中在 1921 年至 1931 年这十余年间，其译诗主题也随着人生经历的不同而有着较大变化。穆木天曾在 1934 年 7 月 1 日《文学》3 卷 1 期上《徐志摩论·他的思想与艺术》一文中写道："徐志摩的一切翻译，是反映着他自己的主观，换言之，他的翻译也就是他的自我再现。"（穆木天，1934：13）据赵遐秋等编的五卷本《徐志摩全集》及其他一些相关资料，徐志摩一生总共翻译诗歌约 80 首/段，其中 51 首为英文诗，另 15 首是由英文转译而来的非英语国家的作品，主要发表在《新月》《晨报副刊》《小说月报》《现代评论》《诗坛》以及《语丝》等期刊上，但他的大部分译诗并没有在他生前发表，而是在他去世后，人们在编选他的全集和选集时，才将他生前没有发表过的译诗也尽量做了收录。徐志摩的译诗以英国浪漫主义时期的作品为主，也包括 20 世纪初的现代派作品，其中以哈代的诗歌最多，达 21 首。徐志摩早年曾用文言译诗，后极力主张白话译诗，积极倡导新诗格律化，并就诗歌翻译问题发表了不少独到的观点，主要体现在发表于 1924 年 3 月 10 日《小说月报》15 卷 3 期的《征译诗启》、1925 年 8 月 29 日《现代评论》2 卷 38 期的《一个译诗问题》、1925 年 10 月 8 日《晨报副刊》1286 期的《葛德的四行诗还是没有翻好》等文章当中。

1918 年，徐志摩前往美国留学，1920 年 9 月抱着"从罗素"的理想离开美国哥伦比亚大学，转赴英国追求新思想新文化，不久转向文学。在剑桥，徐志摩一待数年，其间，他与欧洲文化界一大批知名人士交往甚密。1921 年 11月 23 日，他创作了诗歌《草上的露珠儿》，从此走上了诗歌创作与诗歌翻译齐头并进的文学道路。根据《徐志摩诗全编》一书（顾永棣，1992）所整理的创作年表，1921 年，他真正开始走上文学道路，总共发表了八首诗歌作品。这八首诗中，除了《草上的露珠儿》是自己创作的，其余七首皆为译诗。

1921 年至 1922 年留英学习期间，由于当时徐志摩正沉浸在和才女林徽因的爱情之中，他的翻译选择也大都与爱情有关。译诗主要有白朗宁夫人的《包容》（Inclusions）、华兹华斯的《葛露水》（Lucy Gray or Solitude）、美国 19 世纪诗人汤普森（Maurice Thompson）的《阿塔兰塔的赛跑》（Atalanta's Race）、英国维多利亚时期拉斐尔前派的史温明的《晨沐》（Early Bathing）、柯勒律治的《爱》（Love）、济慈的十四行诗《致范妮·勃朗》（To Fanny Brawne）、英国诗人弗莱克的《乔塞夫与玛丽》（Joseph and Mary）、英国诗人威尔莫特（John Wilmot）的《致情人》（To His Mistress）、英国诗人满垒狄斯（O. Meridith）的《小影》（The Portrait）等。以下是徐志摩在 1922 年 8 月回国前所译的白朗宁夫人的《包容》的前两节。

Oh, wilt thou have my hand, Dear, to lie along in thine? As a little stone in a running stream, it seems to lie and pine. Now drop the poor pale hand, Dear, unfit to plight with thine.	吁嗟我爱，盍握予手？ 璧石在涧，静俛且朽； 吁嗟我爱！其舍是手， 念慈憔悴，与子焉耦。
Oh, wilt thou have my cheek, Dear, draw closer to thine own? My cheek is white, my cheek is worn, by many a tear run down. Now leave a little space, Dear, lest it shold wet thine own.	吁嗟我爱！盍揾予腮？ 是苍且哀，涕泗实摧； 吁嗟我爱！其稍离开， 宁予之泪，湿子之腮。

　　原诗共三节，每节三行，以抑扬格为主体，每行六至八个音步，每一小节都是各自押的三连韵，每行内加上逗号、感叹词或称呼语，反复使用口语化的直白抒情，又因一些古词的使用而显得古朴，读起来节奏鲜明而又意韵深长。

　　徐志摩的译诗采用了四言古体形式，将原诗每个小节译成了八句四行，根据四言两顿的原则，每行四个节拍，各小节在偶数句押韵，每小节各自一韵到底，译文以"吁嗟"等词体现原诗的口语化的直白抒情；又依据原诗的重复手段，使用了复沓的手法，比如反复使用"吁嗟我爱"的表达方式，造成回旋，使诗歌具有内在的节奏感和旋律美。不过，虽然整首诗歌读起来节奏分明，情深意浓，基本再现了原诗内容，可是形式上却与原诗相差甚远，读者很难感受到这是一首译诗。因为无论在诗歌形式、语言用词还是抒情方式上，该译诗读起来都更像中国《诗经》里的四言古风。

　　徐志摩在 1922 年 8 月回国前还用文言翻译了美国 19 世纪诗人汤普森的 Atalanta's Race，原诗和译诗的前两节如下：

When Spring is old, and dewy winds	芳春之莫兮，薰风宛自南，
Blow from the south, with odors sweet,	南风一何醇，中有花香涵，
I see my love, in shadowy groves,	春林甚凉爽，矫然现仙嫱，
Speed down dark aisles on shining feet.	云驰下暗廊，双足露奇芒。
She throws a kiss, and bids me run	投予以吻兮，速予为腾骧，
In whispers sweet as roses' breath;	唧唧语何温，吹气尽兰香；
I know I can not win the race,	嗟予宁不知，孰能操胜筹，
And at the end, I know, is death.	况予其终也，刑死复谁咎？

原诗共四节，每节四行，每行基本为四音步抑扬格，第一小节在偶数行押韵，第二小节在后三行押连韵，语言直白，叙事分明，并且使用了大量的掉尾句式（run-on line）和断裂句式，读起来节奏分明，朗朗上口。译诗采用五言古体形式，将原诗每一小节译成了八句四行。按照五言三顿原则，每一诗行为整齐的六拍，每一小节都采用两行连韵形式，节奏韵律齐整严谨，译诗还运用了不少饱含中国传统意蕴的古朴词汇，更增添了骚体诗中常用的语气助词"兮"，甚至还将原文的一些意象进行归化，以中国传统的意象加以替代甚至添加，比如以"薰风"替代 dewy winds，以"兰香"代替 roses' breath 等，使译诗蕴含一种古朴飘逸的意境，富于抒情和浪漫气息，表现出一种内在的匀整与流动的节奏。虽然译诗基本体现了原诗内容，但古朴的文言形式让诗歌完全不能再现西方诗歌的本来面貌，呈现出来的更像是一首韵式别致的中国古典抒情诗歌。

徐志摩用韵律较为齐整的文言诗翻译了 4 首英文诗歌，另外两首分别为济慈的十四行诗《致范妮·勃朗》和英国诗人弗莱克的《乔塞夫与玛丽》（Joseph and Mary），而且都是在他 1922 年 8 月回国之前完成的。那个时期，徐志摩还没完全摆脱旧文学习惯，不容易打破文言诗的齐整韵律形式。而且，他在英国所接触的诗歌也大多是有着齐整韵律的西方传统诗歌，特别钟情于英国浪漫主义诗人拜伦、雪莱和济慈等歌颂自然和人生的作品。徐志摩在 1923 年 11 月 5 日《文学旬刊》95 期发表的《读雪莱诗后》一文就是宣扬雪莱的诗和自己诗学观的重要文章："他是爱自由的，他是不愿意受束缚的……但是仅仅爱自由的精神，热烈的利他情绪并不能使他成为伟大的诗人。他之所以成为伟大的诗人是因为他对于理想的美有极纯真挚的爱。"（徐志摩，1923b：24）与徐志摩同时代的人多把他比作雪莱。比如吴宓在《徐志摩与雪莱》一文中说："……以志摩比拟雪莱（郁［达夫］先生文中译作奢来），最为确当。凡是志摩的相识友人，亦莫不将志摩认作雪莱。而志摩与我之间的关键枢纽，也可以说是介绍人，正是雪莱。如果有人肯翻读我那本文言旧诗集（《吴宓诗集》，中华书局出版），不难详知一切。"（吴宓，1936：586）由于徐志摩回国前没有受到国内白话及白话新诗运动的直接影响，他当时的诗歌翻译常常表现出英语诗歌诗律与中国文言诗律共现的特点，进而使得其译诗成为一种句式整饬、体例严谨、韵律讲究的独特文言新格律诗体。由于文言译诗受到本土文化中诗学规范和语言规范的制约，译诗往往难以传达原诗风貌，徐志摩回国后受到国内白话文学的直接影响，继而深感文言译诗的弊端，于是摈弃文言，改用白话译诗。

完成于 1922 年 1 月 31 日的《葛露水》是徐志摩较早的白话译诗，原诗是华兹华斯的 Lucy Gray or Solitude，以下是原诗和译诗的前三节：

OFT I had heard of Lucy Gray: And, when I crossed the wild, I chanced to see at break of day The solitary child.	我常闻名葛露水： 我常路经旷野 天明时偶然遇见 这孤独的小孩。
No mate, no comrade Lucy knew; She dwelt on a wide moor, —The sweetest thing that ever grew Beside a human door!	无伴，露水绝无相识， 她家在一荒凉的沼泽 ——一颗最稀有的珍珠 偶尔掉入人家呵！
You yet may spy the fawn at play, The hare upon the green; But the sweet face of Lucy Gray Will never more be seen.	精灵的刍麛嬉嬉茸茸， 玲珑的野兔逐逐猱猱， 可怜露水儿的香踪 已经断绝了尘缘。

原诗作者华兹华斯是英国浪漫主义诗歌的主要奠基人和成就最高者，"湖畔派"诗人的重要代表，1798 年与诗人柯勒律治（Samuel Taylor Coleridge，1772—1834）共同出版《抒情歌谣集》（Lyrical Ballads）。该诗集第二版的"序"被认为是英国浪漫主义的宣言。华兹华斯认为，诗歌是"强烈感情的自然流露"（the spontaneous overflow of powerful feelings），提出废止古僻生涩的诗歌用语，改用通俗生动的民间歌谣和口语词汇的主张，引起了强烈反响。其诗歌理论动摇了英国古典主义诗学的统治，有力地推动了英国诗歌的革新和浪漫主义运动的发展。原诗共十五节，每节四行，以抑扬格为主体，单行四音步，双行三音步，各行交叉用韵，为 abab，cdcd，efef……语言清新朴实，具有浓厚的口语风格和音乐效果，是典型的歌谣体，充分体现了华兹华斯的诗歌理

念，尤其是其所主张的好的诗歌必须是选用"人们真正用的语言"（the real language of man）来写"普通生活里的事件和情境"（the life of common people in an imaginative way）的观点。

徐志摩的译诗采用白话，保留了原诗每节四行，共十五节的形式，用词口语性也较强，每一诗行为六至九个字节，译诗以二字音组和三字音组为主，偶尔穿插使用了一字音组，每行三至五个音组。虽然译诗没有重现原诗的节奏，但较好地再现了原诗朴素清新的诗风，并且可以看出徐志摩此时已经意识到"形似单音的缘故"。（徐志摩，1923b）他还有意识地将当时的口语入诗，使每个诗行的音组数为三至四个，从而使得每个小节各自在形式和节奏上都表现得较为整饬，读起来爽快流利。韵式方面，虽然译诗没有重现原诗交叉用韵的形式，但译诗大多数的小节都随着内容情绪的变化形成一种自然的韵式，有的小节采用的是双句入韵、单句不入韵的形式，有的小节采用的是两两联韵的形式，有的小节采用的是一韵到底的形式，使得口语呈现了非口语的特质。卞之琳（1984：37）曾以"运用口语干脆利落"来评价徐志摩洗练纯净的抒情诗口语。

1923 年，徐志摩结束海外留学生涯回国。1923 年至 1926 年这个阶段，是徐志摩诗歌创作和诗歌翻译的黄金时段，所翻译的诗歌数量颇多。以下是载于 1923 年 12 月 10 日《小说月报》第 14 卷 12 期的徐志摩所译的《分离》，原诗为哈代的 The Division。

Rain on the windows, creaking doors, With blasts that become the green, And I am here, and you are there, And a hundred miles between!	急雨打着窗，震响的门枢， 　　大风呼呼的，狂扫过青草地， 在这里的我，在那里的你， 　　中间隔离着途程百里！
O were it but the weather, Dear, O were it but the miles That summed up all our severance, There might be room for smiles.	假如我们的离异，我爱， 　　只是这深夜的风与雨， 只是这间隔着的百余里， 　　我心中许还有微笑的生机。
But that thwart thing betwixt us twain, Which nothing cleaves or clears, Is more than distance, Dear, or rain, And longer than the years!	但在你我间的那个离异，我爱， 　　不必那可以缩短的距离， 不必那可以消歇的风雨， 　　更比那不尽的光明，窈远无期！

徐志摩译介的诗歌作者众多，其中尤以哈代的诗歌数量为最，遥遥领先于

其他诗人的作品。徐志摩钟情哈代，并在 1924 年 1 月 25 日《东方杂志》20 卷 2 期发表《汤麦士·哈代的诗》一文，高度评价哈代在文学史上的地位，认为哈代

> 一生不绝的创造之流便是近代文艺界可惊的一个现象，不但东方艺术史上无有伦比，即在西欧亦是件不常有的奇事……表现出了一种独特的文化品格——融合了东西方文学的情绪和格调。（徐志摩，1924b：57）

哈代去世后的第二个月，他在《新月》上发表《汤麦士·哈代》与《谒见哈代的一个下午》两篇纪念长文，以及挽诗《日咖》。在此之前，徐志摩还写了《厌世的哈代》和《哈代的著作略述》等文章，并以"哈代"为题写过诗。尽管徐志摩在英国很早就接触并翻译了哈代的诗歌，却未曾与其谋面，这令他深感遗憾。后来，再去英国游学之际，徐志摩经由狄更斯介绍，于 1925 年 7 月专程去多塞特乡下拜谒了哈代，并在后来的《谒见哈代的一个下午》中详尽描述了此次难忘的经历，再次表达了他对哈代及其作品的仰慕与崇敬。经过徐志摩的热心译介，中国读者才逐渐了解和熟悉哈代。

哈代的这首 The Division 共三节，每节四行，以抑扬格为主体，每小节单行不押韵，双行押韵，单行四音步，双行三音步，属民谣体诗歌。徐志摩翻译这首诗歌，其实是他当时得知林徽因订婚后的情感抒发。徐志摩的译诗同样是三节，每节四行，韵式安排上既有规律，又灵活生动，每小节各有韵律，保留原诗单行不押韵，双行押韵的特点，译诗以二字音组和三字音组为主体，偶用一字音组，同时发掘白话汉字特有的表现力，用了拟声词"呼呼"，程度副词"只是"和"不比"，并反复使用同义复现的词汇如"隔离""离异""间隔""距离"等，使得原诗强调人生隔阂，难以沟通的主题得以强化，读起来抑扬顿挫，声情谐调。每个诗行为八至十一个字，每行四至六个音组，每节的单句诗行顶格，偶句诗行后退一格，形式较为整饬却又错落有致，变化中有规律，参差里显出匀称，富有视觉美感，形成错落的"构图美"，较好地再现了原诗的风味神韵。

1924 年，徐志摩根据菲茨杰拉德英文转译翻译了波斯诗人伽亚谟的一首短诗，原诗与译诗如下：

Ah Love, could you and I with fate conspire To grasp this sorry Scheme of Things entire, Would not we shatter it to bits—and then Remould it nearer to the Heart's Desire!	爱阿！假如你我能勾着运神谋反， 一把抓住这整个儿"寒尘"的世界， 我们还不趁机会把他完全捣烂—— 再来按我们的心愿，改造他一个痛快？

原诗是一首格律整齐的四行诗，五步抑扬格，韵式为 aaba。徐志摩的译诗采用白话，也是四行，单行十三字，双行十四字，以二字音组和三字音组为主，偶尔穿插使用一字音组和四字音组，各行基本可读成六个音组，韵式为abab。其中，第二行的"界"和第四行的"快"，按照现代汉语读起来似乎不押韵，但根据《平水韵 106 部》，这两个字都属去声"十卦"部韵，其实是押韵的。显然，译诗虽然与原诗在节奏方面不完全一致，但译诗的诗行较为整饬，韵式安排也较为齐整，基本保留了原诗的意韵，同时还添加了一些标点来加强诗歌的节奏，让译诗读起来又呈现出内在的音节波动。这些都体现了徐志摩放弃文言改用白话后的诗学观念。1924 年 3 月 10 日，在《小说月报》15 卷3 期的《征译诗启》一文中，他明确指出，"旧诗格所不能表现的意致的声调，现在还在草创时期的新体即使不能满意的，至少可以约略的传达"。（徐志摩，1924d：123）虽然他放弃了文言作诗译诗，突破了传统诗学中既有的形式束缚，但他认为新诗的"新"并不是无须遵循艺术规律的自由书写，而是应在白话新诗的形式方面有所追求。为了使人们对白话译诗的形式有更多的关注，他甚至在《征译诗启》中表示：

> 我们想要征求爱文艺的诸君，曾经相识与否，破费一点工夫做一番更认真的译诗的尝试；用一种不同的文字翻来最纯粹的灵感的印迹。……我们所期望的是要认真的翻译研究中国文字解放后表现细密的思想与有法度的声调与音节之可能，研究这些新发现的达意的工具究竟有什么程度的弹力性与柔韧性与一般的应变性，究竟比我们旧有方式是如何的各别，如其较为优胜，优胜在哪里？（徐志摩，1924d：122）

而且，1923 年徐志摩在北京曦社讲演《诗人与诗》时就明确指出："诗的灵魂是音乐的，所以诗最重音节。"（徐志摩，2005：277）1924 年，徐志摩在他所译的波德莱尔的《死尸》的序文里直接写道："诗的真妙处不在他的字义里，却在他的不可捉摸的音节里。"（徐志摩，1924c：4）后来，1926 年 4 月 1日，徐志摩在《晨报副刊·诗刊》1 期上为新诗专栏撰写的开场白《诗刊弁言》中，进一步强调诗歌形式的重要性，他明确指出，"完美的形体是完美的精神的唯一表现"，并就白话新诗，率先提出：

> 诗是表现人类创造力的一个工具，与音乐、美术是同等同性质的……要把创格的新诗当一件认真事情做……我们信我们自身灵里以及周遭空气里多的是要求投胎的思想的灵魂，我们的责任是替他们拕造适当的躯壳，这就是诗文与各种美术的新格式与新音节的发见。（徐志摩，1926a：1）

事实上，该译诗是出现在 1924 年 11 月 7 日《晨报副刊》上徐志摩所撰写的一篇题为"茇默的一首诗"的短文中的，文章写道：

胡适之《尝试集》里有茇默诗的第七十三首的译文，那是他最得意的一首译诗……方才我一时手痒，也尝试了一个翻译……虽则完全的译诗是根本不可能的，现在我把那首原译与胡译与我的译文录在一起，供给爱译诗的朋友们一点子消遣。（徐志摩，1924a）

显然，徐志摩翻译这首伽亚谟的诗歌是出于对胡适先前翻译的不满，胡适的译诗是：

要是天公换了卿和我，
该把这糊涂世界一齐都打破，
再磨再炼再调和，
好依着你我的安排，把世界重新造过！

1924 年 5 月 6 日，正如徐志摩在文章《杂记（二）》中所言："诗艺最重个性，不论质与式，最忌剿袭。"对照徐志摩和胡适二人的翻译，我们发现，二者大不相同。徐译更多的是直译，内容与原诗比较接近，而胡译更多的是意译，译诗在内容方面相对于原诗也有较大的自由度。另外，由于胡适当时所用的原诗版本中第一句为"Ah Love, could you and I with Him conspire"，而徐志摩的原诗版本里该句中的 Him 已变成了 fate，导致二人在语义的理解上也有所不一致，但二者在传达原诗总体内容方面差别并不是很大，二者最根本的差别其实是在译诗的形式方面。胡适的译诗完全忽视了原诗的格律特点，译诗诗行之间的音节数和音组数相差很大，诗行显得参差不齐，长短不一，形式自由散漫。而徐志摩的译诗则与原文更为接近，虽然译诗并没有严格再现原诗的节奏，但在音节与韵式安排上都表现出他对白话诗歌"新格式与新音节"方面的追求，是在尽力践行他"完美的形体是完美的精神的唯一表现"的诗学观念。而对于胡适的这篇译文，1925 年 8 月 29 日，徐志摩在后来发表在《现代评论》2 卷 38 期的《一个译诗的问题》文章中还指出：

有的译诗专诚拘泥形式，原文的字数协韵等等，照样写出，但这样一来往往神味浅了；又有专注神情的，结果往往是另写了一首诗，竟许与原作差太远了，那就不能叫译，例如适之那首茇默，未始不可上口，但那是胡适，不是茇默。（徐志摩，1925a：15）

1925 年 8 月 15 日，徐志摩在《晨报·文学旬刊》上发表了由苏格兰作家卡莱尔（Thomas Carlyle）英译的德国葛德（今译歌德）的一首四行诗 Harfenspieler，该诗其实是歌德小说《威廉·迈斯特学习时代》中，从一位弹竖琴的老人口中唱出的诗歌的前半部，徐志摩将译诗名为"译葛德四行诗"，原诗与译诗对照如下：

Who never ate his bread in sorrow, 　Who never spent the midnight hours Weeping and waiting for the morrow, 　He knows you not, ye heavenly powers.	谁没有和着悲哀吞他的饭， 　谁没有在半夜里惊心坐起； 泪滋滋的，东方的光明等待，—— 　他不曾认识你，阿伟大的天父！

原诗共四行，每行九个音节，以四音步抑扬格为主体，韵式为隔行押韵的 abab，其中一、三行以"sorrow"和"morrow"为韵脚，不仅押了目韵，而且押了腹韵和尾韵，也称阴韵（feminine rhyme），前两句诗行还重复使用了"who never"作为开头，整首诗歌读起来抑扬顿挫又回环委婉。译诗也为四行，前三行都是十一个字，第四行为十二个字，整首诗显得较为整饬，但押韵方面却没有体现原诗隔行韵的特色，前两句均以"谁没有"语汇开头，字数也相当，读起来颇有诗韵，但后两句读起来却不是很顺口。其实，这里的"饭"与"待"在北京语音中虽不押韵，但在徐志摩家乡的吴语系统中却是押韵的。不过，这样的押韵方式还是遭到了提倡国语统一运动的胡适的嘲笑。两天后，胡适也将那四句诗译了出来：

> 谁不曾含着悲哀咽他的饭！
> 谁不曾中夜叹息，睡了又重起，
> 　泪汪汪地等候东方的复旦，
> 　伟大的天神呵，他不曾认识你。

胡适的译诗的韵式为 abab。过了一天，胡适又将其中"天神"改为"神明"。徐志摩看罢，再次改译该诗，译为：

> 谁不曾和着悲泪吞他的饭，
> 谁不曾在凄凉的深夜。怆心的，
> 　独自偎着他的枕衾幽叹，——
> 　伟大的神明啊，他不认识你。

这次翻译，他不仅颇为关注内蕴和押韵，还添加了一些标点来加强诗歌的节奏，让译诗读起来又呈现出明显的音节波动。后来，徐志摩将这三种译文附上，写成《一个译诗问题》一文，发表在当年 8 月 29 日《现代评论》2 卷 38 期上，徐志摩在文中明确指出："翻译难不过译诗，因为诗歌的难处不仅是他的形式，也不单是他的神韵，你得把神韵化进形式去，像颜色化入水，又得把形式表现神韵，像玲珑的香水瓶子盛香水。"（徐志摩，1925a：14）文章发表后，北大德文教授朱家骅和另一位学人周开庆分别寄来自己的译诗，郭沫若也将自己的译诗交给徐志摩，并与徐志摩讨论了一番。但是，对于这几位的精心翻译，徐志摩仍不太满意，认为不能全然传达原诗的情致和意味，于是又将这几种译文集在一起，从语言形式和意境神韵两方面对胡适、郭沫若、朱家骅、周开庆和自己的译文进行仔细分析，撰写出《葛德的四行诗还是没有翻好》一文，发表在 1925 年 10 月 8 日的《晨报副刊》1286 期上，由此可见徐志摩在诗歌翻译上对形式及内蕴的执着追求。

1926 年 4 月，徐志摩与闻一多、饶孟侃、孙大雨、朱湘、刘梦苇等人一道，创办了专门刊载新诗和诗学研究文章的《诗镌》，共同建立了新格律诗理论，形成新诗格律派。1928 年，该新诗流派又创刊《新月》杂志，继续践行新诗格律化。尽管作为新诗格律派核心成员的徐志摩强调"翻译难不过译诗"，但他却一直在进行新诗创作的同时坚持诗歌翻译。在强调诗歌难译时，徐志摩做出了多种比喻，如："诗人的话，尤其是泰戈尔的话，差不多像秋叶的颜色一样，没有法子可以翻译得像的。"（转引自沈益洪，2001：117）他在 1924 年《语丝》第 3 期的《译〈死尸〉"Une Charogne"序》一文中还说："这首《死尸》是波特莱尔的《恶之花》诗集里最恶亦最奇艳的一朵不朽的花，翻译当然只是糟蹋。"（徐志摩，1924c：4）在新诗格律化的诗学观念影响下，徐志摩在强调诗歌神韵的同时，其译诗在音韵节奏方面的格律化特征也愈加鲜明。

1926 年 1 月 1 日，在《现代评论第一周年纪念增刊》上，徐志摩发表了译诗《图下的老江》，译自英国维多利亚时期"拉斐尔前派"（Pre-Raphaelite Brotherhood）的代表 D. G. 罗塞蒂（Dante Gabriel Rossetti）的诗歌 John of Tours，以下是译诗与原诗的前四节。

John of Tours is back with peace, But he comes home ill at ease. 'Good-morrow, mother.' 'Good-morrow, son; Your wife has borne you a little son.' 'Go now, mother, go before, Make me a bed upon the floor; Very low your foot must fall, That my wife hear not at all.' As it neared the midnight toll, John of Tours gave up his soul. "Tell me now, my mother my dear, What's the crying that I hear?" Daughter, it's the children wake Crying with their teeth that ache.' Tell me though, my mother my dear, What's the knocking that I hear?'	到了家了，图下的老江， 他身体老大的不爽。 "您好，我的妈。""您好，我的儿； 媳妇给你生了个小孩儿。" "妈，那你先去，到地板上 替我去铺上一张床； 轻轻儿的，妈，您小心走道， 别让我的媳妇听到。" 那晚到半夜的光景， 老江睡着了，从此不醒。 "啊我的好妈，您告我 下面有人哭为甚么？" "媳妇，那是小孩儿们 为牙疼哭得你烦心。" "可是您得告我，我的妈， 谁在那儿钉板似的打？"

　　"拉斐尔前派"，又常译为前拉斐尔派，他们反对英国维多利亚时期学院派的腐化，主张回归到 15 世纪意大利文艺复兴初期，共同倡导发扬拉斐尔以前的艺术精神，以改变当时的艺术潮流。在他们的心目中，诗歌的偶像是文艺复兴时期的但丁。D. G. 罗塞蒂是"拉斐尔前派"的重要代表，他个性鲜明，无视传统，是 19 世纪最具个性的英国画家兼诗人，他的诗歌意念具体，想象精微，表现出意大利诗歌的音乐节奏感和宗教色彩。D. G. 罗塞蒂的这首诗形式上较自由，共八个小节，前七节每节四行，第八节六行，每行三至四个音步，双行连韵，主要采用对话形式进行叙述，纯朴细腻，具有鲜明的民谣风格，适于传唱。徐志摩的译诗形式较为整饬，每行七至九个汉字，可读成三至四个音组，全诗同样以双行连韵为基本韵式，口语性较强，读起来流畅自如，质朴而富有韵律，也颇具民谣风格，便于吟唱，显示出徐志摩对形式和音韵的重视。

　　徐志摩不仅翻译了 D. G. 罗塞蒂的诗歌，而且还翻译了与哥哥 D. G. 罗塞蒂一样同属"拉斐尔前派"代表诗人的 C. G. 罗塞蒂女士的诗作。1928 年 6 月 10 日徐志摩在《新月》1 卷 4 期上以"志摩"为署名发表了他译自英国 19 世纪女诗人寇列士丁娜·罗塞蒂（Christina Georgina Rossetti，今通译为克里斯蒂娜·罗塞蒂或 C. G. 罗塞蒂）的译诗《歌》，原诗题名为 Song。译诗形式整饬，而且在词汇、句式及韵脚方面的不断重复，使得译诗读起来也音韵优美，意味深长。

1928 年 3 月 10 日徐志摩在《新月》1 卷 1 期上以"志摩"为署名再次翻译了哈代的诗作《一个星期》（A Week），原诗与译诗的前三节如下：

On Monday night I closed my door, And thought you were not as heretofore, And little cared if we met no more.	星一那晚上我关上了我的门， 心想你满不是我心里的人， 以后见不见面都不关要紧。
I seemed on Tuesday night to trace Something beyond mere commonplace In your ideas, and heart, and face.	到了星期二那晚我又想到 你的思想，你的心肠，你的容貌， 到底不比得平常，有点不儿妙。
On Wednesday I did not opine Your life would ever be one with mine, Though if it were we should well combine.	星三那晚上我又想起了你， 想你我要合成一体总是不易， 就说机会又叫你我凑在一起。

哈代的原诗以一个星期的七天为序，抒发了对情人每日剧增的情感，全诗共七节，每节三行，以抑扬格四音步为主体，每小节各自押三连韵，结构严谨，节奏鲜明，抒情直白。在英国诗歌史上，哈代是诗歌韵律的大胆实验者和开拓者，其诗歌形式传统，韵律繁复多变，但传统的诗歌形式与诗中的现代意识形成撞击，更凸显出诗歌的张力，进而影响了一大批现当代诗人。庞德（Ezra Pound）声称："自从托马斯·哈代去世之后，再也没人教我写诗了。"（转引自波金斯，1997：163）奥登（W. H. Auden）也说哈代是他第一位崇拜的诗人（同上）。在 1925 年徐志摩拜见哈代的那次谈话中，哈代还特地问徐志摩中国诗是否用韵，并强调诗歌应该用韵。哈代说，你投块石子到湖心里去，便有一圈圈的水纹漾了开去，而诗的韵就像那水纹。（徐志摩，2005：210）

徐志摩的译诗同样是七节，每节三行，每个诗行为十一至十三个汉字，形式较为整饬，诗行以二字音组和三字音组为主体，每行五至六个音组。因此，为了保持某些诗行字数音节的相当，徐志摩灵活运用了白话汉字特有的表现力，比如将常规的"星期 X"简化为"星一""星三""星四""星五"的表达方式，这也体现了他所主张的白话优于文言的新诗创作观点，是他所强调的"文字内蕴的宽紧性（Elasticity）实在是纯粹文字进化的秘密所在"（徐志摩，1923a），以及"中国文字解放后"的"新发现的达意的工具究竟有什么程度的弹力性与柔软性与一般的应变性。"（徐志摩，1924d）不过，徐志摩这种处理，又多少让人觉得词组有些生硬，扭曲了汉语的组词习惯，是译者在牺牲音/意组的合理性来保全诗行字数的齐整。在韵式方面，译诗也基本体现了原诗三行连韵的特点。总体说来，译诗读起来平实自然、富于韵律，较好地再现了原诗对抒情主体复杂情感和心理的刻画，使得原诗那种简洁而不浅薄，朴素而有变化，平凡普通而又耐人寻味的高超诗歌艺术通过听觉上的音乐美和视觉上的画面感得到体现。

徐志摩与闻一多虽同为新月社诗人，都追求新诗的格律，但两人在诗学观念上也不尽一致。徐志摩曾在 1931 年的《〈猛虎集〉自序》中说：

我的笔本来是最不受羁勒的一匹野马，看到了一多谨严的作品我才憬悟到我自己的野性。但我素性的落拓始终不容我追随一多他们在诗的理论方面下过任何细密的工夫。（徐志摩，1983：302）

他在《诗刊的放假》中指出：

正如一个人身上的秘密是他血脉的流通，一首诗的秘密也就是它的内含的音节的匀整和流动……明白了诗的生命是他的内在的音节（Internal Rhythm）的道理，我们才能领会到诗的真的趣味。（徐志摩，1926b：21）

的确，徐志摩的诗歌虽讲究诗形和章法，但其格律形式并非一成不变，往往会根据诗歌所要表现的主题与情感选择不同的格律形式，在节式、章法、句法、韵脚等方面讲求变化，在整齐的诗行中寻求突破，从不拘泥，呈现出丰富灵活的诗歌格律美。比如他那首最初发表于 1928 年 12 月 10 日《新月》月刊1 卷 10 期上脍炙人口的《再别康桥》，每节四行，每句六至七字（间有八字），每节押韵，逐节换韵，诗行两两错落，于整齐中见参差，且多用叠字，诗的尾节又与首节句式相似，遥相呼应，呈现出音节的波动和旋律美。

1931 年 4 月 20 日的《诗刊》第 2 期，徐志摩发表了他自己最为满意的一首译诗《猛虎》（The Tiger），以下是原诗和译诗的前三节：

TIGER, tiger, burning bright In the forests of the night, What immortal hand or eye Could frame thy fearful symmetry? In what distant deeps or skies Burnt the fire of thine eyes? On what wings dare he aspire? What the hand dare seize the fire? And what shoulder, and what art Could twist the sinews of thy heart? And when thy heart began to beat, What dread hand and what dread feet?	猛虎，猛虎，火焰似的烧红 在深夜的莽丛， 何等神明的巨眼或是手 能擎画你的骇人的雄厚？ 在何等遥远的海底还是天顶 烧着你眼火的纯晶？ 跨什么翅膀他胆敢飞腾？ 凭什么手敢擒住那威棱？ 是何等的肩膀，是何等的神通， 能雕镂你的藏府的系统？ 等到你的心开始了活跳， 何等震惊的手，何等震惊的脚？

原诗共六节，每节四行，以四步扬抑格为主体，每行的第四音步为"不完整音步"，即这个扬抑（重轻）格中，省略了轻音，以重读单音节词结尾，诗歌中最后一小节又完全是第一小节的重复，这两个相同小节中第三行和第四行最后两个词分别为 eye 和 symmetry，押的是目韵（eye rhyme），因为看到 try 的 y 时，读者可能会想发音成/ai/，全诗韵式为双行连韵，押的阳韵，读起来铿锵有力，回音持久，鲜明的节奏和韵律使得诗歌表现出强烈的音乐美。徐志摩的译诗也是六节，每节四行，隔行押韵，诗行以十至十二字为主体，间有六字句，各行以二字音组和三字音组为主体，诗行长短错落，又大致整齐，每行的音节数随着诗句长短的不同而有所不同。虽然译诗与原诗在节奏上并不一致，但译诗却也节奏和谐，于参差变化中见整齐，读起来遒劲雄浑，一只活力四射的老虎形象跃然而出，呈现出音节的波动和旋律美。正如徐志摩在《诗刊的放假》中所说："行数的长短，字句的整齐或不整齐的决定，全得凭你体会到的波动性。"（徐志摩，1926b：22）

徐志摩一方面追求诗歌格律化，另一方面又坚持诗歌内在音节的灵动，使得他在翻译诗歌时，对于格律整齐的原诗，往往会尽量做到各行字数相当，但有时为了内在的韵律，也会牺牲形式的整齐而使得诗行错落有致。基于这样的诗学观，他在进行翻译诗歌时，不仅表现出对西方传统经典的格律诗的情有独钟，同时也以自由体或是散文体形式尝试翻译西方现代派诗歌和西方诗剧。

4.2.3 朱湘："音节之于诗，正如完美的腿之于运动家"

朱湘（1904—1933）的文学创作与译介生涯虽然只有短短 10 年左右，但他自觉追求格律诗复兴，并使诗歌创作和诗歌翻译相辅相成，别具风采，在中国现代诗歌创作史和中国诗歌翻译史上都占有重要一席。

朱湘 1919 年入南京工业学校预科学习一年，开始受到新文化运动的影响。1920 年入读清华留美预科学校，1922 年加入文学研究会，并开始在《小说月报》上发表新诗和译诗。1923 年冬因逃课自学，被学校开除。1926 年重入清华，1927 年 9 月赴美留学，1929 年 8 月回国，1933 年 12 月 5 日投长江自沉。朱湘自 1922 年发表译诗以来，一生共译诗歌近 120 首，但生前所发表的译诗并不多。从现存史料来看，朱湘最早发表的译诗为 1922 年 10 月 10 日《小说月报》13 卷 10 期上的《疯》（Mad）和《月亮》（The Moon）；1924 年 3 月，朱湘译诗集《路曼尼亚民歌一斑》由上海商务印书馆出版发行，并被收入"文学研究会丛书"，可惜"影响不大"。（赵景深，1981：126）1927 年 4 月，朱湘将他过去的译诗编集为《若木华集》，但未能出版；1927 年 8 月，朱湘将所译的三首长篇叙事诗编成《三星集》。不过，又因译诗集销路不佳而未能成印。1929 年 3 月，他又筹划将《若木华集》《三星集》及其他译诗结集为《番石榴集》，又因各种原因，仍未能出版。朱湘去世后，在赵景深等故友的打理下，1936 年 3 月商务印书馆将朱湘所有的译诗编成《番石榴集》印行出版，并收入"文学研究会世界文学名著丛书"。诗集名中的"番石榴"一词译自希腊文 myrsine，意指古希腊人在宴请时，以该植物相传，停在谁手上，谁得诵诗一首。这本诗集收诗 101 首，分上中下三卷。1986 年湖南人民出版社出版了洪振国编辑整理的《朱湘译诗集》，共辑得译诗 119 首，除收录以上两个诗集外，还有一些已发表的零散译作。

朱湘一生译诗众多，涉猎甚广，先后翻译了丁尼生的《夏夜》、白朗宁的《异域乡思》、济慈的《无情的女郎》《最后的诗》和《秋曲》、黎理（Lyly）的《赌牌》、雪莱的《恳求》、朗德尔（Landor）的《多西》和《终》、莎士比亚的十四行诗《归来》和《海挽歌》。此外，他还发表了由英文转译的欧洲中古时代的《行乐》等 10 余首诗歌。据他留美时同窗柳无忌回忆，朱湘除了英语、法语、德语诗歌，其余译诗一般由英文转译。五四时期的诸多文学团体如文学研究会、新月派、创造社都有大规模的外国诗歌翻译实践，朱湘是当时在文学研究会主办的《小说月报》上发表译诗最多的一位。朱湘系统的诗歌翻译始于 1922 年前后，伴随"五四"新文学运动的大潮，作为以"为人生"为宗旨的文学研究会会员，朱湘翻译了不少弱小民族和古文明国家的民歌与诗作。这一时期的朱湘受当时盛行的白话自由体译诗风格的影响，其译诗在韵律方面表现得相对自由。不过，由于朱湘一直与清华文学社一班新格律派诗人过从甚密，他也讲究新诗的格律蕴藻，是著名的"清华四子"之一。所谓"清华四子"，是指清华四位才华横溢的诗人，饶孟侃（子离）、朱湘（子沉）、杨

世恩（子惠）、孙大雨（子潜）的字中各有一个"子"字。1926 年朱湘又与
闻一多、徐志摩、饶孟侃、孙大雨等一同参与编辑新月派前期刊物《诗镌》。
因此，朱湘虽然是文学研究会成员，但他被徐志摩在《诗刊放假》一文中称
为新月派的"大将兼先行"。正是基于诗学方面的唯美追求，朱湘中后期的译
诗无论在选材还是译文处理上都十分注重节奏韵律，所翻译的名家英诗几乎都
是有格律的，译诗几乎都是协韵，每行的字数音节都颇有讲究，富于音乐美和
视觉美。

　　朱湘深受英国浪漫主义诗人济慈和柯勒律治影响，曾在《评闻君一多的
诗》和《郭君沫若的诗》中多次引用柯勒律治的观点，追求一种非功利的浪
漫唯美的诗学观。他在翻译诗歌时，选译最多的属浪漫主义诗歌，先后翻译了
英国诗人布莱克、彭斯、华兹华斯、柯勒律治、雪莱、济慈，德国诗人歌德、
海涅，法国诗人拉马丁等浪漫主义诗人的诗作二十余首。朱湘唯美主义的诗学
观促使他提出诗人应该不因世俗利益而降低自己的诗品，在早期的游记散文
《北海纪游》中，他提出："我们如想迎合现代人的心理，就不必作诗；想作
诗，就不必顾及现代人的嗜好。"（朱湘，1926c：38）基于此，朱湘对于当时
中国新诗自由化泛滥的现状很不满意，指责胡适等人的新诗不讲音韵、过于散
体，曾在 1926 年 4 月 1 日《晨报副刊·诗刊》第 1 期的《新诗评·一、尝试
集》中尖锐批评胡适"浅薄可笑的主张"（朱湘，1926d：4），直言："'内容
粗浅，艺术幼稚'，这是我试加在《尝试集》上的八个字。"（同上）朱湘认
为，中国的新诗既要借鉴中国古典诗歌的艺术精华，又要吸取西方诗歌的艺术
营养，要走"中西融合"之路，他在《说译诗》中写道：

　　因为自从新文化运动发生以来，只有些对于西方文学一知半解的人，凭借
着先锋的幌子在那里提倡自由诗，说是用韵如裹脚，西方的诗如今都解放成自
由诗了，我们也该赶紧效法，殊不知音韵是组成诗之节奏的最重要分子，不要
说西方的诗如今并未承认自由体为最高的短诗体裁，就说是承认了，我们也不
可一味盲从，不运用自己的独立判断。我国的诗所以退化到这种地步，并不是
为了韵的束缚，而是为了缺乏新的感兴，新的节奏，旧体诗词便是因此木乃伊
化，成了一些僵硬的或轻薄的韵文。倘若我们能将西方的真诗介绍过来，使新
诗人在感兴上节奏上得到新颖的刺激与暗示，并且可以拿来同祖国古代诗学昌
明时代的佳作参照研究，因之悟出我国旧诗中哪一部分是芜蔓的，可以铲除避
去，哪一部分是菁华的，可以培植光大，西方的诗中又有些什么为我国的诗所
不曾走过的路，值得新诗的开辟？（朱湘，1928：487）

　　朱湘希望能通过译介西方格律诗推动中国的诗学革新，尤其是深信汉语最

宜于作长诗，故而在长篇叙事诗的译介上颇为用力，有意选取了相当数量的叙事诗歌，如华兹华斯的《迈克》（Michael）、柯勒律治的《老舟子行》（The Rime of the Ancient Mariner）与济慈的《圣亚尼节之夕》（The Eve of St. Agnes），俄国古代史歌《意里亚与斯伐陀郭》、无名氏的《旧的大氅》和安诺德的长诗《索赫拉与普鲁通》（Sohrab and Rustum）等。

朱湘最初得名于中国现代文坛并不是依凭他的诗歌创作，而是源于他在诗歌翻译中对韵律的处理。1924 年 10 月 10 日，朱湘在《小说月报》15 卷 10 期上发表他所译的英国诗人白朗宁的《异域乡思》（Home Thoughts，from Abroad）。1925 年 2 月 25 日，在《文学旬刊》上，王宗璠发文指出朱湘译诗中的几处错误，特别提到原诗中的 pear-tree（梨树）被译成"夭桃"的错误，由此引发了多位学者近两个月的文艺争辩。朱湘随即在 2 月 28 日的《京报副刊》85 期上发表致《文学旬刊》编辑的公开信《白朗宁的"异域乡思"与英诗》，为自己的译诗辩护，指出：

> 我受指摘的四行的原文是
> Hark, where my blossom'd pear-tree in the hedge
> Leans to the field and scatters on the clover
> Blossoms and dewdrops—at the bent spray's edge—
> That's the wise thrush; he sings each song twice over,
> 我的译文是
> 我家中篱畔烂慢的夭桃
> 斜向原野，树上的露珠与花瓣
> 洒在金花草的地上——听哪，抓着曲下的枝条
> 是一只聪慧的画眉；伊的歌总是唱两遍，
> 第一句的梨树我将它改作夭桃，因为想与第三句协韵，正如我将第四句的他改作伊以柔化了画眉一般；将梨树改了夭桃，在我的想象中，并与不改一般，因为它们都是春天的花，——倘若我将梨树改作荷花，或桂花，或梅花，那时候王先生便可以说我是"大错"，我也就俯首无言了。
> ……但我相信白朗宁复生的时候，他将许我为懂得他这首诗，能够译出"并且听到果园树枝上的金丝雀声响遍了英伦"这两句有音乐性的"诗"来。
> （朱湘，1925b：7）

由此可见，朱湘的这个译法完全可以排除他在语言理解上出现偏差的可能性，而是刻意为之。正是因为非常注重诗歌的音韵和谐，为了重现原诗音韵，他对某些细节进行了处理。正如朱湘在《说译诗》一文中对此明确指出：

我们对于译诗者的要求，便是他将原诗的意境整体的传达出来，而不顾同枝节上的更动，"只要这种更动是为了增加效力"，我们应当给予他以充分的自由，使他的想象有回旋的余地。我们应当承认：在译诗者的手中，原诗只能算作原料，译者如其觉到有另一种原料更好似原诗的材料能将原诗的意境达出，或是译者觉得原诗的材料好虽是好，然而不合国情，本国却有一种土产，能代替着用入译文将原诗的意境更深刻的嵌入国人的想象中；在这两种情况之下，译诗者是可以应用创作者的自由的。（朱湘，1928：490）

显然，朱湘将梨树改成夭桃，不但为了协韵，其实还有用本国"土产""将原诗的意境更深刻的嵌入国人的想象中"之目的。因为"夭桃"一词出自《诗·周南·桃夭》，"桃之夭夭，灼灼其华"，是一个经常出现在中国传统诗词中富有中国文化内涵的词汇和意象。在他看来，"无论是自由诗，还是有韵诗，目标都应该是意境的创造"（转引自张邦卫，2004：107）。事实上，朱湘是很主张在新诗创作和译诗中从古典诗词中借用语汇的，以此表达现代感情，创造意境。在《评闻君一多的诗》一文中，朱湘明确指出：

新诗的工具，我们都知道的是白话。……我们必得采取日常的白话的长处作主体，并且兼着吸收旧文字的优点，融化进去，然后我们才能创造出一种完善的新诗的工具来，而我国的新诗才有发达的希望。（朱湘，1926b：62）

朱湘（1994：310）还认为："陈词，它们并不一定是不美的……天下无崭新的材料，只有崭新的方法。旧诗有什么地方可以取法，发展，全靠新诗人自己去判断。"在诗歌创作中，朱湘常常巧妙地借用古旧词来追求诗歌的意境，比如其《草莽集》中的众多诗篇都因为旧诗词的运用而展现出浓郁的东方情调和意境。朱湘的这种诗学观点在他的很多译诗中都有所体现，比如他所翻译的莎士比亚的《仙童歌》（Where the bee sucks, there suck I）就是其中一首：

Where the bee sucks, there suck I:	我与蜜蜂同饮花杯，
In a cowslip's bell I lie;	半展芙蕖是我床帷，
There I couch when owls do cry.	催眠歌有水蚓低吹，
On the bat's back I do fly	绿眼蜻蜓负我南飞，
After summer merrily.	想把春神半路追回——
Merrily, merrily shall I live now	春神归去温暖南方，
Under the blossom that hangs on the bough.	我也淹留不想家乡。

原诗选自莎士比亚的悲剧《暴风雨》（*The Tempest*），是仙童爱丽儿所唱的一首歌谣，共七行，音节自由活泼，韵式为 aaaaabb，很适合吟唱。朱湘直接以"歌"命名标题，定为"仙童歌"，译诗仍为七行，押韵方式也是 aaaaabb。译诗中，朱湘又多以本国的土产代替他认为不合国情的原诗材料，如第二行中，朱湘用"芙蕖"替换了 cowslip。cowslip 在西方文化中具有"青春与忧伤"的内涵，但这种花在我国并不常见，其内涵自然不为国人所熟悉，而"芙蕖"是夏天荷花的别名，荷花在中国与兰花、菊花和梅花一样已经沉淀为一种文化。此外，在这一诗行中，他将 bell 译为"床帏"。bell 在原诗中本来并没有太多文化内涵，但朱湘将其译为"床帏"，该词出自《古诗十九首·明月何皎皎》"明月何皎皎，照我罗床帏"，有着丰富的中国传统文化联想意义。在第三行，他将 owl（猫头鹰）替换为"水蚓"，owl 一词在英语中往往用来指称聪敏机智的人，但在汉语中，猫头鹰比较晦气，是坏事的征兆。在第四行，他将 bat（蝙蝠）替换为"绿眼蜻蜓"，蝙蝠常栖息在山洞，形象诡异，常常令人感到害怕，而"绿眼蜻蜓"却是轻盈可爱的象征；第五行，朱湘将 summer 译为"春神"，在西方，尤其是英国，夏天是最好的季节，莎士比亚就曾写过 "Shall I Compare Thee to a Summer's Day?" 的十四行诗，而在中国，春天往往充满着希望，被看作最好的季节。朱湘以"归化"和"意译"的方法翻译这首诗歌，尤其采用这些富有中国文化内涵的词汇和意象替代原诗中他认为不适合国情的词汇和意象。虽然这一做法是出于对目标语文化系统内接受性问题的考虑，但从翻译的诗学审美效果来看，却又与原诗所要表达的意境相差甚远，对原诗文化内涵有不少的损失。此外，就诗歌外形来看，原诗的诗句长短参差不齐，每行的音节并不整齐，但朱湘的译诗却是每行八字，形式整饬且节奏均齐，这样的诗行安排自然也是出于他对诗歌形体方面的诗学追求。

朱湘非常注重诗歌形体美。在《致汪静之》的信中，朱湘认为："技术之于诗，就好像沐浴之于美人，雕琢之于璞玉。"（朱湘，2007：172）他还说，要想"成功好诗"，须在"无形中已有一种求形美的倾向，所以机缘到了之时，内质与外形便能很匀称和谐的混合起来"（同上）。他认为诗歌应以诗行作单位，并在《评徐君"志摩的诗"》一文中，对新诗提出"行的独立"和"行的匀称"的要求，并解释说：

行的独立便是说每首"诗"的各行每个都能站得住，并且每个从头一个字到末一个字是一气流走，令人读起来不至于生疲弱的感觉，破碎的感觉；行的匀称便是说每首"诗"的各行的长短必得要按一种比例，按一种规则安排，不能无理的忽长忽短，教人读起来时得到紊乱的感觉，不调和的感觉。（朱湘，朱湘并不排除在整饬的形体中有所变化，或是单双诗行间字数有规律地排列，他在《〈草莽集〉的音调与形式》一文中还提出诗行不宜超过十一字，"诗行不宜再长，以免不连贯，不简洁，不紧凑"（朱湘，1929：681）。他但似乎也觉得不宜过短，提出"诗行诚然不可一律很短，但是偶一为之，也觉得新颖"（朱湘，1929：681）。这一观点与闻一多所提倡的诗歌中节的匀称和句的均齐的建筑美趋向一致。不过，在对诗行的具体审美要求上，朱湘还是比闻一多更豁达，他的一些诗歌创作和译诗并不是形式完全整饬的，比如朱湘所译的济慈名篇《夜莺曲》（Ode to a Nightingale）。以下为《夜莺曲》原诗及朱湘译诗的第二节。

O, for a draught of vintage! that hath been Cool'd a long age in the deep-delved earth, Tasting of Flora and the country green, Dance, and Provencal song, and sunburnt mirth! O for a beaker full of the warm South, Full of the true, the blushful Hippocrene, With beaded bubbles winking at the brim, And purple-stained mouth That I might drink, and leave the world unseen, And with thee fade away into the forest dim	哎，要是有一钟酒，那深藏 在地下，冷了的，尝来令人 想起那花神，那绿色之邦， 舞蹈，恋歌，与日炙的笑声！ 要是有一钟酒，充满温热， 充满真的，羞红的喜坡琴， 边上闪动着串珠的酒泡， 染双唇作紫色： 让我来饮下，好离去红尘， 随了你到幽黯里去逍遥——

《夜莺曲》原诗共八节，每节十行，抑扬格，每节除第八行为三音步，其余每行基本为五音步，押韵方式为 ababcedced，诗行排列是有规律的错落参差，音韵工整而优美。朱湘的译诗也是八节，每节十行，除第八行为六个汉字三个音组，其余诗行一般为十个音节四个音组，诗行排列同样是有规律的错落参差，押韵方式也为 ababcedced，音韵工整而优美。

朱湘这首《夜莺曲》译诗基本保留了原诗的形式，诗歌形体整饬而又有所变化，每句诗行不超过十一字，且有偶一为之的短句，由此可以看出，朱湘的诸多诗学观点与西方格律诗所表现出的形式特征是相一致的。朱湘留学美国，专攻文学，自然受到了西方文学审美价值观的影响。他虽受新文化运动影响，但在对待传统文化上，并不像胡适等新文化运动的先驱们那么激进，他曾多次表明自己传承古典文学的立场，有意识地去发现旧文化传统和旧诗词中的积极因素。如在《南归：答赠恩沱了一三友》一文中，朱湘写道："殊不知我只是东方一只小鸟，我只想见荷花阴里的鸳鸯，我只想闻泰岳松间的白鹤，我

只想听九华山上的凤凰。"（朱湘，1925a：4）

在《评徐君"志摩的诗"》一文中，他赞扬中国诗词文字自有的优势：

"三百篇"同五言的简洁，七言的活泼，乐府长短句的和谐，五绝的古茂，七绝的悠扬，律体的铿锵，"楚辞"的嘹亮，词的柔和，曲的流走，这从中国文字产生出的诗体拿来同西方古今任何国的相比，都是毫无逊色的。（朱湘，1926a：159）

对于中国词的图形之美，朱湘十分偏爱，在《诗的产生》一文中指出：

词的外形，据我看来，是有一种节律的图案的：每篇词的上阕确定了本词的图案之方式，下阕中仍然复用这方式（参差的细微处只是例外），这种复杂的图案在词中（一气呵成的小令除外）可以说是发展到了一种极高的地位。（朱湘，1932：84）

中西诗歌形式上不谋而合的审美观促使朱湘有意识地将这种中西合璧的诗学观点运用于自己的新诗创作与译诗当中，他创作的诗歌差不多每一首都有其特殊的格律形式。如《采莲曲》，全诗共五节，每节十行，一、三行五个字，二、四、七、十行七个字，五、六、八、九行两个字，二、四行押同一韵脚，五、六、七行押同一韵脚，八、九、十行押同一韵脚，且每节同样行数所押的韵都有所变化，整首诗以中线为基准，构成一种独特的形体美。朱湘的不少译诗正是这种强调诗歌形式的诗学观操纵的结果，如朱湘所译的布里吉斯（Robert Bridges）的《冬暮》（Winter Nightfall），以下是该译诗的中间几节及其对应的原诗诗节。

An engine pants and hums, 　In the farm hard by: Its lowering smoke is lost, 　In the lowering sky.	一架吁喘的机器 　滚过场间, 在渐低的天空下, 　云连汽烟。
The soaking branches drip, 　And all night through The drooping will not cease 　In the avenue.	树枝间落下水点, 　从夜到明 这两行树的淅沥, 　将不稍停。
A tall man there in the house, 　Must keep his chair: He knows he will never again, 　Breathe the spring air.	一个老人坐房内, 　难得离开。 他知道自己无分, 　即使春来。
His heart is worn with work; 　He is giddy and sick If he rise to go as far, 　As the nearest rick.	他的心憔悴已尽。 　有时出家 走到草堆头一个 　他就眼花。

英国诗人布里吉斯毕业于牛津大学，曾专事诗歌创作和韵律学研究，1913年被封为桂冠诗人，他的诗歌往往以音节而非重音为基础，尝试新的音步。这首诗共八小节，每节四行，单行一般六音节三音步，双行一般四音节二音步，双行押韵，整首诗歌音节整齐，诗行长短错落相间，诗句在匀称中流动变化，形式上更具有"居中"排列的对称美。朱湘的译诗也是八小节，每节四行，单行七个字三个音组，双行四个字两个音组，同样双行押韵，音节整齐，并且完全以"中轴线"为中心实现了对称排列的建筑美。显然，译诗对称而均齐，既体现了原诗的诗歌形式，又符合中国传统文化中"中轴"对称的审美观念。而且，整首译诗也并未因控制译诗各行字数来追求对称的建筑效果而在诗歌内涵上对原诗有所偏离，同时又使空间形式成为诗歌意境的一部分，读起来不仅节奏分明，而且意蕴绵长。

朱湘不仅注重诗歌的文字和形体，还很重视诗歌的音节。他在《寄曹葆华》中说：

柯勒律治在他的《文学传记》里面曾经说过，要看一个新兴的诗人是否真诗人，只要考察他的诗中有没有音节。这一句话我觉得极有道理。一个运动家若是不曾天生的有条完美的腿，他的前程一定不会光明。音节之于诗，正如完美的腿之于运动家……想象、情感、思想，三种诗的成分是彼此独立的，惟有音节的表达出来，他们才能融合起来成为一个浑圆的整体。（朱湘，1936：67）

　　无论是在诗歌创作还是在诗歌翻译上，朱湘都不遗余力地在诗歌的形式和音节上下功夫。音节美是构成诗歌的节奏韵律的重要元素，也是追求诗歌音乐美的新月派诗人最看重的诗学元素。朱湘特别重视诗歌的音乐美，他（1926c：40）在《北海纪游》中说，"文学与音乐的关系是很密切的……好的抒情诗差不多都已谱入了音乐，成了人民生活的一部分"。在《评闻君一多的诗》一文中，他（1926b：70）指出："诗而无音乐，那简直是与花无香气，美人无眼珠相等了，那时候如何能成其为诗呢？"朱湘之所以对西方的格律诗尤其钟爱，最主要的原因就是其分明的音节极富音乐美，西方的格律诗因此才是朱湘心中"西方的真诗"，他翻译最多的也是格律诗，尤其是唯美的浪漫主义格律诗。朱湘在翻译格律诗时，总是不遗余力地尽量保留原诗的音乐性。比如以下这篇朱湘所译的英国 18 世纪末 19 世纪初著名浪漫主义诗人柯勒律治的代表作《老行舟子》（The Rime of the Ancient Mariner）中第一章第 11 ~ 13 小节：

And now the Storm-blast came, and he Was tyrannous and strong: He struck with his o'ertaking wings, And chased us south along.	忽然暴风卷起洋面， 万里中但见洪波， 我们的船向南刮去， 舟中人徒唤奈何。
With slopping masts and dipping prow, As who pursued with yell and blow Still treads the shadow of his foe, And forward bends his head,	樯倾斜着，首没水中， 如巨人低头追敌： 我们的船，破浪乘风， 向南奔一时不息。
The ship drove fast, loud roared the blast, And southward aye we fled, And now there came both mist and snow, And it grew wondrous cold And ice, nast-high, came floating by, As green as emerald.	我们驶入雾同白雪， 地峭寒不可久停， 桅杆高的冰山漂过。 翡翠般碧绿晶莹。

　　原诗是一首生动的罪与赎罪的叙事长诗，结构简洁、语言朴素，由古歌谣体写成。原诗共分七章，每章由数十个诗节组成，每小节四行，偶有六行（如

第十三小节），单行一般为八音节，基本属抑扬格四音步，双行一般为六音节，大抵为抑扬格三音步，隔行押韵，全诗充满激昂的语调，音韵优美，为英美浪漫主义诗歌名篇。朱湘的译诗也是七章，每小节都是四行，以"音组"取代原作的"音步"，一、三行由八个汉字四个音组构成，二、四行由七个汉字三个音组构成。在诗行排列方面，一节之内，各行之间常常是长短不同，参差各异，但各节之间的句式结构比例却是一致的，显得很有规律。全诗基本上用同一种韵式，即 abcb 式的隔行押韵，读起来也节奏分明，朗朗上口。虽然将原诗中所有的六行小节都译成了四行小节，但总体上较好地再现了原诗的意境和音韵美。

　　总的说来，朱湘讲求诗歌的形体与音乐美，目的就是"要任何种的感情、意境都能找到它的最妥切的表达形式。这各种的表达形式或是自创，或是采用，化成自西、东方、本国所既有的，都可以——只要它们是最妥切的"（朱湘，1933：40）。为此，他在译诗的创格方面进行了大胆的探索和实验，通过对译诗各行字数的控制以期达到形体美，以及"形"与"质"的完美结合。

4.3　文言旧诗体译诗派的诗学操纵与诗学得失

　　以下分别以文言旧诗体译诗派三位代表性译者吴宓、吴芳吉、张荫麟五四时期的英诗汉译为个案，探讨该译诗流派在诗歌翻译中的诗学操纵与诗学得失。

4.3.1　吴宓："格律韵藻不可不旧"

　　吴宓（1894—1978）学贯中西、博古通今，他曾将自己的生命历程划分为三个 28 年：第一个 28 年，从 1894 年出生到 1921 年留学回国。期间，吴宓就读于清华学校留美预备班，1917 年去美国哈佛大学留学。第二个 28 年，回国就任教授至 1949 年新中国成立。期间，他主持清华大学国学研究院，担任《学衡》杂志总编辑，又兼天津《大公报·文学副刊》《武汉日报·文艺版》主编，这一时期也是吴宓学术成果最辉煌的阶段。第三个 28 年，从 1949 年至1978 年寿终。吴宓一生勤奋著述，成就显赫，出版专著 8 部，撰写诗词 1500余首和近 10 万字诗话，学术论文及译文达 140 余篇，其中译诗达 30 余首。1935 年 5 月，上海中华书局将吴宓之前积存的诗歌千余篇集为《吴宓诗集》出版，其中收录了他在 1908 年至 1935 年间的全部译诗。这些译诗体裁广泛，风格多样，以英语诗歌为主，非英语国家诗歌均由英语转译。其中有英国赖慈（Winifred M. Letts）的《牛津尖塔》（The Spires of Oxford），赫里克（Robert Herrick）的《古意》（Counsel to Girls），萨克雷（W. M. Thackeray）的《酒店主人歌》（Song from the Newcomers），蒂克尔（Thomas Tickell）的《死别》，安诺德的《挽歌》（Requiescat），C. G. 罗塞蒂的《愿君常忆我》（Remember）、《逝矣逝矣》（Passing Away）、《古决绝辞》（Abnegation）、《生日诗》（My Birthday）、《上山》（Up-hill）以及《安息》（Rest），雪莱的《雪莱献玛丽诗》，克罗（A. H. Clough）的《壮往》等。通过英语转译的诗歌包括波斯俄马开亚姆（Omar Kayam）的《四句诗集》（Rubaiyat）选段，波斯哈非思（今通译为哈菲兹）的《自题墓碣》，古印度的《薄伽梵歌》和《吠陀经》中的颂神诗，法国解尼埃（Chenier）的《创造》中的一节，意大利麦坎吉（Michelangelo di Lodovico Buonarroti Simoni，今通译为米开朗基罗）的《信仰》，古埃及诗人所作《埃及国王颂》第二首起句等。吴宓的译诗大多采用文言古体，讲究格律韵藻，偶用白话，且多为感事抒怀之作，其诗歌翻译从选材到译法都与他的诗学观念紧密相关。

吴宓自幼饱读经史子集，国学底蕴深厚。1911 年考入清华学校留美预备班，1917 年赴美国留学，后师从新人文主义文学批评运动领袖白璧德（Irving Babbitt），研习比较文学、英国文学和哲学。吴宓饱受西学浸淫，尤其对 19 世纪英国浪漫诗人作品颇有研究。1921 年他学成归国之时，正值五四新文化运动浪潮冲击中国传统思想文化之际。深受白璧德新人文主义思想影响的吴宓不像激进派那样急于摧毁传统文化，倡导全盘西化，他在《留美学生季报》1921 年 4 月 8 卷 1 期上撰文《论新文化运动》（此文后转载于 1922 年《学衡》4 期），提出"今欲造成中国之新文化，自当兼取中西文学文化之精华而熔铸之，贯通之。"（吴宓，1922a：36）继而在 1922 年 1 月与学衡派同道创办《学衡》杂志时，他旗帜鲜明地提出"昌明国粹，融化新知"的主张。在诗学方面，吴宓也不赞成白话文学革命的偏激倾向，提倡存旧立新，强调文学在保存传统价值方面的作用。他在 1919 年 12 月 24 日的日记中写道："今之盛倡白话文学者，其流毒甚大，而其实不值通人之一笑。明眼人一见，即知其谬鄙，无待喋喋辞辟，而中国举世风靡。哀哉，吾民之无学也！"（吴宓，1998：105）虽然吴宓反对白话文学，其实也并非盲目排拒，他在 1922 年《学衡》8 期《钮康氏家传·译者识》中明确反对"尽弃他种体裁，而独尊白话"的做法，认为"文言白话，各有其用，分野殊途，本可并存"。（吴宓，1922c：112）在《诗学总论》中，吴宓坚决反对胡适"作诗如说话"的观点，在他看来，"若举韵律格调而歼除之，是直破坏诗之本体，使之不存……音律者，乃诗之所独有。故可以音律别诗与文……无音律者，不能谓之诗"。（吴宓，1922d：18－19）对于新诗诗人所谓格律如同枷锁，束缚了诗人作诗的观点，他直言："文学中之规律尤不可不遵守，规律乃所以助成天才，不可比于枷锁。今世之无韵自由诗，但求破坏规律，脱除束缚，直与作诗之正法背道而驰，所

得者不能谓之诗也云云。"（吴宓，1928：10）

在《论今日文学创造之正法》中，吴宓强调：

作诗之法须以新材料入旧格律，即仍存古近各体，而旧有之平仄音韵之律，以及他种艺术规矩，悉以保存之，遵依之，不可更张废弃。而旧日诗格律绝嫌板滞，然亦视才人之运用如何，诗格不能困人也。至古诗及歌行等，变化随意，本无限制，镣铐枷锁之说乃今人之诬蔑者所为，不可信也。至新体白话之自由诗，其实并非诗，决不可作。其弊吾意一再言之，兹不具述……凡作诗者，首须知格律韵调皆辅助诗人之具，非阻抑天才之物；乃吾之友也，非敌也……今日旧诗所以为世诟病者，非由格律之束缚，实由材料之缺乏，即作者不能以今时今地之闻见事物思想感情写入其诗……易言之，即新材料入旧格律也。此二者兼之甚难，然必须兼之，始合乎文学创造之正轨。（吴宓，1923b：14－15）

即在形式方面以"吾国诗中所固有之五七言律绝、古体、平仄及押韵等"为主，材料方面"则西洋传来学术文艺生活器物，及缘此而生之思想感情等，所号为现代之特征者是"。（吴宓，2005：140）他因此强调："诗意与理贵在新，而格律韵藻不可不旧。"（吴宓，2005：33）1922 年，吴宓在《学衡》第 4期的《论新文化运动》一文中指出，与我国唯白话诗独尊而尽弃传统诗歌不同，美国其实并不因为自由诗而抛弃传统诗歌。他说：

中国之新体白话诗，实暗效美国之 Free Verse，而美国此种诗体则系学法国三四十年前之 Symbolists。今美国虽有作此种新体诗者，然实系少数少年无学无名，自鸣得意，所有学者通人固不认为诗也。学校之中所读者仍不外 Homer, Virgil, Milton, Tennyson 等等。报章中所登载之诗皆有韵律，一切悉遵定规。岂若吾国之盛行白话诗，而欲举前人之诗悉焚毁废弃而不读哉，其他可类推矣。（吴宓，1922a：36）

因此，吴宓对于当时以白话来翻译一切文学文体的做法深为不满，指责道：

译西方者，不问其为诗为文，为小说戏曲，又不辨其文笔（Style）之为浅为深为俗为雅为雄健为柔和，而均以一种现代（并欧化）的语体译之，其合予原文之体裁否，不问也；其能完全表达原文之精神风韵否，不问也。（吴宓，2004：138）

他强调在翻译西方文学时，应该根据原文体裁文笔选取合适的语体。吴宓在 1922 年 9 月《学衡》第 9 期陈铨所译的英国散文家兰姆（Charles Lamb）的《梦中儿女》（Dream Children）的译文前写的一段"编者附识"中明确提到"五曰择体。文必译为文，诗必译为诗，小说戏曲等类推，必求吾国文中与原文相当之文体而用之。"（吴宓，1922f：108）因此，他尤其不满的是将西方格律诗译成"无韵之白话体"，在 1925 年《学衡》第 47 期刊载李思纯《仙河集》之"编者识"中云：

> 欧西古今各国文字相去尚不远，则以西文之诗译成吾国之诗，其繁难更可想见。……至近年新派译者众多，腾诸报纸，然皆以无韵之白话体，逐字逐句直译，而意思晦昧不清，其事无异传抄，虽多曾何足贵？（李思纯，1925：69）

在吴宓看来，作诗都不该用白话自由体，译诗自然也是不行的。他认为：

> 诗之所述，无非喜怒哀乐之情而已。此情为人所同具，而诗之妙处正在其形式，即韵律格调之工。若去韵律格调而不讲，则所余之糟粕，人人心目中有之，何必于诗中求之。韵律格调，属于文字之本体，不能以他国文字表出。故诗决不能翻译，强译之亦必不佳也。（吴宓，2005：49）

尽管吴宓认为诗不可译，但如果实在要翻译诗歌的话，也应该以文言旧诗体来译，白话新体是担当不了翻译具有"韵律格调"的诗歌之重任的。吴宓不但主张以文言旧诗体翻译诗歌，同时还主张"诗人译诗"，他在《论今日文学创造之正法》中还说：

> 凡译诗者，不惟须精通两国文字，且己身亦能诗，尤须细察所译之作者意境格律之特点，即其异于他诗之处。既得，吾乃勉强炼作一种诗体，其意境格律彼同，然后译之，始能曲折精到也。（1923b：38）

显然，吴宓认为译诗要做到"曲折精到"，译者不但要能欣赏原诗的格律，还要能感受原诗的意境。吴宓在《诗学总论》中强调诗歌不同于其他文体，诗是"形"（韵律格调）与"质"（思想感情）的统一体，认为："诗者，以切挚高妙之笔，具有音律之文，表示人生之思想感情也……质与形合，而成一物；去质或形，则无此物。"（吴宓，1922d：21）他认为诗的形质相互依存、不可分离，失之一方，即不成诗。吴宓对于中西诗歌的本质曾做过如下评论：

　　以诗言之，诗所表示之思想感情，其内质之美也，韵律格调，则外形之美
也。如有高妙之思想感情，尚是混沌未成形之质。尚得以精美之韵律表而出
之，则为极佳之诗。否则不能，故韵律格调，正所以辅成思想感情之美，并非
灭绝之摧抑之也。思想感情不佳，徒工于韵律格调，必不能为上等之诗，此固
显而易见。然而铲除一切韵律格调，使不留存，则所余者亦不能为诗矣，尚何
有美乎！故善为诗者，既博学行德，以自成其思想感情之美；更须揣摩谙练，
以求得韵律格调之美，夫然后其所作乃璀璨深厚，光焰万丈。中国之屈原、杜
甫，西方之但丁、弥尔顿，皆是也。（吴宓，1922d：22）

　　基于这样的诗学观，吴宓选译的诗歌往往都形质兼具，译诗多采用文言古
体。以下为吴宓所译安诺德的《挽歌》（Requiescat）：

Strew on her roses, roses,	采来桃李花，
And never a spray of yew!	勿献松柏朵。
In quiet she reposes;	羡渠得安息，
Ah, would that I did too!	劳生仍独我。
Her mirth the world required;	举世但追欢，
She bathed it in smiles of glee.	强颜为歌舞。
But her heart was tired, tired,	生前谁见怜，
And now they let her be.	久矣渠心苦。
Her life was turning, turning,	珠喉裂弦管，
In mazes of heat and sound.	血汗逐香尘。
But for peace her soul was yearning,	孽债速偿还，
And now peace laps her round.	黄土可棲身。
Her cabin'd, ample spirit,	小鸟困樊笼，
It flutter'd and fail'd for breath.	娇喘怨偪窄。
To-night it doth inherit	今宵从所适，
The vasty hall of death.	广漠此窀穸。

　　原诗作者安诺德是英国 19 世纪诗人兼批评家，具有保守主义思想，曾任
牛津大学诗学教授长达十年时间。吴宓的美国导师白璧德直接继承了安诺德的
思想，而深受白璧德思想影响的吴宓自然将安诺德奉为新人文主义的先驱，并
积极介入安诺德的精神世界，试图在安诺德的诗歌中寻找自我影像。在《英诗
浅释（续）》一文中，吴宓称：

安诺德之诗才，常为其文名所掩。世皆知安氏为十九世纪批评大家，而不知其诗亦极精美。且所关至重，有历史及哲理上之价值。盖以其能代表十九世纪之精神及其时之重要之思潮故也。……安诺德诗之佳处，即在其能兼取古学浪漫二派之长，而以奇美真挚之感情思想纳于完整精练之格律艺术之中。……名为吊古，实为伤今；名为述往，实则自叙。故安诺德所以为古学派，乃以其诗之形式，非以诗之材料也。（吴宓，1923a：96－97）

显然，安诺德的这些诗学方面的追求也正是吴宓的诗学主张。吴宓曾在《吴宓诗集》卷首《自识》中写道：

吾于西方诗人，所追摹者亦三家，皆英人，一曰拜伦，二曰安诺德，三曰罗色蒂女士……安诺德谓诗人乃由痛苦之经验中取得智慧者。又谓诗中之意旨材料，必须以理智鉴别而归于中正。但诗人恒多悲苦孤独之情感，非籍诗畅为宣泄不可。（吴宓，2004：4）

由此，吴宓对安诺德诗歌的推崇也可见一斑。吴宓的这首译诗发表于1923年2月《学衡》第14期，也是在中国最早翻译的安诺德的诗歌。安诺德的原诗共四节，每节四行，以抑扬格为主体，各行分别为三音节或四音节，"每首之第一第三句为4AX，惟句末缺一重音之部分，而第二第四句均为3AX"（吴宓，1923a：7），隔行押韵，韵式为abab cdcd efef ghgh，是典型的挽歌体。吴宓的译诗采用的是整齐的五言古体形式。不过，由于中国五言诗一般都是五言三顿两逗，相当于英诗中的三个音步，因此译诗整齐的节奏与形式和原诗的节奏与形式都相距甚远。在韵式方面，吴宓一直认为：

作旧诗者，予意必当严格的遵守旧韵，凡艺术必有规律，必须宗传。世界各国各体文学，皆有其特殊之规律及宗传。中国旧诗之形式上之规律及宗传，厥惟平仄之排置与协韵。去韵，则旧诗不成为一种艺术。破坏人人所共遵所共守之韵，则旧诗已不成为旧诗，即等于完全消灭矣。（吴宓，1932a）

因此，这首译诗的韵式基本是按照中国近体诗"逢双必论"的规则来安排的，前三节以单行不用韵，双行押韵为韵式，末节则出韵，前两行不用韵而后两行押韵，与原诗的韵式并不完全相符。在诗歌的内容上采取的是意译，做了一些增删，比如原诗第三节，其中第一行安诺德连续使用两个turning，本意是用以描述歌台舞场旋转之态，但吴宓却未能将此意译出。此外，吴宓还将原文的一些意象进行归化，以中国传统的意象加以替代甚至添加了一些中国传统意象，比如他以"桃李"替代 rose。原诗中安诺德不按常规的方式，以水松枝编环献于死者以表哀悼，而是将玫瑰献于死者，其实是为了表达："此女之死实为可乐，并不足悲。"（吴宓，1923a：108）以此反衬歌女的死亡其实是一种解脱。而桃李是中国古典诗词中一个内涵丰富的传统意象，其中也包含了生命脆弱与短暂的内涵。吴宓在此转换意象的做法是为使之契合译诗所传递的悲苦意境。为了使译诗契合中国古典诗歌意境，吴宓还无中生有地添加了"松柏""羡渠""珠喉""香尘""窀穸"等意象，这样的处理方式也是吴宓一贯的翻译风格，在《余生随笔·翻译》中，他就明确提出：

翻译书籍，自其浅显处言之，决不可以甲国之文字，读作乙国之文理，而以为适合，实则窒此而又不通于彼也。凡欲从事此道，宜将甲乙两国文中通用之成语，考记精博，随时取其意之同者，而替代之，则处处圆转确当。（吴宓，2005：23）

虽然，吴宓的译诗也传达了原诗"名为吊古，实则伤今；名为述往，实则自叙"（吴宓，1923a：108）的旨归，但其所体现出的浓郁的中国古典诗词审美韵味与意境毕竟与原诗还是相距甚远了。

对于自己所追慕的另一位西方诗人 C. G. 罗色蒂女士的诗歌，吴宓也翻译了好几首，包括《愿君常忆我》《古决绝辞》《生日歌》《逝矣逝矣》《上山》以及《安息》等。吴宓追慕翻译 C. G. 罗色蒂的诗歌不仅是出于对其诗歌形质的喜爱，更看重罗色蒂诗歌中对真挚情感的自然抒发，认为"读其诗者，敬其高尚纯洁，喜其幽凄缠绵，而捻其一秉天真，发于至诚"（吴宓，2005：88）。这与他在《南遊杂诗》之九十种所强调的"耻效浮夸骈艳辞，但凭真挚写情思"（吴宓，2005：235）的诗学观念不谋而合。他在《论诗之创作——答方玮德君》中认为："夫诗，非有真性情，真怀抱者不能作。"（吴宓，1932b）"诗中首重真挚之感情。一时一地之生活感想，均应存其真相。"（同上）在《吴宓诗集》的卷首，他也明确提出："诗固不可不讲格律，然感情首贵真挚，世中万事皆可作伪，惟诗不可作伪，人生处处须行节制，惟诗中感情，当令其自然发泄。"（吴宓，2004：5）这也正是他在诗歌的定义中所强调的"切挚高妙之笔"。吴宓曾说："作文贵诚，作诗尤贵诚。作文尚可托伪，作诗断难假冒。西德尼曰：盖作诗非'语语自我心中爬剔出'不可也。所谓切挚，即诚也。"（吴宓，2004：226）他在《吴宓诗集》卷首中还指出："罗色蒂女士纯洁敏慧，多情善感，以生涯境遇之推迁逐渐移其人间爱而为天帝之爱，笃信宗

教，企向至美至真至善。"（吴宓，2004：5）吴宓甚至认为尽管英国女诗人
E. B. 勃朗宁成就卓著，"读其诗者，莫不惊其才之高，服其力之伟"（吴宓，
2005：88），但是与 C. G. 罗色蒂相比的话，则是"论情性品格及其诗之真正
价值，后者居于前者之上。皆因罗色蒂的诗歌是其幽婉真情的自然流露，白朗
宁的诗不免有矫柔作态，言不由衷之处"（吴宓，2005：88），并指出，"夫行
事宜自然，作诗尤贵真诚。既生为女子，则当以女子天性中最高贵之处，及一
己之所亲切感受者，形之歌咏，昭示吾人"。（吴宓，2005：88）以下是吴宓
发表在 1926 年 1 月《学衡》第 49 期的译诗《愿君常忆我》及原诗 Remember：

Remember me when I am gone away,	愿君常忆我，逝矣从兹别。
Gone far away into the silent land;	相见及黄泉，渺渺音尘绝。
When you can no more hold me by the hand,	昔来常欢会，挚手深情结。
Nor I half turn to go yet turning stay.	临去又回身，千言意犹切。
Remember me when no more day by day	絮絮话家常，白首长相契。
You tell me of our future that you plann'd:	此景伤难再，吾生忽易辙。
Only remember me; you understand	祝告两无益，寸心已如铁。
It will be late to counsel then or pray.	惟期常忆我，从此成永诀。
Yet if you should forget me for a while	君如暂忘我，回思勿自嗔。
And afterwards remember, do not grieve:	我愿君愉乐，不愿君苦辛。
For if the darkness and corruption leave	留君心上影，忍令失吾真。
A vestige of the thoughts that once I had,	我生无邪思，皎洁断纤尘。
Better by far you should forget and smile	忘时君欢笑，忆时君愁颦。
Than that you should remember and be sad.	愿君竟忘我，即此语谆谆。

　　C. G. 罗色蒂所作的 Abnegation（吴宓译为《古决绝辞》）名为决绝，实为
直抒对旧情人凯莱的相思之情。她的 Remember 一诗，同样是倾吐自己对凯莱
的眷恋，是她内心真实情感的自然流露。Remember 原诗共十四行，每行十音
节，五音步，是传统的五音步抑扬格，虽然在韵律格式上对意大利十四行诗有
所突破，为 abbaabbacddece，但整体上，还是一首形式典雅工整的诗歌。原诗
有如诗人的内心独白，语言质朴，围绕 remember 和 forget 的矛盾关系表达诗人
欲忘还忆的矛盾心理。吴宓的译诗采用整齐的五言古诗的体裁，力图再现原诗
的典雅。译诗每两句一行，与原诗一样共十四行，每行十个字，与原诗每行十
个音节正好相对，每句五言三顿，每行六顿，虽然与原诗每行五个音步并不一
致，但体现了原诗每行音步整齐统一的特点。译诗韵律上用了两组韵脚，根据
《平水韵 106 部》，前八行的"别""绝""结""切""契""辙""铁"以及

"诀"都属于入声"九屑"部韵，后六行的"嗔""辛""真""尘""颦"以及"谆"都属于上平"十一真"部韵，是完全谐韵的，同时也体现了传统五言古体诗相对自由的特征。正如吴宓在《论今日文学创造之正法》中所提出的，"翻译亦摹仿之良法。然翻译之佳而入神者，已进于创造之境矣"（吴宓1923b：40）。为了再现原诗"情旨深厚，音节悽惋，使读之者幽抑缠绵，低徊吟诵，而不忍舍去"（吴宓，1923a：98）的意境，吴宓译诗如写诗，充分利用汉语文字及意象营构上的特点，"已进于创造之境矣"。比如原诗题目 Remeber 被译为"愿君常忆我"，有明显的信息添加。原诗中 Remember 一词反复出现五次，译诗又巧妙地将其译成"常忆"两次，"回思"一次，"忆时"一次，既照顾了原诗的反复，又体现出汉语文字的变化美。译诗还使用了不少叠音字，如"渺渺""絮絮""谆谆"等，增强了译诗的音韵节奏美。为了烘托古典汉诗的意境，吴宓对原诗的意象进行了归化处理，甚至添加新的意象。比如原诗中 silent land 被译为"黄泉"，后面又以"渺渺音尘绝"承接，虽然强化了生死两隔的凄切，但"黄泉"一词却蕴含着丰富的中国传统文化内涵，与原诗的意象并不一致。同样，译诗中的"白首""寸心如铁"和"纤尘"等意象，虽然传达了爱情坚贞、白头偕老的内涵，却是对原诗无中生有的增添。总的说来，译诗体现了吴宓"格律韵藻不可不旧"的主张，是"切挚高妙之笔"与"音律之文"的质与形的兼顾，诗味浓郁，传达了原诗作者对情人欲忘还念的情意。但是，无论在诗歌体裁、音韵节奏，还是语义词汇、意象内涵方面，译诗所传达的都是中国古典诗歌的意境，很难让读者联想起这是一个西方女子的情诗，倒更像一首六朝乐府民歌。不过，在《吴宓诗集》卷首"刊印自序"中，吴宓曾说，如人有编印"今世中国诗选"，他所译罗色蒂女士的《愿君常忆我》和《古决绝辞》当在应选之列。由此可见，吴宓对这两首译诗相当满意，认为是自己诗歌翻译的典范。

　　再看一首吴宓根据菲茨杰拉德英译的波斯诗人俄马开亚姆（Omar Kayam）的 *Rubaiyat* 中的第二十八首：

With them the seed of Wisdom did I sow,	虚心学问事耕耘，
And with mine own hand wrought to make it grow;	明辨慎思为底勤；
And this was all the Harvest that I reap'd—	智海无边吾未饮，
"I came like Water, and like Wind I go."	空空来去水天云。

原诗格律整齐，抑扬格，每行十音节，五音步，二、四行押韵，韵式为 aaba。对于 Omar Kayam 的四句诗，之前已有不少诗人用白话诗由英文转译过，包括胡适、郭沫若、闻一多、徐志摩、梁实秋等，但吴宓仍然坚持以文言旧诗体来译。这首译诗为整齐的七言诗，也是四行，每行七个字，相当于七个音节。按七言四顿，相当于每行四个音步，每行的节奏为 2 - 2 - 1 - 2，其中前两顿与后两顿之间构成显著的顿，即为"逗"。译诗虽是七言诗，但在韵式方面并没有遵循汉诗绝句的一般原则，即一、三行不押韵，二、四行押韵，完全再现了原诗 aaba 的韵式。根据《平水韵 106 部》，其中，第一行的"耘"、第二行的"勤"以及第四行的"云"，这三个字都属上平"十二文"部，所以是押韵的，而第二行的"饮"字属于去声"二十七沁"部，故而不押韵。对于原诗中的语义、修辞和意象，吴宓采取删除或替代的手段来处理，使之更符合中国传统文化语境的方式处理。比如原诗前三句使用了一个 sow the seed of wisdom with hand and got harvest 的隐喻和 seed of wisdom 的意象，第四句中又使用了 like Water, and like Wind 的明喻，但这些修辞手段和意象在译诗中几乎没了踪影。而对于原诗中的隐喻，译诗按照中国传统文化的理解将原诗喻指的内涵直接表达出来，还把种子的意象换成大海，把风的意象换成云，营造出一种禅悟的空灵深远的意境，达到一种传统诗学所追求的"言有尽而意无穷"的境界。不过，如同吴宓用文言所译的其他诗歌一样，这首译诗除了传达原诗的主旨并与原诗韵式一致之外，很难看出译诗与原诗的关联，读起来更像一篇中国传统文化中的佛家禅语。

吴宓坚持以文言旧诗体翻译诗歌是出于对诗歌质形合一的追求，也是对当时泛滥的无韵无格的白话自由诗的反驳，他曾在 1923 年直言"新体白话之自由诗，其实并非诗，决不可作"（吴宓，1923b：17），认为当下的新诗不过是"奇异之标点分段"和"喧腾叫嚣之声而已"（吴宓，1922b：9）。但是，随着白话新诗的发展，尤其是新月派诗人反拨早期白话新诗缺乏形式美的倾向以及白话格律体诗歌的不断涌现，促使吴宓不再固守以经典和传统来规范新诗的主张。1925 年 5 月《学衡》41 期刊载李惟果用白话并严格遵照原诗格律所译的安诺德的《鲛人歌》（The Forsaken Merman），吴宓在"按语"中评价说："此篇译笔力求质直流畅，以传原诗语重心急、呼之欲出之情。"（李惟果，1925：125）可见，吴宓已经认可了有格律的白话诗。吴宓在后来 30 年代初期的一些诗论文章中也开始对新月派诗人探求新诗形式美的做法予以肯定。比如，他对在诗歌创作中已不再固守旧体诗严谨格律的白话诗人徐志摩赞赏有加，认为徐志摩的诗为新材料、新形式的代表。1931 年，徐志摩飞机罹难后，在《挽徐志摩君》中，吴宓评价徐志摩为"依新依旧共诗神"（吴宓，1931），并在

1932 年《论诗之创作——答方玮德君》中明确指出:

> 杨丙辰君讥徐志摩君过重格律,而方玮德则以此为徐君对于新诗之首
> 功……然而天才及修养既在个人,则对于一般人,极力提倡格律,使作者对于
> 表现技术咸极努力而不苟且,此在任何时地任何派别,均属正道,均是美事。
> (吴宓,1932b)

1932 年 1 月 18 日,在《大公报·文学副刊》第 210 期上的《诗韵问题之
我见》一文中,他提出:

> 予以为在今新诗语体诗可作,旧诗亦可作。作新诗者如何用韵,尽可自由
> 试验,创造适用之新韵。非予今兹所欲讨论。若夫作旧诗者,予意必当严格的
> 遵守旧韵。

由此可见,吴宓虽已经接受白话新诗,但仍然强调诗歌应富有音乐美的音
律,坚持旧诗必用旧韵,而新诗可用适合的新韵。(吴宓,1932a)

因为诗学观念的转变,吴宓也开始尝试以白话翻译诗歌。比如,1922 年 9
月,吴宓曾在《学衡》第 9 期以文言发表他所翻译的赖慈(Winifred M.
Letts)的《牛津尖塔》(The Spires of Oxford),1936 年又以白话再次翻译该
诗,发表在《清华周刊》第 21 期,以下就是该诗的文言与白话两个译本及其
原诗。

I saw the spires of Oxford	牛津古尖塔，	我看见牛津的许多尖塔
As I was passing by,	我行认崔嵬。	当我偶然走过那边，
The gray spires of Oxford	黝黝古尖塔	那些牛津的灰白尖塔
Against the pearl-gray sky.	矗立青天隈。	直映在高穹的青天。
My heart was with the Oxford men	忽念行役人，	我心中想念着牛津的学生
Who went abroad to die.	忠骨异国埋。	他们战死在异国的郊园。
The years go fast in Oxford,	岁月去何疾，	在牛津，一年一年如飞的过去，
The golden years and gay,	韶华不少待。	那个快乐的黄金时代，
The hoary colleges look down	广场姿跳掷，	头白的学院层楼俯首下窥
On careless boys at play.	人间绝忧痗。	看无愁的学生们欢呼竞赛。
But when the bugles sounded war	一旦胡笳鸣，	但悲笳忽然吹起了军声
They put their games away.	从征无留怠。	立刻解散他们的球队。
They left the peaceful river,	浅草供蹴鞠，	他们离开了那平静的河流，
The cricket-field, the quad,	清流容艇棹。	那宿舍和球场的方圆部位，
The shaven lawns of Oxford,	舍此安乐窝，	那绿草剪得平整的校园，
To seek a bloody sod—	趋彼血泥淖。	去找寻一块浴血的土地——
They gave their merry youth away	事急不顾身，	他们毅然牺牲了快乐的青春
For country and for God.	为国为神效。	为着国家，为着上帝。
God rest you, happy gentlemen,	神兮能福汝，	愿上帝保佑你们，幸福的诸君，
Who laid your good lives down,	就义何慨慷。	你们殉国殉道，一死争先，
Who took the khaki and the gun	戎衣荷戈去，	你们穿上黄色的军服，肩起铁枪，
Instead of cap and gown.	不用儒冠裳。	代替了学生的黑袍方冠。
God bring you to a fairer place	永生极乐国，	上帝一定护送你们到一个极乐的世界里
Than even Oxford town.	勿念牛津乡。	比这座牛津城更为美丽庄严。

The Spires of Oxford 一诗是英国女诗人赖慈 1915 年为纪念在一战中阵亡的牛津学子而作，吴宓以文言和白话两次将其译出，不仅是因为该诗"格律韵调极佳，而字义明晰，毫不费解……温柔敦厚之心、悱恻缠绵之意，而不牵入一时一地之感情、一国一党之是非"，还因为这种既有形式之美又具真挚之情的诗歌正是吴宓所推崇重视的，以至他将该诗定位为"欧战中最著名之篇章"。（吴宓，1922e：98）

吴宓在1922年翻译该诗时写道：

> 异国之诗，本可不译。以原诗之神韵音节，绝非译笔所能传也……译笔不计工拙雅俗，但求密合原意，以备读者比并观之耳……不惟求声音之相

同，更摹其高低长短起落之神。凡此苦心经营之处，读者幸垂察焉。（吴宓，1922e：98）

　　原诗共四节，每节六行，抑扬格，奇数行四音步，偶数行三音步，个别诗行"句末所缺之一重音部分，乃表示文义之停顿，语气之间歇。在诗中名为censure（pause），读诗者读至此处，应停息少顷，俟已过读一重音之时间之后，乃复读下。故此之所缺，亦有深意，非偶然也"（吴宓，1922e：102），这种末尾音节缺失的情况，吴宓认为颇似中国古典诗词的奇"读"偶"句"的现象，"句末必常停息之处，占有一字之时间；又或其字为韵字，则将该字之音延长，共占有二字之时间"（同上）。原诗韵式工整，重音多用长元音或双元音，节奏缓慢沉重，一唱三叹，淋漓地传达了诗人目睹牛津尖塔依旧，可曾在塔下嬉戏的学生却已战死他乡，不禁感慨物是人非的情绪。

　　针对这种格律严谨的诗歌，吴宓的文言译诗使用的是整齐的五言，同样共四节，每节六行，奇数行不押韵，偶数行押韵。译诗不但模仿原诗韵式，而且还模仿原诗韵脚的音韵效果。比如，根据《平水韵106部》，译诗的第一节，吴宓通过叶韵的方式，即有些韵字如读本音，便与同诗其他韵脚不和，须改读某音，以协调声韵，从而使得该小节偶句末的"嵬""隈""埋"三个音押上平"九佳"部韵，模仿了原诗第一节韵脚/ai/。译诗的第二节，吴宓仍以叶韵方式使得该小节偶句末的"待""瘥""怠"三个音押上声"十贿"部韵，模仿了原诗第二节韵脚/ei/。第三节偶句末的"棹""淖""效"押去声"十九效"部韵，与原诗第三节韵脚/əu/相似。第四节的"慷""裳""乡"押的是下平"七阳"部韵，与原诗第四节韵脚/aun/非常接近。不过，尽管译诗同样感情诚挚，低徊徘恻，吴宓也认为自己的译诗能"模其格""传其神"，但是，译诗每行都是整齐的五言三顿，与原诗参差错落的节奏相差甚远。而且，由于译诗以意译为翻译策略，有些诗句中的词汇含义没有充分译出，比如 The hoary colleges look down　On careless boys at play 译为"广场姿跳掷，人间绝忧海"，其中的 hoary colleges 本来是与上一小节中的 The gray spires of Oxford Against the pearl-gray sky 一句在语义上是紧密关联的，暗示牛津大学的悠久历史及其令人仰慕的卓越成就与地位，但是这个语义内涵在译文中也缺失了。译诗中使用甚至添加了一些极具中国传统文化内涵的词汇和意象，如"崔嵬""忠骨""韶华""艇棹""神兮""汝""儒冠"等，若不是其中的"牛津"二字广为中国读者所知，整首译诗很难让人联想到它是一首西方的诗歌。

　　在1936年以白话重译这首诗歌时，吴宓在译诗前写道："予曾译为旧诗体，并用原韵……兹更译为新体。原诗歌单句四节，双句三节，今译为单句五节，双句四节。原诗每首双句押韵，今译从之。"（吴宓，2004：106）对照吴宓的白话译诗可见，译诗仍是总共四节，每节六行。但在节奏方面，译诗虽然每行按照现代白话的表达习惯，以二字音组和三字音组为主体，但只有前三个小节大致是单句五个音组，双句四个音组，而最后一个小节的节奏则显得较为凌乱，有的诗行四个音组，有的诗行五个音组，还有诗行六个音组的，甚至第五行多达七个音组。在韵式方面，译诗单行不押韵，双行押韵，其中第二小节的偶句末为"代""赛""队"，看似不押韵，但根据《平水韵106部》，这三个韵脚字同属去声"十一队"部，完全协韵。第三小节的偶句末的"位""地""帝"，同样看似不押韵，但在平水韵中均属去声"四寘"部，也是完全协韵的。与原诗所不同的是，原诗每节换韵，而译诗的第一小节与第四小节押的均是同一个韵。在语义内涵的传达上，虽然译语的白话晓畅直白，但有些语义还是把握得不够精准，比如他在文言体中对原诗中的 The hoary colleges look down 诗句以意译的手段处理，其中的 hoary 没有具体译出，但在白话译文中却译为"头白的学院层楼俯首下窥"，显得有些牵强，未能达到与前文中提及的牛津尖塔历史久远而令人仰慕的语义内涵相呼应的效果。尽管吴宓解释说："房屋古来亦如人老，曰头白，hoary 假借通用之词也。"但这样的表述在汉语语境中还是未能将原诗这一妙用修辞效果传达出来。又比如原诗 The cricket-field, the quad 句中的 quad 一词，吴宓在《英诗浅释（续）》中的释义是："此字乃 quadrangle 之简写，牛津大学中有校舍，其屋为方形而中空为草地，名曰方形屋 quadrangle，诸生藏息修游之所也。"（吴宓，1923a：107）但是吴宓将该句译成"那宿舍和球场的方圆部位"，则颇让人不知所云了。从这首白话译诗我们可以看出，尽管译诗的语言由文言变为白话，在节奏方面也不甚严谨，但是诗歌的韵律十分严谨。因为在吴宓看来："无音律者，不能谓之诗。否则其所号为诗者，实无殊于文也。"（吴宓，2005：71）1922 年吴宓曾在《学衡》9 期上的《诗学总论》一文中明确指出"吾国文字之本性"决定了中国诗歌"适于用韵，行之数千年而已，然经验可以证明，故今仍当存之，决不可强学希腊拉丁古诗或借口英诗之 Blank Verse 而径倡废韵也"（吴宓，1922d：35）。在 1932 年《诗韵问题之我见》一文中，吴宓直言："诗韵不特有其演进之历史，且有其当保存之价值……故谓中国旧诗规律太严者，妄也；谓中国现今之韵应废除者，亦妄也。"（吴宓，1932a）由此可见，尽管时隔十年，尽管吴宓的诗学观念有所改变，但他对汉诗"无韵不成诗"观念的坚守却一直没有改变。

综上可见，尽管吴宓认为诗不可译，但他还是翻译了大量西方诗歌，主要是出于"以新材料入旧格律之绝好练习地也"（吴宓，1923b：25）的诗学考虑。不过，虽然他强调翻译应该遵循"严又陵所谓信达雅也"（吴宓，1923b：25），但由于他主要采用的是文言译诗，并坚持以文言传统诗歌的诗学理想和标准来规范译诗，不免有时造成译诗在形式上符合目标诗学的审美效果，即在"达"和"雅"的层面得到充分体现，却又往往造成意义上的损失，即在"信"的层面会有所偏离，从而导致诗歌创作和诗歌翻译之间的界限不是那么清晰。

4.3.2　吴芳吉："诗之能有永久性者，亦惟音韵格律是赖"

学衡派人才济济，被吴宓称为"真能熔合新诗旧诗之意境材料方法于一炉"的"中华第一大诗人"（吴宓，1932c）吴芳吉（1896—1932），字碧柳，别号白屋吴生。吴芳吉 1911 年考入清华留美预科学校，1912 年秋因言论狂激声援被美籍教师无理辱骂的中国学生且不肯"悔过"受到校方除名，继而离开清华，而后辗转各地任教，并创办杂志担任编辑等。1932 年 5 月因病辞世，年仅 36 岁。吴芳吉自编《白屋吴生诗稿》上下两卷，于 1929 年出版，其中包括他所创作的诗歌和译诗 510 首，1934 年，其友人编订的《吴白屋先生遗书》也收有他的大量诗作。吴芳吉所有译诗都是旧诗体，译诗多集中于苏格兰诗人彭士（Robert Burns，今通译彭斯）的诗作，于 1922 年 6 月在《湘君》季刊 1 期发表十题四十三段的"彭士译诗"。这些译诗于 1926 年 9 月又收入《学衡》57 期，主要包括《我爱似蔷薇》（My Love is Like a Red, Red Rose）、《久别离》（Auld Lang Syne）、《白头吟》（John Anderson My Jo）、《牧儿谣》（Ca'the Yowes to the Knows）、《将进酒》（Will Brew'd a Peck O'Maut）、《寄锦》（Of A' the Airts the Wind Can Blaw）、《来来穿过麦林》（Come thro'the Rye）、《高原女》（High Land Mary）、《麦飞生之别》（Mcpheson's Farewell）、《自由战歌》（Scots Wha Hae）等。1923 年 2 月，吴芳吉在《学衡》14 期发表了他所翻译的英国诗人赫里克（Robert Herrick）的《告女儿》（Counsel to Girls），此外还有零星译诗散见于他的一些诗论文章中，如在其《谈诗人》一文中就有他所节译的英国诗人汤生（Francis Thompson）的《在不稀奇的地方》（In No Strange Land）。

吴芳吉传统文化基础深厚，"自幼就受旧诗熏陶，以盛唐诗歌作为学习的榜样，尤有心得于汉魏乐府，深得旧诗格律之妙"。（吴宓，2005：159）1919 年，吴芳吉经吴宓引荐赴上海任中国公学《新群》杂志诗歌编辑，开始大量接触新诗。1919 年 7 月，吴芳吉在《新群》杂志发表长诗《婉容词》，该诗一经发表立即引起全国读者争相传诵，并作为新诗范文选入中小学教材，历数十年不衰。1922 年吴芳吉与同道于湖南长沙创办《湘君》季刊，主要刊登批评新文化运动，宣传复古倾向的诗文。吴芳吉的诗学观念独具一格，对传统持辩证的态度，既强调继承传统精华，同时也强调创新发展。他所创造的诗歌持重而开放，被吴宓评价为"以旧风格含新意境"。他的诗歌语言文白相间，句式长短不拘，节奏音韵和谐，自成一体，号称"白屋体"，其成名之作《婉容词》便是"白屋体"的典范。吴芳吉不满新诗及其理论的偏激，针对胡适1919 年 10 月在《星期评论》双十纪念号上发表的后来被朱自清称为创作新诗的"金科玉律"的文章《谈新诗：八年来一件大事》，吴芳吉 1920 年 2 月在《新群》发表《提倡诗的自然文学》，8 月又在《新人》杂志 1 卷 4 期发表《谈诗人》，在《新人》杂志 1 卷 5 期发表《再论"诗的自然文学"并解释"春宫的文化运动"》。1922 年 6 月至 1925 年 6 月，吴芳吉又在自己创办的《湘君》杂志和吴宓主编的《学衡》杂志上连续发表《吾人眼中新旧之文学观》《再论吾人眼中之新旧文学观》《三论吾人眼中之新旧文学观》《四论吾人眼中之新旧文学观》，聚焦于诗的新旧问题，全面批评了白话新诗的种种"反诗"理论，提出了自己的诗学主张。吴宓因此将吴芳吉与黄遵宪并列，称"前有黄公度，后有吴芳吉，允宜推崇"（吴宓，2005：169）。吴芳吉反对"历史的文学观念"和"文学退化观"，在《学衡》21 期的《再论吾人眼中之新旧文学观》中明确提出："文学惟有是与不是，而无所谓新与不新。此吾人立论之旨也。"（吴芳吉，1924a：31）他认为功利化的新文学仅仅只有刺激作用，只图谋短期社会时效，却抹杀了文学艺术的永恒价值，是一种本末倒置的做法。他在 1924 年《学衡》31 期的《三论吾人眼中之新旧文学观》中指出："激刺之甚，乃置文学之本体而不识，昧文学之真谛而不顾哉。"（吴芳吉，1924b：57）

他在《〈白屋吴生诗稿〉自序》中指出：

故新派之诗，与余所谓之新诗，非一源而异流，乃同因而异果也。惟然，余主张经验论者也。凡诗中原理，如无邪之教、逆志之说、辞达之诚、行远之咸，千古所共由者，不当以一时新解而违弃之。诗中艺术，如遣韵必谐、设辞必丽、起调必工、结意必远。（吴芳吉，1928：46）

他在《四论吾人眼中之新旧文学观》中强调："故知音韵与格律之作用，非仅不如新派之拟为缰锁，且诗之能有永久性者，亦惟音韵格律是赖。盖情随人而有异，理缘物而无端，惟有音韵格律，故能持之不变。"（吴芳吉，1925：18）在《谈诗人》一文中他批评新诗：

连修辞也不讲究。对于文学的美（Literary Beauty）简直没有几人过问。于是在形式上（The Poetical Forms）看不出一种外美（External Beauty），在精神上（The Poetical Spirit）看不出一种内美（Internal Beauty），所以令人不耐咀嚼。（吴芳吉，1920：45）

他认为在悠久的中国文学史上由于真诗多，所以值得重视与学习，他说："吾人亦非拥护古之旧诗，乃欲拥护真诗。然古之旧诗既富有而多真，吾人自当以旧诗为法。"（吴芳吉，1994：489）因此他说"盖吾诗虽老，固非全枯"，强调白话新诗应以中国情味为本。

吴芳吉不但强调诗歌的音韵格律，同时也强调诗要合天理人情，要有个性的艺术特质，认为"诗之为道，纯从天真发出"。（吴芳吉，1994：373）在《提倡诗的自然文学》一文中，他说："我希望中国数万万人，有数万万起不同之文学……中国文学所以进化迟钝之故，正由个人无个人之文学，而只有千篇一律之偶像文学……所谓个人之文学，即自然文学之意。"（吴芳吉，1994：373）

显然，他追求的是个性化的"个人之文学"，反对缺乏个性特点的"偶像文学"。在《读雨僧诗稿答书》中，他还说："诗之为道，发于性情，只求圆熟，便是上品。若过于拘拘乎声韵平仄之间，此工匠之事，反不足取……炼句之道，曰顺、曰熟、曰圆、曰化。至于化境，斯造极矣。"（吴芳吉，1994：371）因此，对于西方诗歌，他尤其钟情于彭斯的作品，认为其诗歌音韵自然和谐，同时主题纯真质朴。在1922年6月《湘君》1期上的《彭士列传》一文中，他认为彭斯可以"号称世界歌者"（吴芳吉，1922：6），并说："吾读彭士之诗，爱其质朴真诚，格近风雅，缠绵徘恻，神似《离骚》……其诗则蓬勃豪爽，富有生气，从无悲愤自绝之词。"（吴芳吉，1922：6）事实上，吴芳吉对彭斯的推崇与学衡派领军人物吴宓也有着关联。吴宓非常推崇彭斯的诗歌，曾说："英文诗中，以彭士之诗最为自然。多言田野风物，里巷琐事，及农家之哭乐，女儿之隐情。不事雕镂，一本天真。"（吴宓，2005：49）吴宓是吴芳吉的良师益友，吴芳吉曾回忆自己对文学的创作是缘于吴宓的鼓励和指导："吾知诗，家门雨僧兄（吴宓字雨僧——笔者注）所教也。"（吴芳吉，1994：368）吴芳吉离开清华后，吴宓一直与其保持联系，谈诗论文。吴芳吉曾在《自定年表》中回忆说吴宓在赴美留学之前，还特意嘱咐他"此生专力于诗，勿作他图；而目前要务宜兼从事西洋文学……命即熟读精求。自是每次来书，选授英国名诗数首。虑某难于尽解，辄译为散文附其后。某所读第一部诗，即《英诗源》（*Golden Treasury*）及《彭士全集》也。"（吴芳吉，1994：541）可见，出于对彭斯诗歌的认同与喜爱，吴芳吉将自己的诗歌翻译集中于彭斯的作品。以下是吴芳吉所翻译的《我的爱似蔷薇》及彭斯的原诗 My Love is Like a Red，Red Rose。

O my Luve's like a red, red rose,	卿颜红似蔷花，
That's newly sprung in June;	自彼六月新放。
O my Luve's like the melodie,	卿言柔似琴声，
That's sweetly play'd in tune.	自彼曲中清唱。
As fair as thou, my bonnie lass,	温存美艳如卿，
So deep in luve am I;	沉我爱情深处。
And I will love thee still, my dear,	我当依旧爱卿，
Till a' the seas gang dry.	直到海水干去。
Till a' the seas gang dry, my Dear,	爱卿直到海干，
And the rocks melt wi' the sun;	爱卿更到石烂。
I will love thee still, my Dear,	我终已旧爱卿，
While the sands o' life shall run.	爱到灵魂飞散。
And fare-thee-well, my only Luve!	别矣惟卿珍重，
And fare-thee-well, a while!	珍重暂时别矣。
And I will come again, my Luve,	不久我当还归，
Tho' 'twere ten thousand mile.	虽则行行万里。

　　彭斯是 18 世纪下半叶苏格兰的著名诗人，但他的诗作不同于他所处时代的诗歌强调理性和秩序的特点，而是仿照苏格兰歌谣创作出大量歌谣体抒情短诗，表达了他对苏格兰，对劳动人民，对人生、友谊和爱情的真挚情感，被称为 19 世纪英国浪漫主义诗歌运动的先驱。My Love is Like a Red, Red Rose 的原诗内容质朴而纯真，但又因一些古词如 luve、thee、thou、fare-thee-well 的运用，使得诗歌听起来既直白热烈又饱含古韵遗风。全诗共四节，每节四行，以抑扬格为主体，其中单行四音步，双行三音步，长短相间，前两小节单行不押韵，双行押韵，后两小节押套韵，全诗以单音节词为主，押的都是阳韵，读起来音韵优美，简洁明快、节奏分明却又富于变化。而且诗中还使用了"重复"这一民谣中惯常使用的修辞手段，其中既有整句的重复，又有短语和单词的重复，如 Till a' the seas gang dry、I will love thee still、And fare-thee-well 以及 red、Luve、my Luve、my Dear 等，整首诗歌读起来朗朗上口，韵味悠长，富于音乐性，很适于吟唱。吴芳吉的译诗同样是四节，每节四行，采用的是整齐的六言古体形式，译诗的语言以文言为主体，间杂白话，比如既有古词"卿"又有白话"我"，听起来既有文言含蓄雅致的风味，又兼具白话的清新率直，与原诗的风格比较接近，而这种语言风格与吴芳吉的文言白话错杂的新诗风格颇为接近，基本体现了他所追求的"民国之诗，当有民国之风味，以异于汉魏唐宋

者"（吴芳吉，1994：556）的诗学主张，而且译诗较好地再现了原文的语义内容，基本保留了原诗中的比喻、重复等修辞手段和意象，较好地传达了原诗的情致。不过，由于译诗采用的是中国传统六言诗形式，节奏上一般都是六言三顿，即一行有三个停顿，每顿两个字，因此译诗每行都表现为均齐节奏，形式上也非常整饬。韵式方面，译诗也遵循中国近体诗"逢双必论"原则，采用的是隔行用韵，即每节单行不用韵，双行押韵。总体而言，译诗均齐的节奏、整饬的形式及传统的韵式与原诗整齐中间杂变化的节奏、形式及韵式都有一定距离。因此，尽管译诗清雅可颂，但毕竟在形式上体现了较为鲜明的中国传统汉诗的特征，域外情调并不突出，读起来更像是一首地道的汉语传统诗歌。

以下是吴芳吉所翻译的另一首彭斯的诗歌《寄锦》及其原诗 Of A' the Airts the Wind Can Blaw。

Of a' the airts the wind can blaw,	凉风天末起，
I dearly like the west,	引我心向西。
For there the bonnie lassie lives,	西方有美人，
The lassie I lo'e best：	我心最爱之。
There wild-woods grow, and rivers row,	其树何离离，
And mony a hill between：	其水何溅溅。
But day and night my fancy's flight	其间山势何逶迤，
Is ever wi' my Jean.	无昼无夜心魂驰，
	驰去长随伊。
I see her in the dewy flowers,	我见伊带露之花里，
I see her sweet and fair：	我见伊意甜甜复欢喜，
I hear her in the tunefu' birds,	我闻伊铿锵鸟声中，
I hear her charm the air：	我闻伊每倾我耳。
There's not a bonnie flower that springs,	林泉有好花，
By fountain，shaw，or green；	对花则意起，
There's not a bonnie bird that sings,	林泉有鸟声，
But minds me o' my Jean.	闻声则思矣。
	云谁系吾心，
	伊人一而已。

原诗语言直白质朴，共两节，每节八行，抑扬格，单行四音步，双行三音步，长短相间，参差有序，全诗以单音节词为主体，单行不押韵，双行押韵，押的全是阳韵。诗词中还多次使用了行内韵和重复等语音修辞手段，如第三行

中的 bonnie 和 lassie，第五行中的 grow 和 row，第七行中的 night 和 flight 分别构成行内韵，而诗句中的 there，I see her，I hear her，there's not a bonnie，my Jean 等都有所重复，所有这些语音特点及语义的重复使得整首诗歌像彭斯的其他诗歌一样，读起来顿挫昂扬，音韵与语义上又都回环萦绕，适于吟唱。吴芳吉的译诗文白相杂，共两节，但第一节九行，第二节十行，在诗行的建构上，译诗并没有考虑原诗诗行的结构。译诗以五言为主体，夹杂七、八、九言句，也并未体现原诗较为严谨的节奏。在韵式上，译诗押韵并不严格，按照《平水韵 106 部》，主要押的是上声"四纸"韵部，并夹杂他韵。显然，吴芳吉的译诗，除了在语义上，译诗与原诗还有一些共同之处，无论在诗形、节奏还是音韵上，都与原诗相距较远。译诗是一首文白相间、具有中国传统民歌风味的杂言诗。汉语杂言诗是汉族诗歌体裁之一，其形式和用韵都比较自由，适于吟诵，最初出于乐府，因诗中句子字数长短间杂而得名，又因其便于无拘无束地表达思想情感，凡是以情致或气势胜的诗人都对杂言诗歌颇为偏爱。显然，在翻译这首诗歌时，吴芳吉是出于体现"民国之风味"的目的而选择了文白相杂的语言，同时，更是因他从小诵读传统诗书，"尤有心得于汉魏乐府"（吴宓，2005：159），而选择了这种最初出于乐府的错落有致、适宜抒发情感的民歌风味的杂言诗形式。译诗中同样多处使用了重复的修辞手段，读起来也是朗朗上口，回环萦绕，较好地以中国民歌风格再现了彭斯抒情诗歌的民歌神韵，这也正是吴芳吉所强调的"文字，中西全异者也；文艺，中西半同者也；文理，中西全同者也。舍其全异，取其全同，酌其或同或异，吾知其生气勃勃，光辉焕射，必有异于前矣"（吴芳吉，1994：1）的诗学结果。

学衡派领军人物吴宓在主持《学衡》杂志时，曾开创性地开辟了同一首诗歌由多人推出不同译文的"一诗多译"风气，以此切磋译诗技艺，译者主要是吴宓及其清华学校的翻译班学生。如《学衡》杂志第 39 期分别就安诺德的 Rugby Chapel 和威至威斯（William Wordsworth，今通译为华兹华斯）的 She Dwelt Among the Untrodden Ways 各自推出了多个译者的不同译文。吴芳吉虽不是翻译班学生，但作为吴宓的挚友，也参与了译诗活动。1922 年 12 月，《学衡》第 12 期刊登了吴宓和邵祖平所译的英国 17 世纪诗人赫里克的诗歌 Counsel to Girls，两人均以文言旧诗体形式译出，并将诗歌题目都译为"古意"。在 1923 年 2 月《学衡》14 期上，吴芳吉再次翻译 Counsel to Girls 一诗，并将题目直译为"告女儿"。以下是吴芳吉的译诗及赫里克的原诗。

Gather ye rose-buds while ye may,	韶华去如飞，
Old Time is still a-flying,	且摘尔蔷薇。
And this same flower that smiles today,	今日花如笑，
To-morrow will be dying.	明朝花就瘗。
The glorious Lamp of Heaven, the sun,	相彼明明日，
The higher he's a-getting	升彼天高处。
The sooner will his race be run,	惟高则易倾，
And nearer he's to setting.	转瞬成昏暮。
That age is best which is the first,	人生惟少年，
When youth and blood are warmer;	青春血气好。
But being spent, the worse and worst	过此衰复衰，
Times, still succeed the former.	终身只烦恼。
Then be not coy, but use your time;	从今莫畏羞，
And while you may, go marry:	待年行且字。
For having lost but once your prime,	盛会倘蹉跎，
You may for ever tarry.	汝将长留滞。

　　赫里克是 17 世纪英国资产阶级时期和复辟时期的诗人，以田园抒情诗和爱情抒情诗著称，他的许多诗作都以珍惜光阴、及时行乐为主题，并被谱成曲子广为传唱。这首诗也是规劝女子珍惜美好青春年华，不要等到色衰爱弛，徒留遗憾。原诗共四节，每节四行，除个别不齐整的音步外，全诗的基本音步为抑扬格，呈长短句形式，单行四音步，双行三音步，隔行押韵，韵式为 abab eded efef。译诗也是四节，每节四行，采用的是较为浅显的文言，为五言古诗体，每行三顿，单行不用韵，双行押韵。显然，译诗是一首结构严谨、音韵工整的五言排律。由于五言诗是在汉族民歌的基础上发展而成的，虽然五言诗都是五言三顿两逗，但由于每行的字数都是奇数，故而其每顿的长短并不完全相同，而是形成二二一或二一二的节奏，奇偶相配的音节，富于变化，颇具音乐美。不过，由于译诗本身表现出过于鲜明的中国传统诗歌特点，除了在主题神韵方面与原诗一致外，已很难看出这是一首源自西方的译诗了。

　　1920 年 8 月，吴芳吉在《新人》杂志 1 卷 4 期上发表了《谈诗人》一文，谈到了什么是诗、诗人的特性、诗歌创作过程以及新诗发展等一系列诗学观点。他在文中说：

　　谈诗必先知的，就是谈诗的人所立论的东西。我是主张"个人无政府主义"（Individual Anarchisms）的人……还要补说几句诗人与社会的关系……诗人既都以四海为家，所以他也是家庭的一个；既都以万物皆神，所以他也是神类的一个；于是诗人之视世界，觉得都似家庭之可爱，可似神类之可敬；世界虽是昏乱，实在不足介意。且暂时之昏乱，也不能有损于永久之世界。如十二年前之英诗人汤生（现通译为汤普森）Francis Thompson 有《在不希奇的地方》IN NO STRANGE LAND 一诗，颇能道出一种"诗人之假定"The Supposition of a Poet。（吴芳吉，1994：407–408）

随后吴芳吉列出了该诗的第一小节原文，并说"我最反对译诗，但恐批阅此篇的人，不尽学习英文，只得把他译出"。以下是吴芳吉所列出的原诗第一小节（事实上，Thompson 原诗中第一小节的最后一行为 Inapprehensible，we clutch thee！笔者注）和吴芳吉相应的译文。

| O world invisible, we view thee,
 O world intangible, we touch thee,
 O world unknowable, we know thee,
 O world Inapprehensible, we clutch thee！ | 啊！世界啊！
 尔之不可仰兮，吾今得以量兮；
 尔之不可近兮，吾今得以亲兮；
 尔之不可识兮，吾今得以知兮；
 尔之不可解兮，吾今得以怀兮；
 世界啊！啊！世界啊！ |

原诗创作于 19 世纪 80 年代，作者汤普森当时吸食鸦片成瘾，无家可归。尽管生活艰辛，他却深信神明的存在，常常陶醉并赞美上帝的美妙。在诗歌中，诗人暗示人们，上帝的神迹无时无刻不存在于我们的周围，如果你刻意要去求证神灵的显现，就如同在海里游弋的鱼儿在追问大海的存在，或是像正在空中飞翔的鸟儿去质疑空气的存在那样愚蠢可笑。吴芳吉引用该诗的第一节，正是为了说明诗人也应该具有类似的"假定"心理。原诗第一节为四行，并且非常突出地以重复的修辞手段营构强调的效果。吴芳吉的译诗为六行，主体部分为中间的四行，这四行诗句在结构上完全相同，意义也基本对应于原诗。不过，尽管译诗也是通过重复的修辞手段达到了强调的效果，但译诗无论在诗行的建构上还是节奏音韵上都未能再现原诗的特点，呈现的是一种文言骚体为主白话抒情为辅的混搭风格。显然，这样的译诗正是吴芳吉所强调的新诗应以中国情味为本的诗学观念的具体体现。吴芳吉亦认为，"余所理想之新诗，依然中国之人，中国之语，中国之习惯，而处处合符新时代者"（吴芳吉，1994：558）。因此，对于外国诗歌，便往往采取"略其声音笑貌，但取精神情感以凑成吾之所为"（吴芳吉，1994：558）的策略。

总的说来，吴芳吉的译诗正如他所创作的"白屋诗体"，在语言上以文言为主体，夹杂白话，追求"民国风味"。形式虽自由活泼，长短不拘，却讲究音韵和谐，尤其推崇传统民歌风格，读起来既古韵悠悠，又清新畅快，在五四时期诗歌译坛上别具特色。

4.3.3 张荫麟："一时代有一时代之文言，非固定僵死"

张荫麟（1905—1942），字素痴，我国近代著名史学家，被学界大家称为"文史哲"之通才，因年仅 37 岁英年早逝，又被称为"悲剧天才"。1923 年考入清华留美预备学校，1929 年以优异成绩毕业，即去美国斯坦福大学攻读西洋哲学史和社会学，不待五年期满，修完应学课程提前获哲学博士学位归国。张荫麟从小天赋极高，有异乎常人的记性和悟性，犹好读书，国学功底深厚，年仅 16 岁即考入清华，先后在《学衡》《东方杂志》《清华学报》《燕京学报》《大公报·文学副刊》等刊物上发表论著四十余篇。他在十九岁时就曾批评梁启超对孔子的考证，后来又指出顾颉刚《古史辨》在方法上误用"默证"，并对胡适、冯友兰的著述及郭沫若的译作提出诸多颇有见地的批评，一时名扬学界。虽然张荫麟主攻哲学历史，但他对西洋文学，尤其是诗歌及诗歌翻译兴趣浓厚。他在勤修历史、哲学、文学、心理学、社会学、逻辑学等课程之余，积极研习英文，在清华仅三年时间便已能纯熟地阅览英人典籍，又兴之所至，修读了吴宓开设的"翻译课"。他的清华同窗好友贺麟曾如此描述：

> 民国十四年，吴宓（雨僧）先生初到清华，任研究院主任，无疑地，吴宓先生是当时清华的一个精神力量。他开了一班"翻译"的课程，选习的人并不多，有时课堂上，只有荫麟、陈铨和我三人。我们三人也常往吴先生的西工字厅去谈论……在吴先生的鼓励下，荫麟译了不少西洋诗……他自己也说过，他的文学兴趣是雨僧先生启发的。我尝举出诗教、礼教、理学为中国学人应有的学养，他也常以他具有诗教的陶养，引以自慰。（贺麟，2002：68）

出于对诗歌的喜爱，在导师吴宓的引导下，张荫麟着手诗歌翻译，涉及英文和德文，其译文典雅工整，常常受到导师吴宓嘉许。张荫麟的翻译活动集中在 1928 年至 1942 年这 14 年里。作为学衡派的一员，张荫麟积极参与了导师吴宓组织的一诗多译活动，他翻译的诗歌主要有载于 1925 年 3 月《学衡》第 39 期的两首译诗，一首是与陈铨、顾谦吉、李惟果合译的安诺德的《罗壁礼拜堂》（Rugby Chapel 第 58 – 72 行）；另一首诗是威至威斯（William Words-worth，今通译为华兹华斯）的《佳人处僻地之三彼姝宅幽僻》（She Dwelt Among the Untrodden Ways），同期刊登了陈铨、顾谦吉、杨葆昌、杨昌龄、张敷荣、董承显、贺麟对于该诗的七种译文，每个译者的题目有所不同。作为《学衡》主编的吴宓在该期的按语中特别交代了"今并列诸君所译，备读者比较观览"的意图。张荫麟还翻译了罗色蒂女士（C. G. Rossetti）的《愿君常忆我》，载于 1926 年 1 月《学衡》第 49 期，同期还刊登了吴宓、陈铨、杨昌龄、贺麟对于该诗的不同译文，译诗后另有吴宓的《论罗色蒂女士之诗》的论述文字。张荫麟还翻译了罗色蒂女士的诗歌《上山》，载于 1926 年 8 月《学衡》第 56 期，又翻译了罗色蒂女士的诗歌《弃绝》，载于 1928 年 7 月《学衡》第 64 期。同期杂志上，吴宓将该诗译为《古决绝辞》，贺麟译为《明志》。张荫麟还完整地翻译了罗色蒂女士之兄 D. G. 罗色蒂的 24 节长诗《幸福女郎》（The Blessed Damozel），载于 1928 年 9 月《学衡》第 65 期。此外，张荫麟还翻译了海纳的德语诗歌《二战士》，载于 1931 年 12 月 21 日《大公报·文学副刊》第 206 期。此外，他还将歌德的长篇诗剧《浮士德》（Faust）完整地翻译出来，由于篇幅很长，分别载于《大公报·文学副刊》第 222、223、224、243、245、273、280、282 期上，时间跨度一年有余，从 1932 年 3 月直至 1933 年 5 月。在他以"素痴"为署名所翻译的葛拉汉氏（Marcos Graham）英文版《革命诗选》（An Anthology of Revolutionary Poetry）中，他还分别选译了汉德生（Henderson）的《工人春日歌》（The Workers' Song of Springtide）、屠格涅夫（Turgenieve）的《革命者》（The Revolutionist），载于 1930 年 2 月 1 日《大公报·文学副刊》第 110 期。张荫麟的翻译技巧，不仅为当时学人所称赞，后世学者亦评价甚高。陈润成（2013：955）甚至认为："他的翻译技巧，师承吴宓，青出于蓝。"张荫麟认为在翻译过程中，译文相对于原文，总是有所损失，几乎永远也不可能完整传达出原作的所有内涵和因素，指出："异国文字互译，无论译者忠实及正确之情度如何，终不能使二者如一……若一国之文藉原本已失，只有乙邦译本，则其内容之正确程度有减。"（张荫麟，1928a）尽管如此，作为一个诗学素养极高且治学严谨的历史学者，他能客观地认识评价翻译活动的价值。比如，对于西学输入中国并盛极一时的主要原因，他在 1924 年 6 月《清华学报》第 1 期的《明清之际西学输入中国考略（附表）》一文中就明确指出："西学输入之中绝——明清之交，耶稣会士得自由入居内地，多与中国人士交游，从事传授西说，翻译西籍，而其后又得清圣祖之提倡，故西学输入极一时之盛。"（张荫麟，1924：36）他不仅承认翻译在西学传入过程中的重要作用，而且更强调翻译选材的重要性，主张要善于选择外国文化之瑰宝精品，而不能流于琐碎，不加选择地翻译。在 1928 年 4 月 2 日《大公报·文学副刊》第 13 期的《评郭沫若译〈浮士德〉上部》一文中，他明确指出：

尝病国人之读西书，多不知善择，往往小言琐记，视同圭珍；而文化之结晶、不朽之名著，反束于高阁，其介绍繙译也亦然。往者林琴南氏以旷世之文

笔，而不舍之辛勤，而所译多第二三流以下作品，论者惜之，而后人知以林氏为鉴者盖鲜。（张荫麟，1928a）

在其《革命诗选》一文中，张荫麟以"素痴"为署名还谈到了甄选的具体情况："最近美国无政府主义者葛拉汉氏有《革命诗选》之编，网罗奇富，而尤注重于当代生存之作者。此适为吾人所亟欲睹之书。故不辞犯'投机'之嫌，为之介绍。此类诗集在西方亦属罕觏。"（张荫麟，1930）显然，在张荫麟看来，在进行翻译时，应该考虑作品的思想及时代内涵、普世性与丰富性等情况，应该选择西方"文化之结晶、不朽之名著"。他自己所翻译的诗歌均出自西方极具有代表性的诗人，包括英国的新人文主义代表安诺德，"湖畔诗人"华兹华斯，前拉斐尔派罗色蒂兄妹，德国著名的思想家、作家及诗人歌德以及俄国享有世界声誉的现实主义艺术大师屠格涅夫等。如果说早期张荫麟选择英国这几位重要诗人的作品进行翻译多是出于导师吴宓的引导，那么他对于歌德和屠格涅夫等重要诗人作品的翻译就完全是在秉承学衡派一贯严谨的治学态度下的一种自觉选择。在《评郭沫若译〈浮士德〉上部》一文中，张荫麟就指出"歌德（Goethe）之《浮士德》（Faust）者，乃德国文学之精髓，而与希腊荷马之《伊利亚特》、罗马维吉尔之《伊尼特》、意大利但丁之《神曲》、英国莎士比亚之《哈姆雷特》，共为世界文学五大伟著者也"（张荫麟，1928a）。到1932年歌德百年忌辰之际，《大公报·文学副刊》在3月21日第220期上刊出纪念歌德百年忌辰专辑，紧接着在221期上又刊登了宗白华翻译的《歌德论》，然后在后面几期连续发表张荫麟所译的《浮士德》，到1933年3月27日又刊发了宗白华和周辅成合编的《歌德之认识》书讯，5月15日又刊登张月超所著《歌德评传》的书讯，前后持续一年有余的时间。《大公报·文学副刊》如此大规模刊发纪念歌德的文章与消息，与当时协助吴宓编辑《大公报·文学副刊》的张荫麟的诗学主张和积极推进是密不可分的。

张荫麟治学非常严谨，对于诗歌翻译，他也是精益求精，并强调要对作者及其生平做出介绍，以便能让译语读者更好地理解原文的内涵和意义。比如对于郭沫若所译的《浮士德》版本，张荫麟毫不留情面地指出："以诺大著作，初次介绍于国人，乃无只字之序引，一般读者若于原作者之生平及原书在文学史上之地位无相当之认识，乌能了解而欣赏之。岂译者夕甫杀青，朝既付梓，遂无暇顾及其他欤？若然，则对读者未免太不负责矣。"（张荫麟，1928a）就张荫麟自己的译诗而言，由于其英译诗歌往往是在吴宓的组织引导下开展并发表于《学衡》杂志的，对于这些原诗作者，吴宓往往都会写出相关介绍性的文章附于杂志上。比如，针对威至威斯的She Dwelt Among the Untrodden Ways一诗的翻译，吴宓在1925年3月《学衡》第39期上多种译诗的前面加了一段

"编者按语"，对作者及其诗歌做了介绍，称作者：

> 之生平与其主张，为吾国言新诗及文学革命者所乐道，故已渐为国人所熟知。本志亦已一再论及，兹不具述。咸至咸斯之诗以清淡质朴胜，叙生人真挚之情，写自然幽美之态，是其所长。高旷之胸襟，冲和之天趣，而以简洁明显之词句出之。盖有类乎吾国之陶渊明、王右丞、白香山三家之诗也。（贺麟，1925：107）

而张荫麟后来独立所译的诗歌，也都对原诗作者进行了交代介绍。此外，张荫麟认为要做好翻译，必须要耐心细致地下苦功夫，对于郭沫若《浮士德》译本的后序自述中所言"不过初译费时一暑假，改译'仅仅只有十天'"（张荫麟，1928a），他不能接受，直言指出："吾人毋宁劝郭君不必如此匆匆，人生虽促，然不宜在此等处省时间也。"（张荫麟，1928a）张荫麟尤其不满意郭译中所出现的大量谬误，指出："余方读歌德原书，适于友人案头见郭译本一册，因取以原书校。其谬误荒唐，令人发噱之处，几于无页无之。若为详尽之《评郭沫若译〈浮士德〉上部纠谬》，吾恐篇幅直足与译本……而本副刊亦不能尽登。"（张荫麟，1928a）尽管如此，他还是摘取了郭译中的一些谬误与德语原文进行了对照分析，发表在《大公报·文学副刊》第 13 期上。张荫麟指出当时已经大名鼎鼎的诗人郭沫若的译本中的谬误，绝不是为了"卖弄自己语言学上的才能"（张荫麟，1928a）。实在是因为"郭译于信达雅三方面均多遗憾。此殆非予一人之私言"（张荫麟，1932）。同时，基于郭译只译了原诗的上部且译本中谬误繁多，张荫麟将这部长达 12111 行的诗剧完整译出，希望借此让中国读者能更真实完整地了解和欣赏这一伟大诗剧，以汲取西方文学的精华。张荫麟认为：

> 郭先生为国内已成名之诗人，予何人斯，敢与争美？而复浪费笔墨者，以郭译止于上部，无意更及其余（郭先生在译本中已言之）。他人又久无嗣响。予觉《浮士德》一书，实有使国人得窥全豹之必要，与其续貂，使译本文体上成为两橛，毋宁一冒"架床叠屋"之险，得一文体统贯之全译。浮士德在德文外，各主要欧言中大抵有一种以上之译本。其在英文，以予所知，译本已逾十种。去年耶鲁大学某女士尚有新译刊行焉。则余今重译，固无需于解嘲之辞与？（张荫麟，1932）

虽然对于郭译《浮士德》有着种种不满，但是张荫麟对于郭沫若选用韵文来译的方式还是给予了肯定，"兹译全用韵文，亦为一种新尝试"（张荫麟，

1928a）。在张荫麟自己翻译德文版《浮士德》时，他首先对当时各种英译本的《浮士德》做了褒贬不一的评价，并认为"歌德原作，胜在声韵者半；以散文译，譬则买椟还珠"（张荫麟，1932）。显然，就诗歌翻译而言，张荫麟强调要以诗译诗，即译出来的也要是诗。此外，他还身体力行地以文言译诗，这也正是他一贯所秉持的诗学观念对翻译操纵的结果。因为他坚持认为文学的语言应是文言而非白话。在发表于 1928 年 12 月 3 日《大公报·文学副刊》第 48 期的《评胡适〈白话文学史〉上卷》一文中，从历史学和文学的角度的三个标准，张荫麟明确反对胡适"白话文学"的观念，尤其针对胡适界定"白话"的三个标准——"（一）是戏台上说白的白，就是说的出，听得懂的话。（二）是清白的白，就是不加粉饰的话。（三）是明白的白，就是明白晓畅的话"（张荫麟，1928b），明确地予以反驳，指出：

> 吾人观此定义，其最大缺点即将语言学上之标准与一派文学评价之标准混论为一。夫朴素之与华饰，浅显之与蕴深，其间是否可以有悬置之别，兹且不论。用文言之文法及 Vocabulary 为主而浅白朴素之文字，吾人可包括之于白话，然用语体亦可为蕴深或有粉饰之文笔，吾人将不认其为白话文乎？胡君之所谓白话，非与文言之对待，而为 Wordsworthian 之与 Non-Wordsworthian 之对待。审如是，则直名其书为中国之 Wordsworthian 文学史可耳，何必用白话之名以混淆听哉？（张荫麟，1928b）

可见，张荫麟坚持认为文学的语言可有朴素与华饰，浅显与蕴深的区别，但绝不是文言与白话的区别。他特别提及诗人华兹华斯所倡导的革新，以说明文学尤其是诗歌语言的根本特征未曾更改，所变化的只是语言表达上更为浅显直白。这一观点与学衡派的先锋梅光迪的观点如出一辙。1916 年 1 月 25 日，梅光迪在与胡适论战时所写的《梅光迪复胡适》中提到：

> 诗文截然两途。诗之文字（poetic diction）与文之文字（prose diction），自有诗文以来（无论中西），已分道而驰。泰西诗界革命家最剧烈者莫如 Wordsworth，其生平主张诗文文字（diction）一体最力（不但如此，渠且谓诗之文字与寻常语言 ordinary speech 无异），然观其诗，则诗并非文也。（梅光迪，1998：1199）

基于此，张荫麟强调"文言文亦可吸用语体之文法及词筒，故一时代有一时代之文言，非固定僵死，然与白话却不能混而为一"（陈润成等，2013：1050），并说："则文言文（别于语体文或称古文）随时吸收新材料、新生力，而未尝僵死。"（陈润成等，2013：1051）显然，张荫麟认为文学的语言应是文言而非白话，但文言并不是僵死的，而是随着时代的发展而发展的。对张荫麟而言，既然文学的语言都是文言，那对于诗歌这一最古老的文学样式自然更是如此。事实上，张荫麟的这一文学观念所体现的正是白璧德新人文主义思想影响下强调文言在保存传统价值方面的作用。因为一国的语言，乃是"民族特性与生命之所寄"，文言不破灭，传统文学与文化才能得以传承。

　　1925 年，张荫麟与陈铨、顾谦吉、李惟果合译了英国诗人安诺德的诗歌《罗壁礼拜堂》，张荫麟翻译其中的第一章。其原文与译文如下：

Coldly, sadly descends,	举目观众生，栖栖日何为。
The autumn-evening. The field,	扰攘若漩涡，无间写东西。
Strewn with its dank yellow drifts.	饮食互征逐，喋諎靡已时。
Of wither'd leaves, and the elms,	相爱相憎仇，敛财共横施。
Fade into dimness apace,	忽而造极峰，忽而坠尘埃。
Silent；—hardly a shout	奋争如盲虻，尺寸无所成。
From a few boys late at their play！	碌碌百年尽，撒手目乃瞑。
The lights come out in the street,	谁复问名氏，谁复稽生平。
In the school-room windows；—but cold,	譬犹海心波，寂寞对月明。
Solemn, unlighted, austere,	起落刹那时，人世孰关情。
Through the gathering darkness, arise	
The chapel-walls, in whose bound	
Thou, my father！art laid.	

　　原诗作者安诺德是新人文主义的先驱，其诗歌文章都备受学衡派推崇。在学衡派主将吴宓的组织下，张荫麟等一众吴宓的弟子合作翻译了这首诗歌。但是对照原诗与译诗，无论从形式还是语义来看，两者均相去甚远。虽然吴宓强调"安诺德诗之佳处，即在其能兼取古学浪漫二派之长，而以奇美真挚之感情思想纳于完整精练之格律艺术之中"（吴宓，1923a：96），但这首诗歌却是一首形式自由的抒情诗歌，安诺德以托物言志的手法，侧重主体情绪宣泄，以丰富的意象营构出幽深绵邈的审美境界，记录了诗人寻求拯救、不断追问的心灵感受。张荫麟的译诗是一首较为典型的五言古体诗，句式整齐，言之有物，但不拘对仗，也不十分讲究押韵、平仄。这样的译诗显然是张荫麟所坚持的文学语言须是文言，诗歌须是韵文的诗学观念对翻译进行操纵的结果。译诗虽采用文言，但比较浅显朴素，对应于原诗自由的形式，张荫麟选用的是中国传统诗歌文化中形式相对自由的古体诗形式，但坚持译出来的仍然是诗。不过，由于原诗中丰富的意象如 autumn-evening, field, yellow drifts, wither'd leaves, elms, boys，lights，street，school-room windows，chapel-walls 等在译诗中均已消失，原诗浓厚的宗教气息亦荡然无存，反而新增了原诗没有的中国传统古诗中常用的表达寂寞的意象如海心波、月明等，而且译诗形式古朴，充满着中国传统审美元素，除了对原诗感怀人世短暂、寂寞感伤的意境有所体现，很难再找到原诗的影子。显然，译诗是张荫麟秉承本国文学的审美经验，以自己的个性化的诗学表达归化原诗的结果，这也正是学衡派在 1922 年 1 月的《学衡》第 1 期《杂志简章》中所提出并一直孜孜以求的"总期以吾国文字，表西来之思想，既达且雅，以见文字之效用"的体现。

1925 年 3 月《学衡》第 39 期还刊登了张荫麟与贺麟、陈铨等 8 人翻译的华兹华斯《露西组诗》（*Lucy Poems*）第二首 She Dwelt Among the Untrodden Ways。吴宓即在译诗的前面加了一段"编者按语"，指出："原诗以首句为题，正合吾国旧例，诸君所译，题各不同，亦自然之势，今因贺麟君之译先列，故以贺麟君首句用作本篇之总题。"（贺麟，1925：107）总题为"威至威斯佳人处僻地诗"。由于张荫麟的首句为"彼姝宅幽僻"，其译诗因此题为"威至威斯彼姝宅幽僻"，原诗及译诗如下：

She dwelt among the untrodden ways	彼姝宅幽僻，
Beside the springs of Dove,	径荒无人迹。
A maid whom there were none to praise	旁迳德佛泉，
And very few of love.	泉水流不息。
	落落无称誉，
A violet by a mossy stone	亦鲜相爱忆。
Half-hidden from the eye!	紫罗依苔石，
Fair as a star, when only one	艳姿半潜匿。
Is shining in the sky.	皎洁若明星，
	独照长空碧。
She lived unknown, and few could know	索居世相遗，
When Lucy ceased to be;	长逝罕知时。
But she is in her grave, and, oh	丽质眠孤坟，
The difference to me!	嗟我有殊悲。

原诗共三节，每节四行，以抑扬格为主体，诗句长短相间，参差错落，单行四音步，双行三音步，隔行押交韵，各节韵式为交韵 abab，音韵严谨，形式典雅，是英文诗歌中流传甚广的四行歌谣体。原诗语言质朴无华，直抒胸臆，读起来抑扬顿挫，富于音乐美。张荫麟的译诗共十四行，未分节，采用整齐的五言古诗体形式，一行三顿，单行不押韵，双行押韵，按《平水韵 106 部》，

叶韵押的是上平四"支部"韵，大体一韵到底。尽管译诗工整典雅，形式整饬，韵调谐稳，对应于原诗的语义，译诗基本做到亦步亦趋，但用词却颇为古雅，采用了一些极富中国传统文化特色的表达方式替代原诗中的词汇和诗句，如 she、Lucy 译为"彼姝""丽质"，dwelt 译为"宅"，the untrodden ways 译为"幽僻"，the springs of Dove 译为"德佛泉"，But she is in her grave 译为"丽质眠孤坟"，and、oh 译为"嗟"，并与下句 The difference to me! 合译为"嗟我有殊悲"等，将原诗中孤栖幽独的女郎露西变身为中国传统诗歌中极富古典审美韵味的"丽质佳人"形象，进而使读者联想起传统文化中相似的诗篇，如屈原《离骚》中"惟草木之零落兮，恐美人之迟暮"等，并由此产生中国传统士大夫以"佳人不遇"来表达仕途失意、孤高自怜的伤感之情。尽管译诗也是借女子形象寄托诗人内心感情与理想，较好地传达出了原诗所蕴含的主题，但译诗无论在形式上还是意境上都与原诗拉开了距离，而且原诗作者以朴素浅显的语言来表达思想感情的特征并未得以体现，表现出的是中国传统诗歌特有的形式美、音韵美、辞藻美和意蕴美。显然，译诗实际上是张荫麟对原诗做了深度诗学解构后在原诗基本思想上进行的二度创作。

1928 年 7 月《学衡》第 64 期刊登了张荫麟、吴宓、贺麟各自所译的 C. G. 罗色蒂的 Abnegation 一诗。以下是原诗及张荫麟题为"弃绝"的译诗。

If there be anyone, can take my place,	君之愿兮即我愿，君之忧兮即我忧。
And make you happy whom I grieve to grieve,	撷兰苣兮代蒿菲，君欢愉兮夫何愁？
Think not that I can grudge it, but believe,	婉娈兮伊人，窈窕慧巧吾非俦。
I do commend you to that nobler grace,	吾实授君兮彼姝，尚好合兮夫何疑？
That readier with than mine, that sweeter face;	为君绣兮鸳鸯服，为君酌兮鸳鸯卮。
Yea, since your riches make me rich, conceive.	燕尔新婚兮吾喜可知。
I too am crown'd, while bridal crowns I weave,	吾若爱君兮不挚，吾当怨君兮宠移。
And thread the bridal dance with jocund pace.	心君心兮乐君乐，君意遂兮吾神怡。
For if I did not love you, it might be.	君有侣兮吾岂无依？
That I should grudge you someone dear delight;	
But since the heart is yours that was mine own,	
Your plea sure is my plea sure, Right my right,	
Your honorable freedom makes me free,	
And you companion' d I am not alone.	

原诗共十四行，每行为五音步抑扬格，形式上与传统的意大利十四行体一致，但在韵律格式方面有所突破，全诗也分为前八行（octave）和后六行（sestet）两个部分，前八行的韵式为 abbaabba，与传统意大利十四行体前八行韵式一致，但后六行的韵式为 cdedce，与传统的意大利十四行体后六行常见的

三种韵式 cdecde、cdcdcd 或 cdccdc 都有所不同。但整体上来说，原诗仍可以被看作是一首形式典雅、格律严谨的十四行体诗歌。十四行诗在欧洲享有极高声望，最适合抒情，是西方格律诗中的极致。罗色蒂的原诗虽题为"决绝"，但语言质朴无华，直抒胸臆，表达了作者内心的绵绵情意，读起来音韵优美，情感浓郁。要翻译好这样的诗歌，颇为不易。正如王佐良（1984：23）所言："这种表面淡泊、宁静而实则强烈的风格，则任何译者也要望而却步。"张荫麟的译诗共十六句，以七言为主，兼有五言、八言和九言，句式长短参差，基本上在每句的半句都加了语气词"兮"字以点化节奏，是典型的楚辞骚体诗。汉语骚体诗以字句较长，形式自由，富于抒情和浪漫气息为特征，节奏常常舒徐，适于抒发诗人沉郁顿挫、悱恻缠绵的情感，同时又表现出回肠荡气的情韵。虽然，张荫麟以中国经典的抒情诗体骚体诗代替原诗所采用的西方经典的抒情诗体十四行诗，并较好地传达了原诗的情感与情韵，但中西两种诗体各自所蕴含的文化内涵与音韵格律大不相同，译诗中大量增添了原文所没有的"兰苣""葑菲""鸳鸯服""鸳鸯""窈窕""撷"等《诗经》《楚辞》中常用的意象及比兴手法，以花草名物来点缀意境，译诗所呈现出来的古远雅致的格调意境与原诗率直朴素的格调意境相差甚远。不过，张荫麟以文言经典古诗体对应西方经典古诗体的译诗方式凸显了中西传统诗歌的共性，彰显了中西传统文化中所包含的人类普遍与永恒的价值与情感，他所践行的也正是学衡派所提倡的"以欧西文化之眼光，将吾国旧学重新估值"的理念。

1928 年 9 月《学衡》第 65 期上，张荫麟以"素痴"为署名完整地翻译了 D. G. 罗色蒂长达 144 行共 24 节的长篇抒情诗歌《幸福女郎》。由于此次翻译不再是吴宓组织下的众学衡弟子的集体译诗行为，故而在译诗前由张荫麟自己写了"按语"，对诗歌和作者做了交代，称：

> 罗色蒂此诗 The Blessed Damozel（By D. C. Rossetti）作于一八四七年。诗共二十四首，合为一篇。每首六行，第二、四、六行叶韵，今译悉仍之，以一句当一行。惟依中国七古诗转韵定例，每首之第一句亦叶韵。诗中第十二至十六首，又第十八至二十二首，均述幸福女郎口中之言。读者请参阅本期罗色蒂诞生百年纪念文中所述《幸福女郎》一诗之意旨及内容，则一切自无扞格矣。（张荫麟，1928d：80）

以下限于篇幅，仅引张荫麟译诗的前三节及原诗的相应部分：

The blessed damozel leaned out	幸福女郎天国居，
From the gold bar of Heaven;	金阑斜倚望乡闾。
Her eyes were deeper than the depth	灵眸深比昆池水，
Of waters still'd at even;	夜静波平云影舒。
She had three lilies in her hand,	发上明星簪七颗，
And the stars in her hair were seven.	手持三朵白芙蕖。
Her robe, ungirt from clasp to hem,	衣裳无带轻飘举，
No wrought flowers did adorn,	不绣绫花与锦羽。
But a white rose of Mary's gift,	襟头独佩白蔷薇，
For service meetly worn;	圣母见贻慰劳苦。
Her hair that lay along her back	丝发散披覆两肩，
Was yellow like ripe corn.	黄似丰田秋熟黍。
Her seemed she scarce had been a day	羯来执役上帝前，
One of God's choristers;	歌队追随习管弦。
The wonder was not yet quite gone	初入天宫未终日，
From that still look of hers;	尚留惊讶在眉端。
Albeit, to them she left, her day	只于人世伤离者，
Had counted as ten years.	此日悠悠已十年。

　　The Blessed Damozel 是前拉斐尔派重要艺术家兼诗人 G. D. 罗色蒂最为用心也最具代表性的抒情诗作，最初发表于 1850 年的前拉斐尔派自己所创办 *The Germ* 杂志上，该刊以宣扬绘画和文学革新为特色，目的是反对腐化的公式化学院风格主义，以期改变当时的艺术潮流。诗歌发表后，罗色蒂又创作了与诗歌同名的画作。之后，罗色蒂又多次修改诗歌，并再次发表于 1856 年的《牛津与剑桥杂志》（*The Oxford and Cambridge Magazine*）和 1870 的《诗歌》杂志（*Poems*）上。罗色蒂说，该诗的灵感来自发表于 1845 年的爱伦·坡的长诗《乌鸦》（The Raven）。《乌鸦》是英语抒情诗中的上乘佳作，共 18 节 108 行，每节 6 行，形式工整，音韵优美，讲述的是叙述者对于身在冥界爱人的哀悼。而 The Blessed Damozel 共 24 节 144 行，每节 6 行，同样讲究格律，音韵和谐，表现的则是叙述者对于身在天国的爱人的赞美。罗塞蒂称 The Blessed Damozel 是《乌鸦》的续曲（sequel）。诗歌用词古雅，比如标题中表示"未婚女子"的 Damozel 即是一个古法语词，而诗中 God、heaven、Mary、choristers 等的使用及相关描述又使得全诗充满宗教色彩，全诗长短句参差相间，形式优美，除个别不齐整的音步外，全诗格律工整，基本音步为抑扬格，单行为四音步，双行

为三音步，每节单行不押韵，双行押韵，富有强烈的节奏感，适于吟唱。张荫麟的译诗正如"按语"所交代的，他"以一句当一行"，以六句为一组与原诗的小节和诗行一一对应。译诗每行七言四顿，节奏整齐，每小节首句入韵，单行不押韵，双行押韵，每节各自成韵。尽管译诗也节奏分明，朗朗上口，并且较好地传达了原诗的情感和心绪，同时也使用了具有异域文化和宗教色彩的词汇如女郎、天国、圣母、上帝等，但译诗呈现出的是鲜明的中国传统诗歌的音韵格律，并且使用了大量表现中国传统文化内涵的词汇与意象，如金阑、乡间、昆池、芙蕖、绫花、锦羽、襟头、丰田、熟黍、管弦等，这些都使得译诗在女郎形象刻画及全诗意境营构上与原诗拉开了距离。

综上可见，张荫麟以中国传统文言古诗体形式翻译西方诗歌的风格，与他所属的学衡派的诗学主张和价值取向密不可分。

4.4　五四时期西诗汉译流派对中国诗歌文化的影响

文化学派的翻译理论强调翻译不是在真空中发生的，翻译不仅是文本事件，也是社会文化事件，不仅强调目标语文化对翻译的影响，同时也强调翻译对目标语文化的作用。正如根茨勒（Edwin Gentzler，1993：184）所说："文学翻译即是文学作品阐释的翻译，它将受制于目的语文化语境中的文学传统，既是某国文学语言的一部分，亦是一种文化活动，必将对该国文化遗产有贡献，并成为其中极为重要的组成部分。"根茨勒还把翻译本身预设成地震，认为会引发一系列的余震（aftershock）（Gentzler，2008：4），从而对目标语文化的发展演进起推动作用。因诗歌翻译与诗歌创作天然的密切关联，在五四时期诗歌翻译活动所引发的一系列的余震中，其对中国诗歌文化的影响尤其值得关注。

五四时期不仅是中国诗歌翻译的第一个高潮时期，同时也是中国新诗兴起的时期。而对于新诗，朱自清在1935年的《中国新文学大系·诗集》导言中曾指出："最大的影响是外国的影响。"（朱自清，1935：1）而梁实秋甚至直言："我一向以为新文学运动的最大成因，便是外国文学的影响；新诗，实际就是中文写的外国诗。"（梁实秋，1931：87）显然，在五四时期，懂外语或能读原作的人毕竟是少数，大多数诗人或诗歌爱好者接受外国诗歌影响还是通过译诗的途径，换言之，外国诗歌对中国新诗的影响必定是通过五四时期诗歌翻译这一媒介而发生的。但是，回顾五四时期的西诗汉译概况，我们已清楚地看到，五四时期的诗歌翻译是五四新文化运动的重要组成部分，五四新文化运动中文学革命的一个重要成果就是新诗的创立。新诗运动的兴起以胡适1917年1月在《新青年》上发表的《文学改良刍议》中提出颠覆中国传统诗歌的

"文学改良八事"为标志，1917 年 2 月，《新青年》2 卷 6 期就刊出了胡适的"白话诗八首"，其被看作是中国新诗运动中出现的第一批白话新诗。紧接着，在 1918 年 4 月的《新青年》4 卷 4 期上，胡适发表《建设的文学革命论》，将"八事"改为"八不"，力倡"诗须废律"和"不模仿古人"，以追求诗歌最大限度的"自由"，并宣扬新文学须以白话为工具。从此，中国的语言开始由文言走向白话，中国的诗歌开始从旧制走向新体。从此，胡适也不再用旧体诗的格律来翻译诗歌，并在 1918 年 4 月的《新青年》同期发表其第一首白话自由体译诗《老洛伯》。1919 年 3 月，他再次发表白话译诗《关不住了!》，并将其称为"我的'新诗'成立的纪元"。（2000b：182）由此，我们可以清楚地看到，中国的白话新体诗是出现在用白话新体翻译西方诗歌之前的，只是二者间隔时间比较短。显然，五四时期的诗歌翻译实质上是在中国新诗运动中建立起来的。

另外，通过对五四时期三大西诗汉译流派各代表性译家的英诗汉译活动所展开的诗学批评研究，我们清楚地看到，译者所秉持的诗学理念在诗歌翻译活动中发挥着至关重要的作用，译者的诗学理念决定了其译诗的选材和翻译策略。我们甚至可以说，五四时期的诗歌翻译实质上是当时各译家实践其个人诗学理想的工具和场所，译诗所呈现的更多的是译者的诗学观念而不是外国诗歌本身的诗学特征，译诗就是译者诗学操纵的结果。

由此，我们可以推断，在五四时期，与其说中国新诗是经由诗歌翻译这一媒介而受到外国诗歌本身的影响，不如说中国新诗是受到各译家的诗学观念及其译诗所生成的诗学规范的影响。正如卞之琳（1982：62）后来指出："译诗，比诸外国诗原文，对一国的诗创作，影响更大，中外皆然。今日我国流行的自由诗，往往拖沓、松散，却不应归咎于借鉴了外国诗；在一定的'功'以外，我们众多的外国诗译者，就此而论，也有一定的'过'。"

在翻译研究文化学派看来，翻译并不仅仅是一种语言活动，它还是一种"文化政治实践"（Venuti，1995：20），是社会精英层的一种有目的的行为。通过从诗学角度对五四时期三大译诗流派的考察，我们已清楚看到三大流派翻译行为背后各自的诗学文化目的。根据法国哲学家米歇尔·福柯（Michel Foucault）的权力话语理论，白话自由体译诗派因其发声最早，且因其代表性译家如胡适、郭沫若、郑振铎等在新文化运动中领军人物的身份，或是在具有重要影响力的社团或期刊中充当着规范制定者的角色，彰显出了强大的话语权和影响力，占据了译诗的主流地位。此外，相对于白话格律体译诗派和文言旧诗体译诗派，白话自由体译诗派所引发的一系列余震威力也愈加明显。白话自由体译诗派基本漠视原诗的格律，往往将西方格律严谨的诗歌译成白话自由诗或散文诗，译诗虽常常保留了原诗的基本内容以及横排、分行、分节、标点、缩格等书写格式，但大都抛弃了诗之所以成为诗的节奏、韵律等核心诗学元素，同时也背离了中国传统诗歌的音韵格律，不仅大大丧失了原诗的诗学价值，也未能体现中国传统诗歌的诗学追求。根据德国翻译功能学派的观点，这一译诗学派实质上是用追求信息功能的手段来翻译具有诗学功能的诗歌，其得"意"而忘"形"的译法使得译诗的诗学价值大大丧失。正如卞之琳所说，这样的译诗"在中国诗界造成了广泛而久远的错觉，误以为西方从古到今写诗都不拘形式，以借鉴而分行写所谓的'诗'"。（卞之琳，1989：182）由于该译诗流派众多诗歌译家不仅是新文化运动中的知识精英和领袖人物，更是新诗运动中耀眼的巨星，国内广大不懂外语的读者和新诗初学者对这些新文化运动先驱们具有诗学缺陷的译诗自然难以产生怀疑之心，误以为西方诗歌都是讲求横排、分行、分节、标点、缩格等书写格式，却不讲求音韵格律的自由诗或散文诗。在这些巨星们的推崇与引导下，国内广大不懂外语的读者误以为这种对诗歌形式放纵的译法所表现出来的诗学原则就是西方诗歌的诗学规范，继而纷纷顶礼膜拜、加以效仿。正是这些可长可短甚至是无韵无格的所谓的西方诗歌与中国新诗"废律"的诉求不谋而合，并为中国新诗颠覆本土传统诗歌形态的努力提供了有力的参照和例证，使得中国新诗找到了更充分的理由和依据放弃对音韵节奏的诗学诉求，进而在很大程度上干扰和阻碍了中国诗歌文化对中国几千年诗歌格律传统的继承。而这一结果恰恰就是胡适等新文化运动激进派借助诗歌翻译所要实现的"诗体大解放"的新诗理念，是译者对诗歌翻译施加的偏离原文诗学形态的操纵力，也是诗歌译者为达到操纵目标语文化走向而对翻译进行的绑架与利用，"以至于声称受西方诗歌影响的中国新诗与其影响源并没有多少相似之处，而在中国土壤中萌发的新诗又与土生土长的中国传统诗歌几乎没有任何相像的地方"（王东风，2016：26）。可以说，白话自由体译诗派虽推动了新诗的发展，却加速了中国古典诗歌传统的消亡，也因此成为巴斯奈特和勒菲弗尔"改写就是操纵，是为权力服务的"（Bassnett & Lefevere，1992：7）观点的又一力证。

德国功能学派代表弗米尔（Hans Vermeer）指出，翻译过程中所采用的翻译方法和策略是由翻译活动的既定目的决定的。由于最初建构新诗理论的胡适等文学运动的先驱以"诗体大解放"为其诗学理念，那么在这个目的的驱动之下，他们选择的诗歌翻译手段自然也就是有律废律了。但随着新诗运动的不断发展，这种只强调"自然的音节"而忽视诗歌音韵格律的论调导致了新诗散文化和大白话的偏颇，当时也招致不少反对的声音。比如，穆木天直言"中国的新诗的运动，胡适是最大的罪人。胡适说作诗须得如作文，那是他的大错，所以他的影响给中国造成一种 prose in verse 一派的东西。他的韵文的思想穿上了韵文的衣裳。结果产出了如'红的花／黄的花／多么好看呀／'一类不伦不类的东西"。（穆木天，1982：81）事实上，真正对新诗格律进行理论探讨并产生较大影响的是新月派的知识精英，这个从 19 世纪 20 年代初期开启、经《诗镌》到新月书店、《新月》与《诗刊》长达十余年的新诗"创格"实验运动形成的新月派，不像新文化运动的先驱们那般激进，而是强调理性节制情感，在艺术进化应稳健进行的西方文体改良观的影响下，他们将现代意识与历史意识、文体创造与文体自律相结合。他们认识到适用于文言的诗体、诗律已被突破，因而重视新诗的形式建设，对新诗形式美学进行了整体性重视和探索，认为"艺术的最高目的，是要达到'纯形'Pure form 的境地"（闻一多，1993f：148）。正是基于这样的诗学目的，后起的以闻一多、徐志摩、朱湘等新月派诗人为主要代表的白话格律体译诗派在翻译诗歌时，尝试将西方诗歌特点和中国传统诗学相互融合，强调再现原诗的格律形式，努力将译诗限制在原诗的形式框架之内，同时又极力发掘汉语语言的潜能和特性，使得译文在尽力保留原文形式的基础上又别具一种汉语语言的风貌和韵致，显示出鲜明的诗学张力。尤为突出的如闻一多的十四行诗译诗，一方面基本呈现了原诗音韵设置的特点，另一方面又开创性地以中国古诗分逗传统为基础，直接把英语诗歌的节奏单元概念音步（foot）拿来，并根据汉语特点，赋予它全新的血肉，以"音尺"代替音步，以等量音尺的有序排列追求原诗节奏的再现，这些诗歌形式上的大胆探索与实验对中国新诗"形式"意识的当下匮乏形成重要反拨。闻一多的十四行诗译诗与当时主流的白话自由体译诗风格大相径庭，让不能直接欣赏原作的中国读者看到了不一样的西方诗歌，看到了中西诗歌在形式方面的审美共性，让那些在诗歌形式上有追求的新诗诗人看到了西方诗歌的借鉴价值。在闻一多率先翻译西方十四行诗之后的 20 年代末和 30 年代初，在形式上有着不懈追求的新月派诗人们纷纷效仿，相继发表了大量欧洲十四行诗译作，并开始尝试将这一诗体移植过来，积极创作和发表十四行诗，形成了中国十四行诗发展史上的第一个高潮。诚如朱自清在《译诗》中谈及新诗格律时所说："创造这种新的格律，得从参考并试验外国诗的格律下手。译诗正是试验外国格律的一条大路，于是就努力的尽量的保存原作的格律甚至韵脚……这个试验是值得的；现在商籁体（即十四行）可算是成立了，闻先生是有他的贡献的。"（朱自清，1988：374）由于闻一多、徐志摩等都曾是新月社的核心成员，并参与《诗镌》等杂志的编辑工作，这也促成了他们扮演典范及制定规范的角色。可以说，白话格律体译诗派，虽然未能遏止当时译诗领域已蔚然成风的自由化倾向，但他们将译诗重新导入有音律的纯文学的努力表现出对诗歌诗学本质属性的坚守，同时也为在诗歌语言白话化和诗歌形式自由化之间迷失了方向的诗歌提供了创格的方向。

当时，在白话新诗运动之初，"诗须废律"的做法声势巨大并被广泛接受和效仿，新诗诗人们纷纷打破传统格律和文字的限制，片面追求着个性表达，但是，如学衡派一众少数文人学者却从一开始就坚决反对新文化运动激进派的诗学观点，他们以新人文主义为基础，强调传统与现代、国粹与新知、古典与浪漫的融合，提出了与胡适的"八不主义"的诗学主张完全不同的观念，认为诗歌的"形与质不可分离，相合而互成其美，缺一则均消失"（吴宓，1922d：21），强调诗歌的内质即为诗所要表现的思想感情，诗歌的外形则是诗的格调韵致，徒有思想感情而不讲韵律格调或单纯追求韵律格调而缺乏思想感情的都不能被称作真诗。他们为了对抗那些激进的新文化运动者盲目打倒一切传统的做法，积极采用归化的策略以文言旧诗体形式来翻译西方诗歌，试图运用主体诗学体系内一些固有的诗歌形式规范来替代原诗的形式结构，以发扬汉语诗学体系的优秀特质，凸显中国古诗文化传统的价值。尽管文言旧诗体译诗派的译诗常被评价为仿佛是穿长袍马褂的蓝眼高鼻洋人，很难寻觅到原诗本来的风貌，但他们努力支撑着岌岌可危的中国文言传统及诗学原则，坚持以一己之力对抗激进的新文化运动者，给予了盲目打倒一切传统，甚至要将中国诗学传统和文言完全毁灭的偏激做法有力反击，对于抵制诗歌形式的放纵，传承中华文化诗学传统起到了积极作用。正如佐哈尔指出："作为一个系统，翻译文学本身也有层次之分，而就多元系统的分析角度，关系的界定往往是以中心层次为着眼点，来观察系统内的各种关系。这也就是说，在某部分翻译文学占据中心位置的同时，另一部分的翻译文学可能处于边缘位置。"（Even-Zohar，1990：49）如果把五四时期的整个诗歌翻译活动视为一个多元系统，那么占据中心位置的显然是白话自由体译诗派，而文言旧诗体译诗派因其与主流译介趋势相抵牾而处于边缘地位，其边缘化的地位决定了其影响力也相对较弱。

5 结 语

在"五四时期西诗汉译流派之诗学批评研究"这一命题下，本书首先对诗学与诗歌翻译的关系这一理论框架进行了阐述。通过对中西诗学概念的溯源与梳理揭示出"诗学"是文学领域中含义丰富的术语。虽然中西诗学的缘起与发展各不相同，但从诗歌创作发展的历史来看，无论中西，在形式规范上表现得最严谨的诗歌形态都被视为所属诗歌传统中最为经典的诗歌体裁。本书的"诗学"概念主要立足于西方现代诗学观念，即强调形式就是文艺的本质，且涵盖了西方现代诗学概念微观和宏观两方面的内涵。继而，通过对翻译中诗学操纵的探讨，揭示出翻译中的诗学操纵实质上是译者主体的诗学操纵。就诗歌翻译而言，诗歌译者的诗学操纵主要体现在两个方面：一是体现在对原语诗歌材料的选择，一是体现在对原诗的形式特征如节奏、韵律等核心诗学元素的处理。

本书通过对五四时期开展西诗汉译最具代表性的社团、期刊的译诗活动的描述，着力探讨了五四时期的白话自由体译诗派、白话格律体译诗派以及文言旧诗体译诗派这三大西诗汉译流派各自的译诗概况及其主要诗学主张。继而，基于英诗汉译是当时西诗汉译中最具代表性的组成部分这一事实，将理论运用于文本，对当时的三大西诗汉译流派各自代表性译家的英诗汉译既成事实进行了考察，细致剖析了这些译家在诗歌翻译中的诗学操纵与诗学得失。最后指出：以胡适、郭沫若、郑振铎等为代表的白话自由体译诗派普遍重内容而轻形式，基本漠视原文格律，把西方格律诗译成自由诗或散文诗，译诗本身往往既违背本土诗学传统，又违背原诗的诗学规范，表现出一定的诗学缺陷，原诗的诗学价值在译诗中遭到较大损失；以闻一多、徐志摩、朱湘等为代表的白话格律体译诗派主张"理性节制情感"，强调诗歌的形式规范，尝试着将中国传统诗学和西方诗歌特点相互融合，其译诗在一定程度上再现了原诗的形式，同时表现出对新的诗学规范的追求，原诗的诗学价值得到一定程度的保留；以吴宓、吴芳吉、张荫麟等为代表的文言旧诗体译诗派的译诗主要采用文言与旧体诗形式，以归化策略对西方诗歌进行了改写，尽管译诗表现出对本土诗学规范的遵守，但往往对原诗的诗学价值有所偏离。

五四时期的诗歌翻译并非只是一个边缘性的文本活动，而是作为一种塑造力量直接参与了中国诗歌文化的历史建构。在这三大西诗汉译流派中，白话自由体译诗派因其占据的主流地位而对中国诗歌文化发展的影响尤为明显。中国的白话新诗，正如王东风（2016：33）所说，与其说是受了西方诗歌的影响，不如说主要是受了有诗学缺陷的译本的影响。总的说来，五四时期的诗歌翻译，尤其是白话自由体译本所形成的诗学规范，虽然推动了新诗的发展，但在很大程度上干扰和阻碍了中国诗歌文化在其发展道路上对中国几千年诗歌格律传统的继承，加速了中国古典诗歌传统的消亡。

总体说来，本书以当代西方翻译研究文化学派的相关理论为观照，以史论结合的方式，从诗学的角度对五四时期三大西诗汉译流派中各自代表性译家的既成英诗汉译活动进行了描述、分析、批评与解释，方法论上融合了诗律学、韵律学等，既着力于内部的文本分析，又探讨了外部超文本语境中的译者诗学观念以及翻译活动的历史作用等问题，使得文本内部研究和文本外部研究相辅相成、互为补充，构成了一个综合性的整体研究。通过对五四时期最具代表性的英诗汉译活动所进行的微观与宏观相结合的综合考察，凸显了以往一些被忽视的问题，颠覆了一些传统的想当然的观念，有助于历史面貌的还原，让我们能够更理性地认识和了解中国诗歌翻译规范的形成原因及其对中国新诗的建构性影响，让我们可以更客观地审视和评价五四时期的诗歌翻译活动，而这对于进一步揭示文学翻译的本质具有一定的启示意义。

本书是翻译史专题研究与翻译本体研究的结合，对于研究的广度和深度都有较高要求。就本书的广度而言，在五四时期这一特定历史阶段涌现出了众多具有突出成就和影响的诗歌译者，开辟了数条西诗汉译的路径，但由于篇幅所限，本书只选取了最具代表性的三大西诗汉译流派及其各自最具代表性的几位译家作为对象展开研究，涵盖的面还不够宽广。就深度而言，本书不仅应该对译者的诗学理念进行挖掘，更重要的是应从诗学角度对原诗与译诗进行细致深入的文本对比分析，探讨译者的诗学理念对其翻译活动所产生的操纵与影响，进而对其译诗做出诗学价值判断，但是，由于所涉及的文本众多，在对不同的诗歌文本进行分析时，有时不免囿于作者的能力而出现阐释不够深入的情况。此外，本书如果能进一步涉及西方多个语种的诗歌翻译，尤其是如果能涉及对中国新诗创作产生一定影响的法语和德语诗歌的翻译，将能更全面更准确地把握五四时期的总体诗歌汉译状况及其影响，但限于作者的外语水平，本书只选取了当时译诗数量最多、译者规模最为突出以及影响最为广泛的英语诗歌翻译这一范畴，导致了研究不够全面系统。总体说来，未来的研究方向可以根据上述的不足之处在广度与深度等方面不断提升和完善，从而使得研究更为全面、深入与系统。

参考文献

［1］ ARISTOTLE. Aristotle's poetics ［M］. Iowa: Peripatetic Press, 1990.

［2］ BARNSTONE W. The poetics of translation: history, theory, practice ［M］. New Haven and London: Yale University Press, 1993.

［3］ RICHTER D H. The critical tradition ［M］. New York: St. Martin's, 1989.

［4］ BASSNETT S. Translation studies ［M］. London and New York: Methuen, 1980. Shanghai: Shanghai Foreign Language Education Press, 2004.

［5］ BASSNETT S & LEFEVERE A. Translation, history and culture ［M］. London and New York: Printer, 1990. Shanghai: Shanghai Foreign Language Education Press, 2001.

［6］ BASSNETT S & LEFEVERE A. General editors' preface ［M］//LEFEVERE A. Translation, rewriting & manipulation of literary fame. London: Routledge, 1992.

［7］ BASSNETT S & LEFEVERE A. Constructing cultures: essays on literary translation ［M］. Shanghai: Shanghai Foreign Language Education Press, 2001/2004.

［8］ BENJAMIN W. The task of the translator ［M］//SCHULTER, et al. Theories of translation: an anthology of essays from Dryden to Derrida. Chicago and London: The University of Chicago Press, 1992.

［9］ BROOKS C & WARREN R P. Understanding poetry ［M］. Beijing: Foreign Language Teaching and Research Press, 2004.

［10］ CHATMAN S. Approaches to poetics ［M］. New York and London: Columbia University Press, 1973.

［11］ COLERIDGE S T. Biographia Literaria ［M］. Oxford: Oxford University Press, 1962.

［12］ DRYDEN J. On Translation ［M］//SCHULTER, et al. Theories of translation: an anthology of essays from Dryden to Derrida. Chicago and London: The University of Chicago Press, 1992.

［13］ EAGLETON T. Literary theory: an introduction ［M］. 2nd ed. Oxford: Blackwell Pu-blishing, 1996.

［14］ EAGLETON T. How to read a poem ［M］. Malden: Blackwell Publishing Ltd, 2007.

［15］ EVEN-ZOHAR I. Polysystem studies. Poetics today ［J］, 1990 (11).

［16］ FOWLER R. Linguistic criticism ［M］. Oxford and New York: Oxford University Press, 1986.

［17］ FRASER G S. Metre, rhyme and free verse ［M］. London: Methuen & Co, Ltd, 1970.

［18］ FUSSELL Jr P. Poetic meter and poetic form ［M］. New York: McGraw-Hill, Inc., 1979.

［19］ HOLMES, et al. Literature and translation ［M］. Leuven: ACCO, 1978.

［20］ GENTZLER E. Contemporary translation theories ［M］. London and New York: Routledge, 1993. Shanghai: Shanghai Foreign Language Education Press, 2004.

[21] GENTZLER E. Translation and identity in the American [M]. London and New York: Routledge, 2008.

[22] GODARD B. Theorizing feminist discourse/translation [M] //BASSNETT S & LEFEVERE A. Translation, history and culture. London: Pinter, 1990.

[23] HERMANS T. The manipulation of literature: studies of literary translation [M]. London and Sydney: Croom Helm, 1985.

[24] HERMANS T. Translation and normativit [M] //SCHAFFNER C. Translation and norms. Clevedon: Multilingual Matters Ltd. , 1999.

[25] HERMANS T. Translational norms and correct translations [M] //LEUVEN – ZWART K M, et al. Translation studies: the state of the art. Amsterdam & Atlanta, GA: Rodopi, 1991.

[26] HERMANS T. Norms and the determination of translation: a theoretical framework [M] // ALVAREZ R, et al. Translation, power, subversion. Clevedon: Multilingual Matters Ltd. , 1996.

[27] HOLMES J S. Describing literary translations: models and methods [M] //HOLMES J S, et al. Literature and translation. Leuven: ACCO. , 1978.

[28] HONIG E. The poet's other voice: conversations on literary translation [M]. Amherst: The University of Massachusetts, 1985.

[29] JAKOBSON R. Language in literature [M]. Cambridge and London: The Belknap Press of Harvard University Press, 1987a.

[30] JAKOBSON R. Linguistics and poetics [M] //POMOSKA K, et al. Language and literature. Cambridge: The Belknap Press of Harvard University, 1987b.

[31] JAKOBSON R. On linguistic aspects of translation [M] //SCHULTE R, et al. Theories of translation: an anthology of essays from Dryden to Derrida. Chicago and London: The University of Chicago Press, 1992: 144 – 151.

[32] KIPARSKY P & YOUMANS G. Phonetics and phonology: volume 1 rhythm and meter [M]. San Diego: Academic Press, 1989.

[33] LEFEVERE A. Translating literature: practice and theory in a comparative literature framework [M]. New York: MLA, 1992.

[34] LEFEVERE A. Translation, rewriting, and the manipulation of literary Fame [M]. London & New York: Routledge, 1992.

[35] LEECH G N. A linguistic guide to English poetry [M]. London and New York: Longman, 1991.

[36] MCAULEY J. Versification: a short introduction [M]. East Lansing: Michigan State University Press, 1966.

[37] MILLER G A. Closing statement: from the viewpoint of psychology [M] //SEBOEK TA. Style in language. Cambridge, Mass. : MIT Press, 1960.

[38] MUKAROVSKY J. Standard language and Poetic Language [M] //GARVIN P A Prague

school reader on esthetics, literary structure, and style. Washington, D. C.: Georgetown University Press, 1964.

[39] NIDA E A. Toward a science of translating [M]. Shanghai: Shanghai Foreign Language Education Press, 2004.

[40] PYM A. Method in translation history [M]. Manchester: St. Jerome Publishing, 1998. London and New York: Routledge, 2014.

[41] REISS K. Translation criticism: the potentials & limitations. Trans. ERROLL F R. Shanghai: Shanghai Foreign Language Education Press, 2004.

[42] SHKLOVSKY V. Arts as technique [M] //DAVIS R C & SCHLEIGER R. Contemporary literary criticism. New York and London: Longman, 1994.

[43] SIMON S. Gender in translation: cultural identity and the politics of transmission [M]. London and New York: Routledge, 1996.

[44] SIMON S. Translating Montreal: episodes in the life of a divided city [M]. Montreal: McGill Queen's University, 2006.

[45] SNELL HORNBY M. Translation studies: an integrated approach [M]. Amsterdam/Philadelphia: John Benjamins, 1988.

[46] SNELL-HORNBYM. Linguistic transcoding or cultural transfer? A critique of translation theory in germany [M] //BASSNETT S & LEFEVERE A. Translation, history and culture. London: Pinter, 1990.

[47] TOURY G. In search of a theory of translation [M]. Tel Aviv: Porter Institute for Poetics and Smiotics, 1980.

[48] TOURY G. Descriptive translation studies and beyond [M]. Amsterdam, Philadelphia: John Benjamins, 1995.

[49] TODORV T. The poetics of prose [M]. Trans. HOWARD R. New York: Cornell University Press, 1977.

[50] TODORV T. Introduction to poetics: theory and history of literature [M]. Trans. HOWARD R. Niieapolis: University of Minnesota Press, 1981.

[51] TYMOCZKO M, GENTZLER E. Translation and power. Beijing: Foreign Language and Teaching Press, 2007.

[52] XIE M. Ezra Pound and the appropriation of Chinese poetry: cathay, translation, and imagism [M]. New York and London: Garland Publishing, 1999.

[53] VENUTI L. Rethinking translation: discourse, subjectivity, ideology [M]. London and New York: Routledge, 1992.

[54] VENUTI L. The translator's invisibility: a history of translation [M]. London and New York: Routledge, 1995.

[55] VENUTI L. Poetry and translation. Translation studies [J]. 2011 (2).

[56] WILLIAMS J & CHESTERMAN A. The map a beginner's guide to doing research in translation studies [M]. Manchester St. Jerome Publishing, 2002.

[57] WHITEHALL H. Sprung rhythm [M] //HOPKINS G M. The Kenyon Critics. New York:

New Directions Publishing Corp，1973.

[58] 本雅明. 译者的任务 ［M］//发达资本主义时代的抒情诗人：论波德莱尔. 张旭东，魏文生，译. 上海：三联书店，1992.

[59] 卞之琳. 徐志摩诗集·序 ［M］//徐志摩诗集. 成都：四川人民出版社，1981.

[60] 卞之琳. 译诗艺术的成年 ［J］. 读书，1982（3）.

[61] 卞之琳. 人与诗：忆旧说新 ［M］. 北京：生活·读书·新知三联书店，1984.

[62] 卞之琳. 翻译对于中国现代诗的功过 ［J］.《八方》文艺丛刊，1988（8）.

[63] 卞之琳. "五四"以来翻译对于中国新诗的功过 ［J］. 译林，1989（4）.

[64] 别林斯基. 别林斯基选集：第三卷 ［M］. 满涛，译. 上海：上海译文出版社，1980.

[65] 波金斯·大卫. 现代诗歌史 ［M］. 剑桥：哈佛大学出版社，1997.

[66] 曹丹红. 西方诗学视野中的节奏与翻译 ［J］. 中国翻译，2010（4）.

[67] 曹明伦. 翻译研究也需要翻译 ［J］. 外语研究，2012（3）.

[68] 曹万生. 现代派诗学与中英诗学 ［M］. 北京：人民出版社，2003.

[69] 晨光. 徐志摩译诗集 ［M］. 长沙：湖南人民出版社，1989.

[70] 陈伯海. 中国诗学之现代观 ［M］. 上海：上海古籍出版社，2006.

[71] 陈福康. 中国译学理论史稿 ［M］. 上海：上海外语教育出版社，2000.

[72] 陈金淦. 胡适生平和活动大事记 ［M］//胡适研究资料. 北京：十月文艺出版社，1989.

[73] 陈润成，李欣荣. 张荫麟全集 ［M］. 北京：清华大学出版社，2013.

[74] 陈希. 被遮蔽的另面景观——论学衡派与西方现代诗歌 ［J］. 中山大学学报，2003（4）.

[75] 陈希. 1925 年之前中国新诗对象征主义的接受 ［J］. 中山大学学报，2006（6）.

[76] 陈旭光. 中英诗学的会通 ［M］. 北京：北京大学出版社，2002.

[77] 成仿吾. 论译诗 ［J］. 创造周报，1923（18）.

[78] 蔡镇楚. 诗话研究之回顾与展望 ［J］. 文学评论，1999（5）.

[79] 楚至大. 译诗须象原诗——与劳陇同志商榷 ［J］. 外国语，1986（1）.

[80] 邓庆州. 外国诗歌译介对中国新诗发生的影响研究 ［D］. 北京：首都师范大学，2007.

[81] 费正清. 剑桥中华民国史：上卷 ［M］. 北京：中国社会科学出版社，1994.

[82] 傅斯年. 怎样做白话文 ［M］//傅斯年全集：第四册. 台北：台北联经出版事业公司，1980.

[83] 傅璇琮，等. 中国诗学大辞典 ［Z］. 杭州：浙江教育出版社，1999.

[84] 顾永棣. 徐志摩诗全编 ［M］. 上海：学林出版社，1992.

[85] 辜正坤. 中国古代及近百年诗歌翻译概论与研究前景 ［M］//海岸. 中西诗歌翻译百年论集. 上海：上海外语教育出版社，2007.

[86] 郭建中. 当代美国翻译理论 ［M］. 武汉：湖北教育出版社，2000.

[87] 郭沫若. 致宗白华 ［N］. 时事新报·学灯，1920a－02－01，1920b－02－24.

[88] 郭沫若. 歌德诗中所表现的思想 ［J］. 少年中国，1920c，1（9）.

[89] 郭沫若. 致李石岑 ［N］. 时事新报·学灯，1921－01－15.

［90］郭沫若.《少年维特之烦恼》序引［J］. 创造季刊，1922a（创刊号）.

［91］郭沫若. 批判意门湖译本及其他［J］. 创造季刊，1922b，1（2）.

［92］郭沫若. 雪莱的诗［J］. 创造季刊，1923a，1（4）.

［93］郭沫若. 雪莱的诗：招"不幸"辞［J］. 创造季刊，1923b，1（4）.

［94］郭沫若. 讨论注译运动及其他［J］. 创造季刊，1923c，2（1）.

［95］郭沫若. 古书今译的问题［J］. 创造周报，1924a，（37）.

［96］郭沫若. 鲁拜集［M］. 上海：泰东图书局，1924b.

［97］郭沫若. 文学的本质［J］. 学艺，1925，7（1）.

［98］郭沫若. 论节奏［J］. 创造月刊，1926，1（1）.

［99］郭沫若. 我的作诗的经过［J］. 质文，1936，2（2）.

［100］郭沫若. 沫若译诗集［M］. 上海：新文艺出版社，1954.

［101］郭沫若. 论诗三札［M］//郭沫若全集：5卷. 北京：人民文学出版社，1985.

［102］郭沫若. 郭沫若致宗白华［M］//郭沫若全集：15卷. 北京：人民文学出版社，
1990.

［103］郭沫若. 致闻一多［M］//黄淳浩. 郭沫若书信集：上. 北京：中国社会科学出版
社，1992.

［104］郭沫若. 三叶集·致宗白华［M］//宗白华全集：卷1. 合肥：安徽教育出版社，
1994.

［105］郭沫若. 创造十年［M］. 昆明：云南出版集团公司，2011.

［106］郭延礼. 中国近代翻译文学概论［M］. 武汉：湖北教育出版社，1998.

［107］海岸. 中西诗歌翻译百年论集［M］. 上海：上海外语教育出版社，2007.

［108］赫曼斯，西奥. 翻译的再现［M］//谢天振. 翻译的理论建构与文化透视. 上海：
上海外语教育出版社，2000.

［109］贺麟. 威至威斯佳人处避地诗：（一）佳人处避地［J］. 学衡，1925（39）.

［110］贺麟. 我所认识的荫麟［M］//周忱. 张荫麟先生纪念文集. 上海：汉语大词典出
版社，2002.

［111］何其芳. 关于现代格律诗［M］//何其芳选集：第二卷. 成都：四川人民出版社，
1979.

［112］洪子诚. 百年中国新诗史略［M］. 北京：北京大学出版社，2010.

［113］胡经之. 西方文艺理论名著教程：上［M］. 北京：北京大学出版社，2003.

［114］胡适. 文学改良刍议［J］. 新青年，1917，2（5）.

［115］胡适. 建设的文学革命论［J］. 新青年，1918a，4（4）.

［116］胡适. 老洛伯（中英文对照）［J］. 新青年，1918b，4（4）.

［117］胡适. 谈新诗：八年来一件大事［J］. 星期评论，1919a（纪念号5）.

［118］胡适. 我为什么要做白话诗？——《尝试集》自序［J］. 新青年，1919b，6（5）.

［119］胡适. 胡适留学日记：二［M］. 上海：商务印书馆，1947.

［120］胡适. 胡适留学日记［M］. 台北：商务印书馆，1959.

［121］胡适. 尝试集［M］. 北京：人民文学出版社，1984.

［122］胡适. 中国新文学大系建设理论［M］. 上海：文艺出版社，1981.

［123］胡适. 论文学［M］//姜义华. 胡适学术文集新文学运动. 北京：中华书局，1993.

［124］胡适. 胡适文集：第一卷（小说、戏剧、诗歌）［M］. 北京：人民文学出版社，1998.

［125］胡适. 四烈士冢上的没字碑歌冢［M］//尝试后集. 合肥：安徽教育出版社，1999.

［126］胡适. 胡适留学日记［M］. 长沙：岳麓出版社，2000a.

［127］胡适.《尝试集》再版自序［M］//尝试集. 北京：人民文学出版社，2000b.

［128］侯维瑞. 英语语体［M］. 上海：上海外语教育出版社，1988.

［129］侯维瑞. 英诗的韵律及其表意功能［M］. 外国语，1986（2）：1－11.

［130］黄杲炘. 菲氏柔巴依是意译还是"形译"？——谈诗体移植及其他［J］. 中国翻译，2004（5）.

［131］黄杲炘. 英诗汉译学［M］. 上海：上海外语教育出版社，2007.

［132］黄杲炘. 突破英诗汉译的传统［J］. 中国翻译，2013（2）.

［133］黄国文. 翻译研究的语言学探索［M］. 上海：上海外语教育出版社，2006.

［134］黄新渠. 中英诗歌的比较与翻译［J］. 外国语，1992（4）.

［135］黄药眠，童庆炳. 中西比较诗学体系［M］. 北京：人民文学出版社，1991.

［136］荆生（周作人）. 几首古诗的大意［N］. 晨报副刊·诗刊，1924－05－25.

［137］蓝棣芝. 新月派诗选［M］. 北京：人民文学出版社，1989.

［138］郎损（茅盾）. 新文学研究者的责任与努力［J］. 小说月报，1921，12（2）.

［139］李民，王健. 尚书译注［M］. 上海：上海古籍出版社，2000.

［140］李思纯. 诗体革新之形式及我的意见［J］. 少年中国，1920，2（6）.

［141］李思纯. 先河集［J］. 学衡，1925（47）.

［142］李奭学. 中译第一首"英"诗《圣梦歌》［J］. 读书，2008（3）.

［143］李惟果. 安诺德鲛人歌［J］. 学衡，1925（41）.

［144］梁实秋. 新诗的格调及其它［J］. 诗刊，1931（1）.

［145］梁实秋. 谈闻一多［M］. 台北：传记文学出版社，1967.

［146］林语堂. 论翻译［C］//罗新璋. 翻译论集. 北京：商务印书馆，1984.

［147］廖七一. 胡适诗歌翻译研究［M］. 北京：清华大学出版社，2006.

［148］廖七一. 中国近代翻译思想的嬗变［M］. 天津：南开大学出版社，2010.

［149］刘复（刘半农）. 关于译诗的一点意见［J］. 语丝，1927（139）.

［150］刘勰. 文心雕龙［M］. 范文澜，注. 北京：人民文学出版社，1958.

［151］刘重德.《中国翻译史》简介［J］. 安徽大学学报，1985（4）.

［152］陆杨. 西方古典诗学略论［J］. 上海师范大学学报（哲学社会科学版），2013（6）.

［153］茅盾（玄珠）. 译诗的一些意见［J］. 文学旬刊，1922（52）.

［154］梅光迪. 评提倡新文化者［J］. 学衡，1922（1）.

［155］梅光迪. 论今日吾国学术界之需要［J］. 学衡，1922（4）.

［156］梅光迪. 梅光迪复胡适［M］//杜春和，韩荣芳，耿来金. 胡适论学往来书信选. 石家庄：河北人民出版社，1998.

［157］穆木天. 徐志摩论·他的思想与艺术［J］. 文学，1934，3（1）.

［158］穆木天. 谈诗［M］//王永生. 中国现代文论选：第一册. 贵阳：贵州人民出版社，

1982.

[159] 南治国. 闻一多的译诗及译论 [J]. 中国翻译, 2002 (2).

[160] 欧阳哲生. 胡适文集: 第1卷 [M]. 北京: 北京大学出版社, 1998.

[161] 钱志熙. "诗学"一词的传统涵义、成因及其在历史上的使用情况 [J]. 中国诗歌研究, 2002 (1).

[162] 秦弓. 论翻译文学在现代文学史上的地位 [J]. 文学评论, 2007 (2).

[163] 饶孟侃. 新诗的音节 [J]. 晨报副刊·诗镌, 1926 (4).

[164] 饶芃子. 中西比较文艺学 [M]. 北京: 中国社会科学出版社, 1999.

[165] 孙昌坤. 中国诗学传统与近代诗歌翻译 [J]. 山东外语教学, 2004 (5).

[166] 沈益洪. 泰戈尔谈中国 [M]. 杭州: 浙江文艺出版社, 2001.

[167] 沈泽民. 译文学书三问题的讨论 [J]. 小说月报, 1921, 12 (5).

[168] 汤富华. 论翻译之颠覆力与重塑力——重思中国新诗的发生 [J]. 中国翻译, 2009 (3).

[169] 汤富华. 论"五四"诗歌翻译对中国新诗内容的影响 [J]. 中国翻译, 2011 (3).

[170] 汤富华. 消解与重构——论"五四"诗歌翻译对中国新诗表现技艺的影响 [J]. 中国翻译, 2013.

[171] 田汉. 诗人与劳动问题 [J]. 少年中国, 1920, 1 (8).

[172] 王东风. 反思通顺: 从诗学的角度再论"通顺" [J]. 中国翻译, 2005 (6).

[173] 王东风. 论误译对中国五四新诗运动与英美意象主义新诗运动的影响 [J]. 外语教学与研究, 2010 (6).

[174] 王东风. 形式的复活: 从诗学的角度反思文学翻译 [J]. 中国翻译, 2010 (1).

[175] 王东风. 一首小诗撼动了一座大厦: 清末民初《哀希腊》之六大名译 [J]. 中国翻译, 2011 (5).

[176] 王东风. 诗人译诗的诗学解读: 兼评查良铮译《西风颂》 [J]. 外语研究, 2014a (3).

[177] 王东风. 以逗代步找回丢失的节奏 [J]. 外语教学与研究, 2014b (6).

[178] 王东风. 五四初期西诗汉泽的六个误区及其对中国新诗的误导 [J]. 外国文学评论, 2015 (2).

[179] 王东风. 被操纵的西诗被误导的新诗 [J]. 中国翻译, 2016 (1).

[180] 王东风. 诗意与诗意的翻译 [J]. 外语研究, 2018 (1).

[181] 王光明. 现代汉诗的百年演变 [M]. 石家庄: 河北人民出版社, 2003.

[182] 王力. 中国格律诗的传统和现代格律诗的问题 [J]. 文学评论, 1959 (3).

[183] 王力. 诗歌格律概要 [M]. 北京: 世界图书出版公司, 2006.

[184] 王宁. 比较文学与翻译研究的文化转向 [J]. 中国翻译, 2009 (5).

[185] 汪涛. 中英诗学源头辨 [M]. 北京: 人民出版社, 2009.

[186] 王岳川. 二十世纪西方哲性诗学 [M]. 北京: 北京大学出版社, 2000.

[187] 王佐良. 翻译中的文化比较 [J]. 中国翻译, 1984 (1).

[188] 王佐良. 翻译: 思考与试笔 [M]. 北京: 外语教学与研究出版社, 1989.

[189] 王佐良. 英诗的境界 [M]. 上海: 三联书店, 1991.

［190］王佐良. 英国诗歌史［M］. 南京：译林出版社，1993.

［191］什克洛夫斯基，维克多，等. 俄国形式主义文论选［M］. 方珊，等译. 北京：生活·读书·新知三联书店，1989.

［192］文珊，王东风. 五四时期的西诗汉译［J］. 中国翻译，2015（4）.

［193］文珊. 张荫麟诗歌翻译的诗学解读［J］. 长沙大学学报，2017（6）.

［194］文珊，何高大. 节奏便是格律——闻一多十四行诗译介的诗学解读［J］. 外国语，2018（3）.

［195］闻一多. 敬告落伍的诗家［J］. 清华周刊，1921a（211）.

［196］闻一多. 评本学年《周刊》里的新诗［J］. 清华周刊，1921b（增刊7）.

［197］闻一多. 英译的李太白［J］. 晨报副刊·诗刊，1926（10）.

［198］闻一多. 莪默·伽亚谟之绝句［J］. 创造季刊，1923，2（1）.

［199］闻一多. 悼玮德［M］//闻一多全集：第三卷. 上海：开明书店，1948.

［200］闻一多.《冬夜》评论［M］//武汉大学闻一多研究室. 闻一多论新诗. 武汉：武汉大学出版社，1985.

［201］闻一多. 律诗底研究［M］//孙敦恒. 闻一多集外集. 北京：教育科学出版社，1989.

［202］闻一多. 泰果尔批评［M］//闻一多全集：2卷. 武汉：湖北人民出版社，1993a.

［203］闻一多. 谈商籁体［M］//闻一多全集：2卷. 武汉：湖北人民出版社，1993b.

［204］闻一多.《女神》之地方色彩［M］//闻一多全集：2卷. 武汉：湖北人民出版社，1993c.

［205］闻一多. 诗的格律［M］//闻一多全集：2卷. 武汉：湖北人民出版社，1993d.

［206］闻一多. 诗歌节奏的研究［M］//闻一多全集：2卷. 武汉：湖北人民出版社，1993e.

［207］闻一多. 戏剧的歧途［M］//闻一多全集：2卷. 武汉：湖北人民出版社，1993f.

［208］闻一多. 征求艺术专门的同业者的呼声［M］//闻一多全集：2卷. 武汉：湖北人民出版社，1993g.

［209］闻一多. 致梁实秋［M］//闻一多全集：12卷. 武汉：湖北人民出版社，1993h.

［210］闻一多. 致吴景超［M］//闻一多全集：12卷. 武汉：湖北人民出版社，1993i.

［211］闻一多. 闻一多全集［M］. 武汉：湖北人民出版社，1994.

［212］温源宁. 一知半解及其他［M］. 沈阳：辽宁教育出版社，2001.

［213］吴芳吉. 谈诗人［J］. 新人，1920，1（4）.

［214］吴芳吉. 提倡诗的自然文学［J］. 新群，1920，1（4）：83－92.

［215］吴芳吉. 彭士列传［J］. 湘君，1922（1）：6－31.

［216］吴芳吉. 再论吾人眼中之新旧文学观［J］. 学衡，1924a（21）.

［217］吴芳吉. 三论吾人眼中之新旧文学观［J］. 学衡，1924b（31）.

［218］吴芳吉. 四论吾人眼中之新旧文学观［J］. 学衡，1925（42）.

［219］吴芳吉.《白屋吴生诗稿》自序［J］. 学衡，1928（67）.

［220］吴芳吉. 吴芳吉集［M］. 成都：巴蜀书社，1994.

［221］吴宓. 论新文化运动［J］. 学衡，1922a（4）.

[222] 吴宓. 葛兰坚论新 [J]. 学衡, 1922b (6).

[223] 吴宓. 钮康氏家传·译者识 [J]. 学衡, 1922c (8)

[224] 吴宓. 诗学总论 [J]. 学衡, 1922d (9).

[225] 吴宓. 英诗浅释 [J]. 学衡, 1922e (9).

[226] 吴宓. 梦中儿女 [J]. 学衡, 1922f (9).

[227] 吴宓. 英诗浅释 (续) [J]. 学衡, 1923a (14).

[228] 吴宓. 论今日文学创造之正法 [J]. 学衡, 1923b (15).

[229] 吴宓. 韦拉里说诗中韵律之功用 [J]. 学衡, 1928 (63).

[230] 吴宓. 挽徐志摩君 [N]. 大公报·文学副刊 (205), 1931 – 12 – 14.

[231] 吴宓. 诗韵问题之我见 [N]. 大公报·文学副刊 (210), 1932a – 01 – 18.

[232] 吴宓. 论诗之创作——答方玮德君 [N]. 大公报·文学副刊 (210), 1932b – 01 – 18.

[233] 吴宓. 吴芳吉传 [N]. 大公报·文学副刊 (241), 1932 – 05 – 23.

[234] 吴宓. 白屋诗人吴芳吉逝世 [N]. 大公报·文学副刊 (241), 1932c – 05 – 23.

[235] 吴宓. 文学与人生 [M]. 王岷源, 译. 北京: 清华大学出版社, 1993.

[236] 吴宓. 徐志摩与雪莱 [J]. 宇宙风, 1936 (12).

[237] 吴宓. 吴宓日记 II [M]. 吴学昭, 整理. 北京: 生活·读书·新知三联书店, 1998.

[238] 吴宓. 吴宓诗集 [M]. 吴学昭, 整理. 北京: 商务印书馆, 2004.

[239] 吴宓. 吴宓诗话 [M]. 吴学昭, 整理. 北京: 商务印书馆, 2005.

[240] 谢天振, 查明建. 中国现代翻译文学史 (1898 – 1949) [M]. 上海: 上海外语教育出版社, 2004.

[241] 熊辉. 五四译诗与早期新诗 [D]. 成都: 四川大学, 2007.

[242] 熊辉. 论郭沫若的"风韵译"观念及其历史意义 [J]. 郭沫若学刊, 2008a (1).

[243] 熊辉. 五四译诗与中国新诗形式观念的确立 [J]. 西南大学学报 (哲学社会科学版), 2008b (3).

[244] 熊辉. 论译诗是外国诗歌影响中国新诗的中介 [J]. 西华大学学报 (哲学社会科学版, 2009 (3).

[245] 熊辉. 西潮涌动下的东方诗风——五四诗歌翻译的逆向审美 [J]. 文学评论, 2010a (5).

[246] 熊辉. 翻译诗歌与中国新诗之"变" [J]. 西南大学学报 (哲学社会科学版), 2010b (5).

[247] 熊辉. 翻译诗歌与中国新诗现代性的发生 [J]. 中南大学学报 (哲学社会科学版), 2013 (2).

[248] 许钧, 袁筱一. 当代法国翻译理论 [M]. 武汉: 湖北教育出版社, 2001.

[249] 许钧, 等. 文学翻译的理论与实践: 翻译对话录 [M]. 南京: 译林出版社, 2001.

[250] 许霆. 中国诗人移植十四行体论 [J]. 江苏社会科学, 2010 (3).

[251] 徐志摩. 一封公开信 [N]. 晨报副刊, 1923a – 07 – 22.

[252] 徐志摩. 读雪莱诗后 [J]. 文学旬刊, 1923b (95): 20 – 25.

[253] 徐志摩. 莪默的一首诗 [N]. 晨报副刊, 1924a - 11 - 07.

[254] 徐志摩. 汤麦士·哈代的诗 [J]. 东方杂志, 1924b, 20 (2).

[255] 徐志摩. 译《死尸》"Une Charogne"序 [J]. 语丝, 1924c (3).

[256] 徐志摩. 征译诗启 [J]. 小说月报, 1924d, 15 (3).

[257] 徐志摩. 一个译诗问题 [J]. 现代评论, 1925a, 2 (38).

[258] 徐志摩. 葛德的四行诗还是没有翻好? [N]. 晨报副刊 (1286), 1925b - 10 - 8.

[259] 徐志摩. 诗刊弁言 [J]. 晨报副刊·诗刊, 1926a (1).

[260] 徐志摩. 诗刊的放假 [J]. 晨报副刊·诗刊, 1926b (11).

[261] 徐志摩. "新月"的态度 [J]. 新月, 1928a, 1 (1).

[262] 徐志摩. 白朗宁夫人的情诗 [J]. 新月, 1928b, 1 (1).

[263] 徐志摩. 《猛虎集》自序 [M] //徐志摩选集. 北京: 人民文学出版社, 1983.

[264] 徐志摩. 徐志摩全集: 第4卷 [M]. 上海: 上海书店, 1988.

[265] 徐志摩. 徐志摩全集 [M]. 天津: 天津人民出版社, 2005.

[266] 薛菲. 外国名家谈诗 [M]. 杭州: 浙江人民出版社, 1986.

[267] 雪莱. 为诗辩护 [M] //刘若端. 十九世纪英国诗人论诗. 北京: 人民文学出版社, 1984.

[268] 亚里斯多德. 诗学 [M]. 陈中梅, 译注. 北京: 商务印书馆, 1996.

[269] 严羽. 沧浪诗话 [M]. 北京: 中华书局, 1985.

[270] 郁达夫. 谈诗 [J]. 现代, 1934 (1).

[271] 亚里斯多德. 诗学 [M]. 杨周翰, 译. 北京: 人民文学出版社, 1982.

[272] 杨德豫. 用什么形式翻译英语格律诗 [J]. 中国翻译, 1990 (3).

[273] 杨慧林, 黄晋凯. 欧洲中世纪文学史 [M]. 南京: 译林出版社, 2002.

[274] 杨建民. 徐志摩与歌德四句诗的六译 [EB/OL]. [2018 - 07 - 18]. http://www. gmw. cn/01ds/2006 - 11/08/content_ 505358. htm.

[275] 杨平. 当代中西译学范式比较研究 [D]. 广州: 中山大学, 2009.

[276] 叶嘉莹. 迦陵论诗丛稿 [M]. 石家庄: 河北教育出版社, 1998.

[277] 叶维廉. 中国诗学 [M]. 上海: 三联书店, 1992.

[278] 余恕诚. 中国诗学研究 [M]. 福州: 福建人民出版社, 2006.

[279] 宇文所安. 中国文论: 英译与评论 [M]. 王柏华, 陶庆梅, 译. 上海: 上海社会科学出版社, 2003.

[280] 乐黛云. 世界诗学大辞典·序 [M]. 长春: 春风文艺出版社, 1993.

[281] 乐黛云. 诗歌·绘画·音乐 [M] //跨文化之桥. 北京: 北京大学出版社, 2002.

[282] 袁筱一, 许均. 翻译诗学辩 [J]. 外语研究, 1995 (3).

[283] 张邦卫. 朱湘诗学 [J]. 长沙电力学院学报, 2004 (2).

[284] 张荫麟. 明清之际西学输入中国考略 (附表) [J]. 清华学报, 1924 (1).

[285] 张荫麟. 评郭沫若译《浮士德》上部 [N]. 大公报·文学副刊 (13), 1928a - 04 - 02.

[286] 张荫麟. 评胡适《白话文学史》上卷 [N]. 大公报·文学副刊 (48), 1928b - 12 - 03.

[287] 张荫麟. 论历史学之过去与未来 [J]. 学衡, 1928c (62).

[288] 张荫麟. 英国大诗人兼画家罗色蒂诞生百年纪念 [J]. 学衡, 1928d (62).

[289] 张荫麟. 革命诗选 [N]. 大公报·文学副刊 (110), 1930 – 02 – 01.

[290] 张荫麟. 《浮士德》本子问答 [N]. 大公报·文学副刊 (243), 1932 – 08 – 29.

[291] 张旭. "桃梨之争"的美学蕴涵 [J]. 解放军外国语学院学报, 2007 (4).

[292] 张旭. 视界的融合：朱湘译诗新探 [M]. 北京：清华大学出版社, 2008.

[293] 张旭. 历史的重构：一部中国英诗汉译断代批评史的构想 [J]. 外语研究, 2009a (2).

[294] 张旭. "天籁之音"：吴芳吉译诗的创格寻踪 [J]. 外国语文, 2009b (3).

[295] 张旭. 郁达夫英诗汉译散体化现象考察 [J]. 外语教学, 2009c (6).

[296] 张旭. 融化新知与诗学重诂 [J]. 外语研究, 2010 (6).

[297] 张旭. 中国英诗汉译史论 (1937 年以前部分) [M]. 长沙：湖南人民出版社, 2011.

[298] 赵景深. 朱湘传略 [J]. 新文学史料, 1981 (3).

[299] 赵遐秋. 徐志摩全集 (全5卷) [M]. 南宁：广西民族出版社, 1991.

[300] 郑振铎. 我对于编译丛书底几个意见 [J]. 民国日报·觉悟, 1920, 7 (8)：11 – 16.

[301] 郑振铎 (西谛). 文学的定义 [J]. 文学旬刊, 1921a (1).

[302] 郑振铎 (西谛). 文学的使命 [J]. 文学旬刊, 1921b (5).

[303] 郑振铎 (西谛). 盲目的翻译家 [J]. 文学旬刊, 1921c (6).

[304] 郑振铎 (西谛). 文学与革命 [J]. 文学旬刊, 1921d (9).

[305] 郑振铎 (西谛). 俄国文学史中的翻译家 [J]. 改造, 1921e, 3 (11).

[306] 郑振铎 (西谛). 译文学书的三个问题 [J]. 小说月报, 1921f, 12 (3).

[307] 郑振铎 (西谛). 语体文欧化之我观 (二) [J]. 小说月报, 1921g, 12 (6).

[308] 郑振铎 (西谛). 论散文诗 [J]. 文学旬刊, 1922a (24).

[309] 郑振铎 (西谛). 译诗的一个意见——《太戈尔诗选》的叙言 [J]. 文学旬刊, 1922b (48).

[310] 郑振铎 (西谛). 何谓诗 [J]. 文学, 1923 (84).

[311] 郑振铎 (西谛). 欢迎太戈尔 [J]. 小说月报, 1924, 14 (9).

[312] 郑振铎 (西谛). 《雪朝》短序 [M] //郑振铎文集：第二卷. 北京：人民文学出版社, 1963.

[313] 郑振铎 (西谛). 郑振铎全集：第三卷 [M]. 石家庄：花山文艺出版社, 1998.

[314] 周作人 (仲密). 译诗的困难 [N]. 晨报, 1920 – 10 – 25.

[315] 朱光潜. 诗论 [M]. 长沙：岳麓书社, 2010.

[316] 朱光潜. 谈文学 [M]. 桂林：漓江出版社, 2011.

[317] 朱湘. 南归：答赠恩沱了一三友 [J]. 京报副刊, 1925a (84).

[318] 朱湘. 白朗宁的"异域乡思"与英诗 [J]. 京报副刊, 1925b (85).

[319] 朱湘. 评徐君"志摩的诗" [J]. 小说月报, 1926a, 17 (1)

[320] 朱湘. 评闻君一多的诗 [J]. 小说月报, 1926b, 17 (5).

［321］朱湘. 北海纪游［J］. 小说月报，1926c，17（9）.

［322］朱湘. 新诗评·一、尝试集［J］. 晨报副刊·诗刊，1926d（1）.

［323］朱湘. 说译诗［J］. 文学周报，1928（276）.

［324］朱湘.《草莽集》的音调与形式［J］. 文学周报，1929（326）.

［325］朱湘. 诗的产生［J］. 文艺创作讲座，1932（2）.

［326］朱湘. "巴俚曲"与跋［J］. 青年界，1933，4（5）.

［327］朱湘. 寄曹葆华［M］//罗念生. 朱湘书信集. 天津：人生与文学出版社，1936.

［328］朱湘. 朱湘散文：上［M］. 北京：中国广播电视出版社，1994.

［329］朱湘. 尝试集［M］//沈卫威. 自古成功在尝试：关于胡适. 北京：北京广播学院出版社，2000.

［330］朱湘. 孤高的真情：朱湘通信集［M］. 上海人民出版社，2007.

［331］朱自清. 导言［M］//赵家璧. 中国新文学大系·诗集. 上海：上海良友出版公司，1935.

［332］朱自清. 诗的形式［M］// 新诗杂话. 北京：生活·读书·新知三联书店，1984.

［333］朱自清. 译诗［M］//朱自清全集：第二卷. 南京：江苏教育出版社，1988.

［334］朱自清. 论诗学门径［M］//朱自清说诗. 上海：上海古籍出版社，1998.

［335］朱自清. 诗言志辨［M］. 桂林：广西师范大学出版社，2004.

［336］朱自清. 论朗诵［M］//标准与尺度. 长沙：岳麓书社，2011.

［337］卓如. 访老诗人冰心［J］. 诗刊，1981（1）.

［338］邹振环. 影响中国近代社会的一百种译作［M］. 北京：中国对外翻译出版公司，1996.

后 记

2015 年 7 月，本人获得年度教育部人文社会科学研究规划基金项目"五四时期西诗汉译流派之诗学批评研究"（项目编号 15YJA752015）的立项，该项目与本人读博期间的研究主题一致。在项目申报过程中，本人已积极投入相关研究，并在《中国翻译》上发表题为"五四时期的西诗汉译"一文。项目获批后，本人又先后在《外国语》《中国科技翻译》以及《长沙大学学报》等期刊发表与课题相关的系列文章。本书是该教育部课题的最终成果，也是在我的博士论文基础上进一步补充、修改而成的，其基本观点及主要内容与博士论文大体一致，融入了我读博期间的辛勤耕耘与百般滋味，权以此博士论文之"后记"代为本书之"后记"。

随着论文的完成，我在中山大学的博士求学生涯也即将结束。回首过去，不禁感慨，这三年多的时光是我人生中一段倍感艰辛却又特别充实的岁月，无论学业上还是事业上都得到了很大的提升。在此期间，有太多的人、太多的事值得铭记与感恩。

首先，衷心感谢我的导师王东风教授。导师不仅学识渊博、治学严谨，而且性格宽厚、待人温和，给学生们营造了严肃却又开放的兼容并包的学术氛围。在导师的悉心指导、关心与鼓励下，我的知识结构、学术视野以及工作事业都得到了很大的拓展与提升，也让我有信心、有勇气克服各种困难早日完成博士论文。尽管我即将毕业，但老师的治学精神和谆谆教诲将会继续伴随并影响我未来的人生。

另外，在求学期间，我也得到了中山大学外国语学院、华南农业大学外国语学院等单位的众多师友的帮助与关心。中山大学精良的师资和精彩的学术活动，尤其是中山大学外国语学院翻译研究所承办的"翻译博士沙龙"不断邀请到国内外众多知名专家学者经常性地为我们讲学，极大地丰富了我的专业知识，拓展了我的学术视野。另外，我也非常感谢我所在单位华南农业大学外国语学院院长何高大教授等领导对我的学业与研究给予的诸多鼓励与支持，感恩他们尽可能地为我的学业提供便利。在此，我还要感谢我在美国德克萨斯州立大学英语系访学期间的合作导师 Professor Wilson、系主任 Professor Lochman、英语系教师 Professor Morrison 以及 Professor Tally Jr. 等所给予的热情帮助与支持，尤其是诗人兼学者的导师 Professor Wilson 不厌其烦却又幽默生动地与我讨论英语诗歌的过程，让我受益匪浅。另外，在我论文写作和答辩过程中，我还得到了同门师兄弟师姐妹们，尤其是王岫庐博士、陈庆博士、汪刚博士以及赵碬同学等给予的各种帮助与支持，在此，一并表示真诚的感谢！正是这群可爱的同门使得我的求学生涯充满温暖和阳光，我们的各种讨论与聚会使得原本可能枯燥单调的求学过程变得妙趣横生。

最后，我要感谢默默奉献的家人。在这三年多的求学过程中，尽管我先生自己工作非常繁重，但他毫无怨言地主动承担起许多家庭事务，尽管先生是典型的工科男，但他也耐心地帮我收集查找相关资料，是他的理解、信任与体贴，使我能安心学业。我还要感谢我的儿子，尽管我因忙碌于学业与工作常常无暇顾及他的生活与学习，但他能自己克服各种困难、健康成长，让我少了一些自责与愧疚。我相信，倘若没有家人的理解与支持，我是绝对不可能有勇气在人到中年之际再开始一段艰苦的求学生涯的，也不可能这样顺利地完成学业。

感恩读博的这段经历，让我不仅感悟到学问的新境界，更让我进一步深入思考生命的意义与存在的价值。

文　珊
2018 年 7 月于广州